지역어의 정체성과 문화가치

지역어와 문화가치 학술총서 ❸

지역어의 정체성과 문화가치

전남대학교 BK21+
지역어 기반 문화가치 창출 인재 양성 사업단

보고사

서문

지난 2013년 9월에 출범한 〈전남대학교 BK21+ 지역어 기반 문화가치 창출 인재 양성 사업단〉은 이제 세 번째 학술 총서를 펴낸다. 우리 사업단은 국어국문학을 근간으로 지역어와 지역문화의 가치를 발굴하고 이를 일상의 영역으로 전파할 수 있는 능력을 가진 인재를 양성하기 위해 노력하였다. 이번에 출간하는 총서『지역어의 정체성과 문화가치』는 사업단 인재들의 연구 성과를 국내외 여러 석학들과 나누는 과정에서 만들어진 것이라는 점에 큰 의미를 부여할 수 있을 것이다.

우리 사업단은 인재들의 역량 강화와 사업성과의 확산을 위해 지난 2년 반 동안 세 차례의 국제 학술대회와 세 차례의 해외 단기연수, 그리고 일곱 차례의 해외 석학 초청강연을 개최했다. 이 과정에서 중국, 일본, 싱가포르, 방글라데시 등 아시아권역을 비롯해 미국, 호주 등 영어권 국가의 석학들과 다양한 형태의 학술 교류를 진행할 수 있었다. 또한 우즈베키스탄, 오스트리아, 아르메니아, 이집트 등 유럽과 중앙아시아, 아프리카 등지에서 활약하고 있는 석학들도 우리 사업단과 특별한 학술적 연대를 맺었다. 헤아려보면 총 10개 국가 18개 대학 및 기관에서 21명의 해외 석학들이 우리 사업단을 찾아 소중한 지혜를 나눠 주었다. 이번 기회를 빌려 깊은 감사의 말씀을 올린다.

우리 사업단을 찾아주신 해외 석학들 대부분은 학술발표, 특별강연,

공동연구는 물론 사업단이 해외 여러 연구기관과 학술협정을 맺는 데에도 큰 힘을 빌려주었다. 이번 총서에는 사업단과 비전을 공유하며, 다양한 학술적 제안을 해주신 해외 석학들의 연구 결과가 다수 수록되었다. 그리고 이들의 관심과 격려로 넓은 안목을 갖출 수 있게 된 사업단 구성원들의 연구 결과 또한 다수 포함되어 있다. 우리 사업단이 반환점에 도달해 가고 있는 즈음해서 이러한 뜻 깊은 결과물을 내 보일 수 있게 된 것을 매우 기쁘게 생각한다.

총서는 두 개의 장으로 구성되어 있다. 1장 "지역어로서 한국어문학의 지평과 확산"에서는 세계 각국에서 진행되고 있는 한국어와 한국문학의 확산과 발전 추세를 조망할 수 있도록 했다. 중국과 호주 등지에서 한국어 교육 및 한국문학의 수용 양상을 다루고 있는 글을 통해 보다 객관적인 시선으로 한국어문학의 위상과 발전 동향을 살펴볼 수 있을 것이다. 특히 김기석, 김장선, 니콜라 프라시니 등 해외 연구자들의 관점을 통해 한국어문학의 미래상을 그려 볼 수 있는 기회를 가질 수 있을 것으로 기대한다.

2장 "지역어, 지역문학, 지역문화"에서는 우리 사업단이 위치하고 있는 광주 및 전라권역의 지역어, 지역문학, 지역문화에 대한 글을 주로 모았다. 이와 관련된 원고는 우리 사업단의 신진연구인력들이 맡았다. 그 밖에도 김풍기, 권우, 강보유 등 해외 연구자 및 사업단 외부 필진의 원고는 지역어의 정체성과 언어 권력, 방언의 지역성, 국어의 강조표현 등의 문제 등을 다루고 있다. 세 분의 글은 지역어와 문화가치의 근본적 문제를 이해하는 데 많은 도움이 될 것으로 기대된다.

이번에 총서는 지난 2년 여 동안 쉴 새 없이 달려온 우리 사업단 구성원들의 노력으로 만들어진 것이다. 특히 사업단의 국제화를 위해 노력한 조경순 학술연구교수가 많은 고생을 했다. 또한 사업단 살림을 도맡아 살핀 박세인 학술연구교수의 노고 역시 깊이 새겨 두고 싶다. 그 밖에도 학술연구와 사업 진행의 선봉에 서서 묵묵히 일한 박사후연구원 및 행정간사를 비롯해 지난 2년 여간 함께해준 대학원생들의 노고에도 깊이 고마움을 표한다.

끝으로 우리 사업단의 성과를 남부럽지 않은 양서로 만들어주신 보고사 식구들께도 깊은 감사의 말씀을 전한다.

2015년 12월 5일

전남대학교 BK21+ 지역어 기반 문화가치 창출 인재 양성 사업단

단장 신해진

차례

제1장
지역어로서 한국어문학의 지평과 확산

제1장

지역어로서
한국어문학의
지평과
확산

중국에서의 대조언어학의 특징과 발전 추세

김기석

1. 들어가기

1) 네 가지 부동한 언어 비교

비교는 사람들이 세계를 인식하는 중요한 방법이고 언어 연구의 보편적인 방법 중의 하나이다. 중국의 대조언어학자 허여룽(許余龍)(2010:2)은 소쉬르의 공시언어학과 통시언어학 분류를 참조하여, 언어 비교를, Ⅰ) 한 언어 내부의 공시적 비교, Ⅱ) 한 언어 내부의 통시적 비교, Ⅲ) 언어 지간의 공시적 비교, Ⅳ) 언어 지간의 통시적 비교 등 '사분면(象限, Quadrant)'을 이루는 네 가지 비교 연구로 분류하였다. 특징과 목적이 다른 각 부류의 비교에서, Ⅰ부류 비교 연구는 언어 각 층위 성분과 유형에 대해 공시적 비교를 하고, Ⅱ부류의 비교 연구는 한 언어 내부의 공시태와 통시태를 비교하고, Ⅳ부류 비교 연구는 역사비교언어학 연구를 하고, Ⅲ부류 비교 연구는 보편문법(普遍語法) 연구, 언어유형론 연구와 대조언어학 연구를 한다.

대다수 학자들은 이 '사분면' 분류에 찬성하고 있지만, 반문국(潘文

國), 양자검(楊自儉)(2008:222~223)은 이러한 분류의 결점은 공시태와 통시태의 구별을 절대화한 것인데 공시적 대조 연구도 경우에 따라 통시적 연구로 보충해야 한다고 주장하고 있다. 필자도 이러한 분류는 어디까지나 상대적이며 각 유형의 비교 연구가 서로 교차하거나 침투하여 학제성을 가진 통합적 연구 영역을 형성할 수도 있다고 인정하고 있다. 예를 들면, 공시적 언어 대조에서 두 언어 성분의 통시적 문법화 과정에 대한 고찰을 통해 결론의 해석력을 높일 수 있고, 언어 유형 연구에서도 통시적 시각으로 언어 접촉과 변천이 언어 유형에 끼친 영향을 고찰할 수 있다.

2) 대조언어학과 대조분석

언어학 술어로서 '대조'와 '비교', 즉 대조언어학(Contrastive Linguistics)과 비교언어학(Comparative linguistics)의 구별에 대해 대부분 학자들은 인식을 같이하고 있다. 그러나 지금 학계에서는 언어대조연구(contrastive study of languages), 대조언어학(Contrastive Linguistics), 대조분석(contrastive analysis) 등 이 세 가지 용어가 흔히 '대조언어학'이라는 명칭으로 통용되어 쓰이고 있다. 그런데 일부 경우에 이러한 용어 혼용이 불필요한 혼란을 가져올 수도 있다. 예를 들면, '대조분석'은 대부분 '대조분석가설'(contrastive analysis hypothesis)과 연계되어 일종 외국어교육 이론과 방법으로 간주되는데, 주로 외국어교육에서 나타나는 문제의 해결을 위한, 이를 테면 모국어의 영향, 언어의 긍정적 전이와 부정적 전의, 습득 난이도 측정, 학습자의 습득 오류 예측 등 연구 영역에 많이 활용되고 있다. 미국에서 기원한 대조분석가설은 20

세기 60년대에 들어와서, 가설의 이론적 기초인 행동주의 심리학과 구조주의 언어학이 비판을 받게 되면서 그 학술적 가치가 의심을 받게 되었고, 점차 미국에서 냉대를 받는 학문으로 저락하게 되었다. 독일의 대조언어학자 könig은 대조언어학(대조분석)이 저락하게 된 원인을 다음과 같은 두 가지 요인으로 귀납하고 있다.[1]

첫째, 사람들은 대조언어학이 제공한 기술 틀과 방법론이 두 언어에 대하여 전면적인 대조 문법 기술을 가능하게 할 것이라고 기대하였지만 이런 대조 문법 기술이 실현된 적이 없었고, 일부 초보적인 실험 결과도 사람들을 실망케 하였다. 둘째, 대조언어학은 일찍 제2언어 습득 이론이라고 자처하였지만, 지금은 언어 간의 차이성 외에도 다른 많은 요인들이 제2언어 습득에 영향을 미친다는 것을 명백하게 알게 되었다. 그러므로 대조분석은 예상했던 효과를 거두지 못하게 되었고 제2언어 습득 연구를 뒷받침하는 이론으로 될 수 없었다.

1970년대 후반기에 비로소 대조연구에 관심을 가지게 된 중국 학계에서는 처음부터 이러한 대조분석가설을 비판적 시각으로 바라보았기 때문에, 이 이론은 중국학계에 큰 영향을 미치지 못하였다. 허여룡(2010:12~13)은 다음과 같이 지적하고 있다. "대조언어학의 경전이라고 할 수 있는 Lado(1957)의 『다문화언어학』과 James(1980)의 『대조분석』

---

1 '人們曾指望, 對比言言學所提供的描述框架和方法可以使我們對兩種語言作全面的對比語法描述, 然而這種對比語法描述卻從未實施過, 一些初步嘗試的結果也令人失望。第二, 對語言學曾聲稱是一種二語習得理論, 然而現在很清楚, 除了語言之間的差異之外, 還有許多其他因素會影響二語習得, 因而對比分析並不能收到所預期的效果, 並未二語習得研究提供全面的理論支撐。' 許 余龍(2010:326) 재인용.

에서는 주요하게 응용 대조연구 문제를 논의하였는데, 특히 외국어교
육에서의 응용 대조문제를 다루었다. 그들은 지어 Contrastive
Linguistics라는 용어의 사용조차 기피하였다." 때문에 지금 중국의
많은 학자들은 언어의 본체론 연구를 포함하는 보다 넓은 의미에서의
'대조언어학'과 단순히 외국어교육을 위한 '대조분석'이라는 용어를 경
우에 따라 구별하여 쓸 것을 주장하고 있다.

3) 대조 연구 현황에 대한 두 가지 평가

중국의 대조언어학 연구 현황에 대한 평가에서 학계에는 상반되는
이견이 존재하고 있다. 반문국(潘文國) 등 학자들은 중국의 대조연구는
"거의 국제 수준에 접근하고 있으며", "일부 방면에서 연구 깊이와 넓이
가 선생(서양)을 초월하였다"고 하면서, 중국학자들은 "대조언어학의
정의와 분류, 대조의 철학적 기초, 대조연구의 3개 층위 이론, 대조의
주체성 등 방면에서 서양의 대조언어학 이론의 발전에 크게 기여하였
다"고 말하고 있다.² 그러나 허여룡 등 학자들은 중국에서의 "대조연구
전반 상황을 살펴보면, 아직 많은 문제들이 존재하고 있고, 국외 대조
연구의 최신 발전에 비해 많이 뒤떨어져 있으며 국제상의 영향도 크지
않다'고 평가하고 있다. 구체적으로 말하면, (1)높은 수준의 창의성 있
는 대조연구가 적고, (2)현대 기술(컴퓨터 공학과 대형 말뭉치)을 활용한

---

2 潘文國、楊自儉：對比語言學的定義和分類、對比的哲學基礎、對比研究的三個層次
   理論、對比的主體性、通過對比建立和發展本土語言學，以及中外對比語言學史的對
   比研究等等，可說大大豐富和發展了西方的對比語言學，是中國學者對世界語言學的
   貢獻。(2008:7)

대조연구가 적고, (3)여러 외국어 어종과 중국어 대조 연구 지간의 유기적 연계와 통일적 규획이 결핍하고, (4)각 대학교와 학회 지간의 자원공유(資源共享)와 분공·협력이 부족하고, (5)해외 학자들과의 교류와 협력이 부족하여 국제적 영향력이 크지 못하다."[3]

　이처럼 상반되는 평가가 나오게 된 주요한 원인의 하나는 대조언어학의 학과 성격과 기본 목표에 대한 인식 차이에 있다고 할 수 있다. 반문국 등의 대조언어학은 일반언어학을 겨냥한 언어철학 성격을 띤 대조연구를 가리키고, 허여룡 등의 대조언어학은 주로 응용언어학 중심의 외국어교육, 번역, 사전 편찬 등을 위한 대조연구를 가리킨 것이라고 할 수 있다. 전자는 철학적 시각의 이론적 탐구를 보다 중요시하고, 후자는 본격적인 대조연구를 강조하면서 학과의 응용성과 공시성을 보다 중요시하고 있다.[4]

3　許余龍 : (1)高品質、原創性的對比研究還不多；(2)運用現代技術手段(如電腦技術和大型語料庫)進行的對比研究較少；(3)各外語語種與漢語對比研究之間缺乏有機的聯繫和統一規劃；(4)各相關高校和學會之間在資源分享、分工協作方面還有待加強；(5)與國外同行的交流合作不夠, 我國的對比研究在國際上的影響不大。(2010:333).

4　潘文國·譚慧敏:對比語言學是在哲學語言學指導下的一門語言學學科, 具有理論研究和應用研究的不同層面, 旨在對兩種或兩種以上的語言或方言進行對比研究, 描述其中的異同特別是相異點, 並為人類語言及精神活動關係的角度進行解釋, 以推動普通語言學的建設和發展, 促進不同文化、文明的交流和理解, 促進全人類和諧相處。(2006:253)

2. 중국 대조언어학의 특징

1) 중국 특색의 소학 연구 전통

역사상 중국 최초의 언어 연구는 한자에 대한 연구를 중심으로 전개 되었다. 즉 한자의 형·음·의(形·音·義) 세 개 요소에 대한 연구가 음운 학, 문자학, 훈고학 세 학과로 나뉘어 졌다. 소학(小學)이라고 불리는 이 학문은 어문학(Philology) 범주의 언어 연구로서 그 연구 목적은 전적 으로 경전의 독해를 위한 것이었다. 이러한 역사 환경에서 소학은 장기 간 독립적 언어 연구가 아닌 경학(經學)의 부속물(附庸) 역할을 하였다.

문자학에서 동한시기 허신(許愼)의 『설문해자(說文解字)』에 의해 소 학(문자학)이 집대성되고 한자 분석에서 육서(六書) 규칙이 제기되었다. 이러한 전문 연구가 설문학(說文學)을 형성하게 되었고, 그 맥이 청나라 말기까지 이어지면서 단옥재(段玉裁)의 『설문해자주(說文解字注)』, 계복 (桂馥)의 『설문해자의설(說文解字義證)』, 주준성(朱駿聲)의 『설문통훈정 성(說文通訓定聲)』, 왕균(王筠)의 『설문석례(說文釋例)』, 『설문구독(說文 句讀)』을 대표로 하는 소학 연구의 최고봉인 '설문사대가(說文四大家)'가 나왔다. 음운학에서는 수당시기 육법언(陸法言)의 『절운(切韻)』을 대표 로 하는 절운체계가 형성되고, 송나라 때 진팽년(陳彭年)이 편찬한 『대 송중수광운(大宋重修廣韻)』(『廣韻』)에 의해 음운학이 집대성되었다. 의 미 연구에서는 최초의 사전(아서) 『이아(爾雅)』의 맥을 이어 중국 특색의 '아서(雅書)체계'가 형성되었다. 이러한 학문 전통이 청나라 때에 와서 대진(戴震), 왕염손(王念孫), 단옥재(段玉裁) 등 거유(巨儒)들을·대표로 하 는 건가학파(乾嘉學派)가 형성되었고, 소학을 기반으로 하는 경학(經學) 이 역사적인 전성기를 맞게 되었다.

이러한 소학 연구 전통은 중국 특색이 짙은 찬란한 민족 문화 유산으로 오늘날까지 계승·발전되고 있다. 그러나 이 연구에는 종래로 언어학의 중심인 문법 연구가 없었다. 원나라 때에 시작된 허사 연구를 광의적 문법 연구라고 할 수도 있겠지만, 최초의 허사 저작인 노이위(盧以緯)의『어조(語助)』, 청나라 유기(劉淇)의『조자변약(助字辨略)』, 왕인지(王引之)의『경전석사(經傳釋詞)』등 허사 거작들은 결국 모두 소학 범주에 속하는 학문이었고, 진정한 의미의 문법(언어 법칙) 연구는 공백이었다. 이 학술 전통은 후세의 학문 연구에 소극적인 영향을 미치기도 하였다. 가장 치명적인 결함은 이론과 체계를 소홀히 하고 고증을 중요시하는 전통, 기타 민족과 언어에 대한 '유아독존(唯我獨尊)'의 '중화중심(中華中心)' 사상이라고 할 수 있다. 폐쇄적이고 보수적인 학술 분위기와 타 민족 언어에 대한 무관심으로 인하여, 중국의 학술 사상은 장기간 '후고박금(厚古薄今)', '존하폄이(尊夏貶夷)' 전통을 이어받게 되었고, 학문적 자아도취 상태에 빠져있었다. 이러한 연구 전통이 청나라 말기까지 지배적 지위를 차지하고 있었기에, 중국어와 세계 타 민족 언어(국내 각 소수 민족 언어 포함)의 비교 연구란 상상조차 할 수 없었던 것이다. 더욱 비교 연구 전통이 없는 토양에서 범언어적인 이론적 탐구가 있을 수 없었고 학자들도 범언어적 연구 시야가 있을 수 없었다.

2) 중국어 문법 체계의 구축을 위한 최초의 대조연구

근대에 와서 '서학동점(西學東漸)' 사조와 더불어 중국학자들은 처음으로 서양 문물과 함께 중국어와 유형이 다른 외국어(서양 언어)를 접하게 되었고, 나아가 서양 문법도 익히게 되었으며 자연히 서양 문법을

모방하여 중국어 문법 체계를 구축하기 위해 노력하게 되었다. 그 성과
물이 곧 최초의 중국어 문언문(文言文) 문법서인 마건충(馬建忠)의『마
씨문통(馬氏文通)』(1897)이다. 모방하려면 우선 비교가 있어야 했고 또
비교를 통해 중국어와 서양 언어의 차이성을 요해하게 되었다. 이러한
시각에서 보면,『마씨문통』은 중외 언어 비교연구의 선하지작(先河之
作)이라고 할 수 있다. 그 후에 여금희(黎錦熙)는 Mesfield의『영문문법』
을 참조하여, 최초 현대 중국어 문법서『신저국어무법(新著國語文法)』
(1924)을 출판하였다. 뒤이어 임어당(林語堂)의『개명영어문법(開明英語
文法)』(1933), 여금희의『비교문법(比較文法)』(1933) 등 문법 저서들이 우
후죽순처럼 쏟아져 나왔다. 이러한 저서들의 공통된 특징은 모두 중외
대조 시각으로 중국어 문법과 서양 문법을 비교 분석하여 중국어 문법
의 특징을 탐구한 것이다. 이 시기에 직접적인 중외 언어 연구 작업을
시도한 최초의 연구 성과는 조원임(趙元任)의 저명한 논문『영어 어조와
한어 어조 비교 탐구(英語語調與漢語語調比較初探)』(1932)이었는데, 중국
어 학계의 언어 연구에 광범위한 영향을 미쳤다.

　비교 방법의 활용으로 가장 큰 성과를 거둔 영역이 1940년대의 중국
어 문법연구였다. 중국학자들의 끈질긴 노력으로 1940년대에 중국어
3대 문법체계를 대표하는 왕력(王力)의『중국현대문법(中國現代語法)』
(1943), 여숙상(呂叔湘)의『중국문법요략(中國文法要略)』(1942), 고명개(高
名凱)의『중국어문법론(中國語文法論)』(1948) 등 문법서가 세상에 나오게
되었다. 그 중에서, 왕력(王力)은 Jespersen의 문법 이론과 Bloomfield
『언어론(語言論)』을 주로 참조하였고, 여숙상(呂叔湘)은 Jespersen의
『영문문법정의(英文文法精義)』 등을 주로 참조하였다. 이렇게 20세기
40년대에 중국어 문법 연구는 역사상 전례 없는 절정기를 맞이하게

되었다. 이러한 시각에서 출발하여, 반문국·담혜민은 중국의 "문법학
사는 곧 중외 언어의 대조 연구사이다. 이러한 상황은 세계 언어 연구
사에서 보기 드물다. 그러므로『마씨문통(馬氏文通)』을 중국 대조언어
학의 발단으로 보는 것은 심각한 역사적 함의를 담고 있다."라고 말하
고 있다.(潘文國·譚慧敏2006:86)

그러나 이 시기의 연구에서는 대조와 비교를 엄격히 구분하지 않았
다. 대표적인 예로, 여금희의 비교문법에는 자기 민족어의 문법과 세계
기타 민족어의 문법의 비교, 본 민족어의 문법(漢語)과 동족이지(同族異
支) 형제자매어(藏, 緬, 泰, 苗 등)의 비교, 표준어(현대중국어의 북경어)의
문법과 각 지역 방언의 비교, 현대 중국어와 고문의 비교 등이 모두
망라되어 있었다.(潘文國·譚慧敏2006:94) 반문국, 양자검(2008:IV) 등 학
자들은 마건충의『마씨문통』과 같이 구체적인 대조 작업을 하지 않고,
다만 대조적 시각으로 언어를 연구하는 것을 '은성대조'(隱性對比) 즉
대조를 선언하지 않는 대조 연구라고 하면서, 역사상 이러한 대조는
모두 유복(劉復), 여금희, 조원임, 왕력, 여숙상, 고명개 등 언어학 대가
들에 의해 이루어졌다고 말하고 있다. 그러므로 이러한 은성대조를 대
조연구에서 제외할 수 없다고 인정한다.[5]

5 　與顯性對比相比較, 隱性對比通常 "以一種語言研究爲主, 但同時以另一種語言爲參
　　照係數, 必要時在更高層面有所對比. ……這類對比通常是大家所爲, 所以我們決不
　　能排除這類對比研究". "劉重德先生曾經指出, 瞭解漢英對比研究, 要從馬建忠和嚴
　　複開始. 嚴複的代表作, 是作於1904年的『英文漢詁』, 而馬建忠的書主要是這本『馬氏
　　文通』, 發表時間是1898年, 還在嚴複之前", 潘文國、楊自儉主編, 『共性·個性·視角
　　: 英漢對比的理論與方法研究』(2008:IV).

3) 여숙상의 연설과 언어 연구 방법론으로서의 대조

중국의 대조연구는 1949년 건국 이후로부터 침체기에 들어서게 되었다. 그 주요한 원인은 두 가지가 있다고 할 수 있는데, 하나는 연구 방법론에서 1930~1940년대에 형성된 전통적인 대조(비교) 방법론을 버리고 미국 구조주의 분포주의 연구 방법론에 치우친 것이고, 다른 하나는 대조 연구의 기반이 되는 제2언어 교육(외국어 교육, 소수민족을 위한 중국어 교육, 외국인을 위한 중국어 교육 등)이 위축된 것이다. 그 결과 중국어 문법연구는 장기간 학술적 돌파구를 찾지 못하게 되었고 저수준선에서 배회(徘徊)하게 되었으며, 세계적으로 영향 있는 언어학 대가와 언어학 명작들이 출현하지 못하였다. 중국 학계에서는 1977년 5월 5일 여숙상의 연설 "대조를 통해 문법을 연구해야 한다"(通過對比研究語法)를 본격적인 중국 대조언어학의 설립을 선고한 이정표로 보고 있다. 이 연설문에서 여숙상은 다음과 같이 지적하였다.[6]

> 한 사물의 특징은 다른 사물과의 비교를 통해서만 알 수 있다.……언어도 마찬가지 이다. 중국어의 특징을 알려면 반드시 비중국어와 비교해야 하고, 현대중국어의 특징을 알려면 고대중국어와 비교해야 하고, 표준어(普通話)의 특징을 알려면 방언과 비교해야 한다. 음운, 어휘, 문법은 모두 대조를 통해 연구할 수 있다.

여숙상의 연설 발표를 계기로, 1940년대 이후 처음으로 중국의 대조

---

6 一种事物的特点，要跟别的事物比较才显出来。……语言也是这样。要认识汉语的特点，就要跟非汉语比较；要认识现代汉语的特点，就要跟古代汉语比较；要认识普通话的特点，就要跟方言比较。无论语音、词汇、语法，都可以通过对比来研究。

연구는 다시 학계의 관심을 받게 되고 연구 열기가 점차 고조되기 시작하였다. 그러나 이 시기의 연구는 처음부터 중국 특색을 띤 광의적 대조연구가 주류를 이루고 있었다. 위의 연설문에서 보여준 바와 같이, 여숙상은 대조를 언어 연구 방법론의 시각으로 강조하였다. 다시 말하면, 서양에서 기원한 서로 다른 언어 사이의 공시적 대조를 지향하는 대조분석가설과 구별되는 언어 연구 방법론 개발로서의 대조연구를 제의한 것이다. 즉 과거 여금희의 비교문법 사상과 일맥상통(一脈相通)하는 중국식 대조연구를 창도한 것이었다. 이와 같이 중국의 대조연구는 1970년대 후반기 첫 시작부터 광의적 성격을 띠고 있었다. 이러한 분위기 속에서 단순히 외국어교육을 위한 응용언어학 성격의 대조분석가설은 중국의 언어학계에 큰 영향을 미칠 수 없었다.

4) 중국학자들의 대조언어학 정의

중국학자들의 대조언어학에 대한 가장 대표적인 정의로는 허여룡(1992:4)과 양자검(楊自儉)(2004:6~7)의 정의를 들 수 있다.

> 대조언어학이란 언어학의 한 갈래로서 두 개 혹은 두 개 이상의 언어에 대한 공시적 대조를 통해 그들 지간의 공통성과 차이성을 기술하는데 특히 차이성을 기술하며, 나아가 이러한 연구를 기타 영역에 응용한다.(許余龍)[7]

> 영·한 대조언어학은 언어학의 한 갈래로서 이론언어학과 응용언어학

---

[7] 對比語言學是語言學中的分支, 其任務是對兩種或兩種以上的語言進行共時的對比研究, 描述它們之間的異同, 特別是其中的不同之處, 並將這類研究應用於其他相關領域。

의 성격을 겸비하고 있다. 그 과업은 영어와 중국어의 공시적 대조와 통시
적 연구를 통해 영어와 중국어의 차이성과 공통성을 기술하고 해석하며
그 연구 성과를 언어와 기타 연관 영역에 응용한다.(楊自儉)[8]

양자검의 정의는 비록 영어와 중국어의 대조에 대한 정의이지만,
중국 대조언어학계 에서는 일반적인 대조언어학 정의로 받아들이고
있다. 비록 위의 두 가지 정의는 일반언어학 연구를 겨냥한 반문국
(2006:253)의 광의적 정의 보다는 상대적으로 협의적이라고 볼 수 있지
만, 후자의 정의에는 공시적 연구와 통시적 연구를 모두 포함시키고
있고, 차이성 연구와 공통성 연구를 동일시하고 있으며, 또 기술과 해
석을 동등한 위치에 놓고 있다. 이러한 정의는 미국의 행동주의 심리학
과 구조주의 기술언어학에 기초한 대조분석 이론의 정의와 대조된다.
그리고 허여룽의 사분면(四個象限) 비교의 공시태와 통시태 연구의 계
선도 타파하고 있다.

이에 대해, 사분면 대립 원칙을 제기한 허여룽도 자신의 정의는 서양
대조언어학자들의 통상 쓰는 정의를 그대로 계속 쓰고(沿用) 있다고 하
면서, "두 번째 정의가 언어대조 실제를 반영하고 있다"고 하였다.(許余
龍2010:334) 즉 허여룽도 실제 대조연구에서 사분면의 계선(공시태와 통
시태의 계선)을 엄수할 필요가 없다고 인정하고 있는 것이다.

---

8 英漢對比言語學是語言學的一個分支學科, 它兼有理論語言學和應用語言學的性質,
其任務主要是對英漢兩種語言進行共時和歷時的研究, 描述並解釋英漢語之間的異和
同, 並將研究成果應用於語言和其他相關的研究領域。

3. 중국의 대조언어학의 발전추세

1) 중국의 언어 연구 방향의 세기적 전환

금후 중국에서의 대조언어학의 발전 추세를 분석하려면 먼저 전반 중국 언어학의 흐름을 고찰할 필요가 있다. 중국학자 왕명옥(王銘玉)(1999)은 '18세기는 철학언어학 시대이고 19세기는 비교언어학 시대 이고 20세기는 기술언어학과 변형생성의 시대였다. 21세기는 여러 학 과의 종합 연구의 시대로 될 것이다. …… 언어학과 사회과학 및 자연과 학의 외적·횡적 교차(交叉) 연구가 언어학 주류 방향을 이루고 주변적 학과(邊緣學科) 연구가 언어학 본체론의 발전을 크게 추진할 것이다.'라 고 지적하였다. 중국의 많은 학자들은 이러한 예견에 동감하고 있으며, 중국의 언어 연구는 21세기에 아래와 같은 8대 세기적 전환을 실현하고 있다고 인정하고 있다.(趙容暉2005:51~54)

1) 미시적 연구에서 거시적 연구에로의 전환(由微觀硏究轉向宏觀硏究)
2) 단일화 연구에서 다원화 연구에로의 전환(由單一硏究轉向多層面硏究)
3) 체계성 연구에서 응용성 연구에로의 전환(由系統硏究轉向應用硏究)
4) 기술 연구에서 해석 연구에로의 전환(由語言描寫轉向語言解釋)
5) 구조 연구에서 인지 연구에로의 전환(由結構硏究轉向認知硏究)
6) 정적 연구에서 동적 연구에로의 전환(由靜態硏究轉向動態硏究)
7) 분석 연구에서 종합 연구에로의 전환(由分析硏究轉向綜合硏究)
8) 모호성 연구에서 정확성 연구에로의 전환(由模糊性硏究轉向精確性硏究)

이상 8대 전환이 곧 21세기 중국 언어학의 8대 발전 추세를 반영하고 있다. 그 중에서 가장 핵심적인 발전 추세가 다원화 연구 추세와 종합

연구 추세라고 말할 수 있다.

지난날 구조주의 문법 혹은 변형생성 문법의 단일화 통치적 국면이 21세기에 들어서면서 기능문법, 인지문법, 언어유형론, 화용론, 텍스트언어학, 사회언어학 등 다양한 이론이 함께 발전하는 '백화제방, 백가쟁명'(百花齊放, 百家爭鳴)의 다원화 연구 국면으로 전환하고 있다. 특히 중국에서는 형식주의보다 기능주의 언어학 사상과 이론이 언어학계에서 각광받고 있으며 점차 언어 연구 방법론의 주류를 형성하고 있다. 기능주의에 기초를 둔 언어유형론 이론은 중국 학계에서 현학(顯學)으로 받들리면서 언어유형론의 이론과 방법론이 중국 언어학의 흐름에 거대한 영향을 미치고 있다.

언어학의 하위 학과로서의 대조언어학(대조분석)은 탄생 초기에서부터 자신의 독자적인 이론을 가지고 있지 않았다. 21세기에 들어서면서 대조언어학의 발전은 더욱 학제성이 강화되었고 언어학의 세기적 전환에 발맞춰 기타 상관 학과의 이론과 방법론을 적극 섭취하게 되었다. 그 중에서 언어유형론이 중국의 대조언어학에 가장 큰 영향을 주고 있다고 할 수 있다.

2) '세계관 연구경향'과 '언어유형론 연구경향'

20세기 90년대 이후, 중국에서의 대조언어학에는 두 가지 부동한 연구 경향 나타났다. 한 가지는 '언어 세계관 연구 경향'(世界觀研究取向)이라고 할 수 있고, 다른 한 가지는 '언어 유형론 연구경향'(言語類型學研究取向)이라고 할 수 있다.(尙新:2013)

세계관 연구경향은 반문국(1997), 반문국·담혜민(譚慧敏)(2006), 왕국

천(王國泉)(2011)을 대표로 한다. 이들은 대조언어학을 일반언어학의 하위 학과로 규정하고, 언어대조를 통해 세계 여러 민족의 개념 체계, 의미 체계, 가치 체계 및 사유방식을 연구해야 한다고 하면서, 언어대조를 단순히 외국어교육을 위한 응용 학문에서 해방시켜, 언어와 사유, 언어와 민족성 및 언어 세계관을 연구하는 학문의 높이에 향상시켜야 하다고 주장하고 있다.

언어유형론 연구경향은 허여룡(2007, 2009, 2010, 2012), 심가선(沈家煊)(2009, 2012)을 대표로 한다. 이를 테면, 허여룡은 "언어의 공통성, 유형과 대조연구는 분공과 중점이 다르지만 공동한 목표를 위한 연구"라고 인정하고 있다. 심가선(2009)은 "개별 언어의 특징과 인류언어의 공통성은 동전의 양면과 같다. 공통성은 차이성에 내포되어 있고 차이성은 공통성의 구체적 표현이다"라고 주장하면서 대조연구에서 시야가 넓을수록 보다 보편성이 있는 언어규칙을 도출해 낼 수 있다고 하였다. 언어유형론이 곧바로 이 넓은 시야를 제공한다는 것이다.[9]

그러나 이 두 연구 경향은 비록 대조언어학의 정의와 분류, 대조언어학의 이론 기초와 목표 등 허다한 이론 문제에서 각자 다른 주장을 펼치고 있지만, 많은 견해에서 또 일치성을 보이고 있다. 그 중에서 가장 큰 일치성은 양자 모두 대조언어학을 단순히 외국어교육을 위한 응용언어학의 좁은 울타리에서 해방시켜 보다 큰 목표를 지향하는 언어학의 중견 학과로 자리 매김하게 해야 한다는 것이다. 이러한 추세가

9　擺脫印歐語的眼光當然比照搬印歐語的語法框架好，但是還有一個更高的境界。那就是語言類型學。在這個更高的境界裡，我們不僅有漢語自身的眼光，還要有印歐語的眼光，非洲土著語言的眼光，每週印第安語的眼光。

바로 현재 중국에서의 대조언어학의 가장 큰 움직임(動向)을 대표한다
고 할 수 있다.

3) 이론 연구의 활성화

1990년대 이후의 대조연구는 이론 연구에 보다 큰 관심을 보이기
시작하였다. 그 중에서 가장 대표적인 연구 성과로는 반문국·담혜
민의 대조언어학 이론 저서 『대조언어학 : 역사와 철학 사고(對比語言
學 : 歷史與哲學思考)』(2006), 중국에서의 최초 대조언어학 저작 허여룡
의 『대조언어학』(수정본, 2010)을 들 수 있다.

반문국·담혜민은 대조언어학을 '일반언어학의 건설과 발전을 추진
하고 부동한 문화와 문명의 교류와 이해를 촉진시키며 전인류의 화합을
도모하'는 '철학언어학 지도하의 언어학 학과'라고 정의하고 있다.(潘文
國·譚慧敏2006:253) 이 관점은 독일학자 홈볼트(Wilhelm von Humboldt)의
"일반언어학이란 곧 대조언어학이다"라는 견해, 중국학자 조원임의
"언어학 이론이란 사실상 언어에 대한 비교"라는 관점을 받아들인 것이
다. 이 책은 최초로 통시적 시각에서 서양의 대조연구사와 중국의 대조
연구사를 계통적으로 비교 분석하였고, 이 기초위에서 대조언어학을
본체론과 방법론 두 부분으로 나누어 상세하게 논술하였다. 이 책의
주요한 관점을 한마디로 개괄하면, 대조언어학의 기초 이론은 철학 언
어관이고 대조언어학의 철학적 기초는 언어세계관이라는 것이다. 대조
언어학의 방법론 원칙으로는 배경성 원칙(背景性原則), 선택성 원칙(選
擇性原則), 동일성 원칙(同一性原則)을 제시하고 대조연구의 출발점으로
는 체계 출발, 규칙 출발, 범주 출발, 의미 출발, 문제 출발, 중립항(中立

項) 출발을 제시하였다.

허여룡의『대조언어학』은 저자의『대조언어학개론』(1992)을 수정 보충하여 출판한 중국 최초의 대조언어학 저작으로서, 학술저작 성격과 교과서 성격을 함께 갖춘 대조언어학 분야의 역작으로 평가 받고 있다. 이 책은 대조언어학의 일반 이론과 방법, 음운 대조론, 어휘 대조론, 문법 대조론, 텍스트 대조론, 화용론 대조, 대조분석과 외국어 교육, 대조분석과 번역, 양적(定量) 대조연구, 대조 기능 분석 등 12장으로 나누어 대조연구의 이론과 방법, 대조연구의 응용 영역, 현황과 발전 추세 등에 대해 계통적으로 서술하였다. 이 책의 가장 큰 공헌은 서양의 전통적 대조분석 이론에서 벗어나 최초로 대조언어학의 이론과 방법론 및 응용 연구 영역을 과학적으로 논술한 것이다. 연구 이론의 모델로 Krzeszowski의 '대조생성문법' 모델, Catford의 '대비언어학 번역이론', Hatim의 '텍스트언어학 번역이론', Chesterman의 '대조기능분석' 등을 받아들였지만, 자신의 독자적인 최신 연구 성과도 많이 보충하였다. 이 책에서 허여룡은 기존의 대조연구의 공시언어학 입장을 고수하면서도, 대조연구에서 통시적 연구와 언어유형론에 입각한 연구도 진행해야 됨을 언급하였다. 그는 다음과 같이 이론대조와 응용대조의 역할을 설명하였다.[10]

---

10 理論對比研究通常可以在語言類型異同的的基礎上進行, 其成果可以引發更深層次的語言類型學研究, 最終使我們對語言的本質和規律有更深刻的瞭解。應用對比研究通常是由外語敎學和翻譯等一些應用領域中遇到的問題某個具體問題觸發的, 通過對比研究可以對這個問題提供某種解答, 最終將其應用到外語敎學和翻譯等實踐中去。(許余龍2010:334~335)

이론대조연구는 통상 언어 유형의 공통성과 차이성 기초위에서 진행하게
되는데 그 연구 성과는 더욱 높은 차원의 언어유형론 연구를 추진하며 나아
가 우리들이 언어의 본질과 규칙에 대해 더욱 깊은 인식을 가지게 한다.
응용대조연구는 통상 외국어교육과 번역 등 일부 응용 영역에서 제기되
는 구체적 문제에 대해 연구하게 되는데, 연구를 통해 이러한 문제에 답을
주고 나아가 그 연구 성과를 외국어교육과 번역에 활용할 수 있다.

이외에도 양자겸·왕국천 등이 편찬한 영·한 대조 이론 성과를 집대
성한 연구 총서『영한대조와 번역 연구(英漢對比與飜譯研究)』(2008)에는
『공통성·차이성·시각−영한 대조의 이론과 방법 연구(共性·個性·視角
−英漢對比的理論與方法研究)』,『구조·의미·관계−영한 미시 대조 연구
(結構·語義·關係−英漢微觀對比研究)』,『인지·화용·기능−영한 거시 대조
연구(認知·語用·功能−英漢宏觀對比研究)』,『비교·감별·응용−영한 대조
응용 연구(比較·鑑別·應用−英漢對比應用研究)』,『충돌·보완·공존−중서
문화 대조 연구(衝突·互補·共存−中西文化對比研究)』,『구조·해구·건구−
번역 이론 연구(結構·解構·建構−飜譯理論研究)』,『이원·다원·종합−번
역 본질과 기준 연구(二元·多元·綜合−飜譯本質與標準研究)』,『방법·기교
·비평−번역 교육과 실천 연구(方法·技巧·批評−飜譯敎學與實踐研究)』등
저작들이 망라되어 있다. 이상의 저서들에서는 영어와 중국어의 대조
연구(번역 연구 포함)에서 제기되는 여러 방면의 이론 문제들을 폭 넓게
논술하였다.

4) 해석에 대한 관심

시양에서의 대조연구는 1980년대에 이르러 일반 이론 연구의 중요성

이 인식되면서, 대조 연구를 이론대조와 응용대조로 양분하고 연구 범위를 언어 구조와 민족의 문화, 언어 구조와 민족의 의식, 언어 구조와 사회 구조 등 영역으로 확장되는 경향을 보이기 시작하였다. 중국에서의 대조연구는 1980~1990년대 전반기에 대부분 언어의 표층 구조 대조 및 언어교육을 위한 응용성 연구에 집중되어 있었다. 당시 엄격한 의미에서의 대조에서는 두 언어 현상에 대한 기술을 중요시하고 '무엇 때문에'라는 물음에 대한 해석을 홀시하였다. 즉 대조 작업에서 두 언어의 음운, 어휘, 문법의 대조를 통해 그 차이성을 찾는 것을 주요한 목표로 간주하였다. 1990년대에 들어서면서, 중국에서의 대조연구도 과거의 응용을 목적으로 하는 모국어에서 목표어로의 단일 방향적 대조(單向對比)가 공통 범주 또는 공동 개념으로부터 출발하는 이론 연구를 목적으로 하는 이중 방향적 대조로 서서히 전환하기 시작하였다.[11] 이러한 전환은 당대 언어연구의 총적인 흐름에 부합되는 것이다. 언어 현상에 대한 최대한의 해석을 추구하는 것이 당대언어학(형식 언어학, 기능 언어학, 언어유형론 등)의 기본 목표 또는 기본 특징으로 인식되고 있다. 따라서 대조언어학의 최종 목표도 해석에 있다는 것이 중국 대조언어학계의 공통된 인식이라고 할 수 있다. 여숙상은 아래와 같이 지적하였다.[12]

　　사물의 차이성과 공통성을 지적하기는 그리 어렵지 않다. 그러나 무엇

---

11 응용대조의 방향 모델은 X→A(Xa)→B(Xb)의 단일 방향이고 이론대조의 모델은 두 언어의 공통 범주 X로부터 출발하여 X가 A언어(Xa)와 B언어(Xb)에서 어떻게 실현되는가를 고찰하는 이중 방향이다.

12 指明事物的異同所在不難, 追究它們何以有此異同就不那麼容易了。而這恰恰是對比研究的最終目的。

때문에 이러한 차이성과 공통성이 있게 되었는가를 규명하기는 쉽지 않다. 이것이 바로 대조연구의 최종 목적이다.

중국에서의 대조연구는 1980년대 첫 시작부터 해석을 중요시하는 연구 전통을 형성하였는데, 특히 생성언어학 연구 모델, 인지언어학 연구 모델, 언어유형론 연구 시각을 받아들이면서 해석력을 더욱 중요시하게 되었다. 해석력에 대한 추구는 이미 중국대조언어학의 공통 목표로 인식되고 있다. 해석 이론에는 생성문법 이론도 있고 인지문법 이론도 있지만, 위에서 이미 언급한 바와 같이 언어유형론의 이론과 방법이 가장 각광받고 있다. 언어유형론의 방법론과 범언어적 시각 지금 중국에서 대조언어학계의 전례 없는 환영을 받고 있다. 지난날 많은 학자들은 대조언어학을 자체의 이론과 방법론이 없는 학과라고 하면서 대조언어학 이론이란 "손을 내밀어 이론을 구걸하는 이론"이라고 비난하기까지 하였다. 이처럼 난처한 이론적 곤경(理論困境)에서 벗어나기 위해 일부 학자들은 이론대조언어학의 이론적 모델을 언어유형론에서 찾고 있다.[13] 그러나 일부 학자들은 이렇게 되면, 대조언어학이 스스로 학과 독립성을 상실하여 언어유형론 연구를 위한 부속 학과로 전락되는 운명을 면치 못할 것이라고 말하고 있다. 이러한 질의에 대해 허여룡(2012)은 대조언어학과 언어유형론은 상호 보완 관계가 있다고 하면서, "깊이 있는 대조연구는 언어유형론의 정밀화 발전을 촉진한다. 대조를 통해 언어유형론이 언어유형 차이에 대한 분류와 개괄이 언어 실제에 부합되는가를 검증할 수 있고, 또 언어유형론의 해석이 그가

---

13 許余龍, 「語言的共性、類型和對比-試論對比語言學的源泉和目的」, 『外語教學』, 2010(1), 2~5쪽.

대조하는 언어에 적용되는가를 검증할 수 있다."고 주장하고 있다.[14]

4. 나오며

중국에서의 대조 연구(광의적 대조)는 유구한 역사를 가지고 있다. 비록 최초의 대조가 엄격한 의미의 대조언어학이라고 말할 수 없지만 중국 언어학 특히 중국어 문법 연구에서 획기적인 방법론 혁신 작용을 발휘하였다. 서양 문법과 중국어 문법에 대한 체계적인 대조 연구가 있었기에 중국학자들은 처음으로 중국어 문법의 특수성과 인류 언어 문법의 공통성을 인식하게 되었고 중국어 문법 체계를 구축할 수 있게 되었다. 비록 1949년 건국 이후 대조 연구가 장기간(1949~1976) 침체기에서 배회하였지만, 여숙상 등 학자들의 노력과 제2언어 교육(외국어 교육, 외국인을 위한 중국어 교육)의 거족적 발전에 힘입어 1970년대 후반기부터 비약적인 발전을 가져오게 되었다. 현재 대조언어학은 신흥 학과로서 그 학문적 지위가 나날이 향상되고 있고 전례 없는 생명력을 과시하고 있다.

대조 연구는 중국에서의 발전 과정에서 중국의 연구 전통, 해외 언어학 이론의 변천, 국내 언어학 연구의 사회적 수요 등 요소의 영향으로 말미암아, 전통적 대조언어학(대조분석)과 구별되는 특유의 특징도 형성하게 되었다. 이 특징을 한마디로 개괄하면 곧 연구 시각과 이론의

---

14 深入細緻的對比硏究反過來又能促進語言類型學硏究向精細化方向發展，並可以直接檢驗語言類型學對語言類型差異所做的分類和槪括是否符合所對比語言的實際情況，檢驗語言類型學所做的解釋是否適用於所對比語言。

광의성이라고 할 수 있다. 일부 학자들은 단순히 외국어 교육을 위한 응용언어학 범주의 대조를 벗어난 개방성과 학제성을 특징으로 하는 언어학의 모든 영역을 통섭할 수 있는 방법론으로서의 광의적 대조를 지향하고 있고, 또 일부 학자들은 외국어 교육과 번역, 사전 편찬 등을 위한 응용대조언어학과 일반언어학 연구를 겨냥하는 이론대조언어학으로 나누어야 한다고 주장하고 있다. 즉 이론대조언어학은 단순히 대조언어학 이론, 원리와 방법론을 연구하는 개별 이론대조언어학의 틀에서 벗어나 유형론의 시야를 가진 인류 언어의 보편적 공통성과 규칙을 탐구하는 일반 이론대조언어학으로 발전해야 한다는 것이다.

금후의 발전 추세를 한마디로 개괄하면, 광의적 대조가 계속 주축이 되어 부동한 유형의 대조 연구를 추진할 것이다. 이론 구축에서는 언어 유형론과의 상호 영향이 더욱 확대되어 이론대조 연구가 더욱 활력을 얻을 것이며, 응용대조 연구에서는 오류분석과 중간언어 이론과 상호 보완하며 외국어교육 연구 등 응용 분야에서 더욱 큰 역할은 분담할 것이다. 구체적 방법론에서는, 표층 구조로부터 출발하던(형식 → 의미) 응용대조 위주의 단일 연구 방향이, 의미(인지 범주 등)로부터 출발하는 (의미 → 형식) 이론대조 위주의 이중 연구 방향으로 전환할 것이다.[15]

이 글은 지난 2015년 전남대학교 인문학연구소에서 발간한
『용봉인문논총』 46집에 게재된 것이다.

---

[15] 표층 구조로부터 출발하는 '형식→의미'의 단일 대조 연구 방향은 A언어(일반적으로 모국어)의 표층 구조 로부터 출발하여 의미적으로 대응되는 B언어(목적어)의 표층 구조(대응 형식)를 찾는 것이다. 의미로부터 출발하는 '의미→형식'의 이중 대조 연구 방향은 A언어와 B언어가 공통 인지 범주로부터 출발하여 두 언어의 표현 형식을 찾는 것이다.

참고문헌

〈단행본〉

김방한, 『언어학연구사』, 서울대학교 출판부, 1991.

김영황, 『조선언어학사연구』, 김일성종합대학 출판사, 1996.

金立鑫, 『什麼是語言類型學』, 上海外語教育出版社, 2011.

金立鑫, 『語言研究方法論』, 上海外語教育出版社, 2006.

潘文國, 『漢英對比綱要』, 北京語言文化大學出版社, 1997.

潘文國·楊自儉主編, 『共性·個性·視角-英漢對比的理論與方法研究』, 上海外語教育出版社, 2008.

潘文國·潭慧敏, 『對比語言學:歷史與哲學思考』, 上海教育出版社, 2006.

白蓮花, 『語言類型學視角的韓漢語序對比研究』, 上海三聯書店, 2014.

劉丹青, 『語言類型學與介詞理論』, 商務印書館, 2003.

劉丹青, 『語言學前沿與漢語研究』, 上海教育出版社, 2005.

陸丙甫, 『語言類型及其功能基礎』, 北京大學出版社, 2011.

趙蓉暉, 『普通語言學』, 上海外語教育出版社, 2005.

許余龍, 『對比語言學(第二版)』, 上海 : 上海外語教育出版社, 2010.

〈논문〉

Bernard Comrie(沈家煊譯), 「對比語言學和語言類型學」, 『當代語言學』, 1988(3), 105~135쪽.

김기석, 「중한 언어 대조 연구에서의 협의적 대조와 광의적 대조」, 『Journal of Korean Culture』, 2012(1), 39~59쪽.

金基石, 「對比語言學視角 : 朝鮮學者對漢語近代音系的研究」, 『東方學術論壇』 第一輯, 譯文出版社, 2008, 3~20쪽.

金基石, 「中韓語言對比的視角和方法」, 『東北亞外語研究』, 2013(1), 10~13쪽.

金立鑫, 「語言類型學─當代語言學中的一門顯學」, 『外國語』, 2006(5), 33~41쪽.

潘文國, 「漢英對比研究一百年」, 世界漢語教學, 2002(1), 60~86쪽.

尚 新, 「語言類型學視野與語言對比研究」, 『外語教學與研究』 第45卷, 2013(1), 130~159쪽.

徐通鏘, 「對比和漢語語法研究的方法論」, 『語文研究』, 2001(4), 1~7쪽.

徐通鏘, 「漢語的特點和語言共性的研究」, 『語文研究』, 1999(4), 1~13쪽.

沈家煊, 「想起了高本漢」, 『中國外語』, 2009(1), 111쪽.

吳福祥, 「漢語語法化研究的當前課題」, 『語言科學』, 2005(2), 20~32쪽.

吳福祥, 「漢語語法化演變的幾個類型學特徵」, 『中國語文』 總第309期, 2005(6), 483~575쪽.

王銘玉, 「21世紀語言學的八大發展趨勢」(上), 『解放軍外國語學院學報』, 1999(4), 4~8쪽.

王銘玉, 「21世紀語言學的八大發展趨勢」(中), 『解放軍外國語學院學報』, 1999(5), 1~5쪽.

王銘玉, 「21世紀語言學的八大發展趨勢」(下), 『解放軍外國語學院學報』, 1999(6), 1~4쪽.

陸丙甫·金立鑫, 「論蘊含關係的兩種解釋模式 - 描寫與解釋對應關係的個案分析」, 『中國語文』 總第337期, 2010(4), 331~384쪽.

許余龍, 「語言的共性、類型和對比 - 試論對比語言學的源泉和目的」, 『外語教學』, 2010(1), 2~5쪽.

許余龍, 「名詞短語的可及性與關係化 - 一項類型學視野下的英漢對比研究」, 『外國語教學與研究』 第44卷, 2012(5), 643~657쪽.

지역문학의 문화가치와 연구방법

중국 지역문학 연구 양상을 겸하여

김장선

1. 들어가며

자고로 지역문학은 고대문학의 형성과 함께 존재하였다. 중국의 경우만 보아도 그러하다. 중국의 첫 시가집 『시경(诗经)』의 주체를 이루는 〈국풍(国风)〉은 작품을 창작된 지역에 따라 분류, 편찬하였고 〈초사(楚辞)〉는 초나라의 문화 색채를 뚜렷하게 보여주고 있기에 그 후 〈시(诗)〉와 〈소(骚)〉의 연구는 적지 않게 지역 시각으로 해석 고증되었다. 류협(刘勰)도 『문심조룡(文心雕龙)』에서 〈시경〉과 〈초사〉의 부동한 지역 색채를 조명하였다.

지역문학은 그 자체 역사와는 달리 20세기 후반기에 들어와서야 하나의 자각적인 문학연구방법으로 자리 잡게 되었다고 할 수 있다. 중국은 1990년대 중반부터 비로소 지역문화와 문학이라는 담론으로 문학계와 학계의 주목을 받기 시작하였다. 현재 이와 관련된 연구 총서와 저서는 백 권이 넘으며 논문은 정확하게 집계하기 어려울 정도로 많다. '지역문화와 문학연구 학술회'라는 전국직인 학술회가 여러 차례 개최되기도 하였다. 지역문학연구는 중국문학의 연구 공간을 확장하였을 뿐만 아니라 중국문학의 특징을 보다 명확하게 파악하는 루트 및 방식의 하나로 되었다.[1] 근년에 활발하게 진행되고 있는 문학지리학은 지역문학연구와 밀접한 연관이 있다고 하겠다.

지역문학연구는 비록 활발히 진행되고 있지만 그 이론체계나 연구방법상 아직도 풀어야 할 과제가 적지 않다.

본고는 지역문학의 개념 및 그 문화가치에 대해 중국 지역문학 연구양상과의 연관 속에서 보다 명확히 규명해 보는 동시에 그 연구방법을 치중하여 살펴보고자 한다. 또한 지역문학연구에서 존재하는 문제점과 국제 교류 및 협력의 의의에 대해서도 논의해 보고자 한다.

2. 지역문학이란

주지하는바 '지역'이라는 것은 하나의 공간적 문화적 개념으로, 상대적으로 확정적이고 안정적인 공간형태와 문화형태를 구비하고 있다. 또한 '지역'은 하나의 역사적 개념으로 시간 및 전통과 관련될 뿐만 아니라 하나의 비교적인 개념으로 가비성이 있는 참조물질과 참조계수를 필요로 한다. '지역'은 하나의 입체적 개념으로 자연지리 또는 자연경제지리와 같은 가장 외재적이고 표층적이며 풍속습관, 예의제도 등 핵심적이고 내재적인 심리 가치 이념이기도 하다.[2]

---

1 王学振, 「区域文学研究现状之反思」, 周晓风 张中良 主编, 『区域文化与文学研究集刊』 第1辑, 中国社会科学出版社, 2010年 9月, 39쪽.
2 王祥, 「试论地域、地域文化与文学」, 『社会科学辑刊』, 2004年 第4期, 123쪽 참조.

지역은 대체로 행정적(정치적 사회적) 또는 문화적으로 구획되며 행정
구역과 문화구역은 일정한 역사 환경 속에서 상호 전환되기도 한다.
'지역이 문학에 끼치는 영향은 종합적이다. 결코 지형, 기후 등 자연
조건뿐만 아니라 역사적으로 형성된 인문환경의 각종 요소를 망라한
다. 그 지역의 특정적인 역사연혁, 민족관계, 인구이동, 교육 상황,
풍속 인정, 언어 사투리 등이다. 세월이 흐를수록 인문 요소의 역할이
더 커지고 있다. 보다 명확하게 밝힌다면 지역이 문학에 끼치는 영향은
사실 지역문화라는 중간 절차를 통하게 된다.'[3]

문학 속의 지역 요소는 문학 속의 지역문화 특색을 말하며 이는 문학
창작에서 지역문화 요소로 인하여 생성된다. 문학 속의 지역 요소는
지역 경제발전 수준, 사회 통제 정도 및 문화발전 선택 등 여러 가지
요소가 공통으로 영향 준 결과이다. 문학 속의 지역 요소는 사회 조직,
자연을 개조한 성과 그리고 그 기초위에 형성된 인간의 사상경지와
정감 방식 등을 망라한 사회발전에서의 인위적 자취를 보다 많이 체현
한다. 자연의 선택과 인위적 노력이 공통으로 작용한 결과라고 할 수
있다.[4]

이른바 '지역문학이란 민족국가 속의 지역문화를 심미대상으로 하
여 의식문화 향도, 지역문화 한계, 지연문화 특징, 민족문화 저력 등
네 가지 문화 내포를 구비한 문학으로 지역문학의 정치적 요청과 지방
문학의 지방적 표현이 일치성을 이루는 문학현상이다.'고[5] 정의를 내릴

---

3 严家炎, 「20世纪中国文学与区域文化丛书总序」, 『黑土地文化与东北作家群』(逢增玉
   著, 湖南教育出版社, 1995年 8月, 2쪽.
4 周晓风, 「当代区域文学的理论与实践」, 『重庆师范大学学报(哲学社会科学版)』,
   2010年 1期, 22쪽.

수 있다.

문학이 대체로 지역문학, 전통적 민족문학 또는 국가문학, 세계문학 등으로 구별되는 만큼 지역문학은 민족문학 또는 국가문학 나아가 세계문학과 상호 관련성을 갖는다.

중국은 인위적으로 형성된 것(행정적으로 구획된 행정구역)은 지구문학 (地区文学), 구역문학(区域文学), 국가문학(国家文学)으로 구분하며 역사 과정에서 자연적으로 형성된 것(자연 문화적으로 구획된 문화구역)은 지방 문학(地方文学), 지역문학(地域文学), 민족문학(民族文学)으로 구분한다. 지구문학과 구역문학은 구역문학으로 통칭할 수 있고 지방문학과 지역 문학은 지역문학으로 통칭할 수 있다. 일부 구역문학과 지역문학은 사회 정치 역사적 상황에 따라 일치해지는 경우가 있다.

중국문학의 경우 총체적인 중국 당대 문학사에서 대륙문학은 하나의 지역문학에 지나지 않으며 대륙문학에서 서부문학, 동북문학 등은 또 다른 지역문학에 속한다. 하여 중국 대륙문학은 『현대 사천문학의 파촉 문화 해석(现代四川文学的巴蜀文化阐释)』, 『흑토문화와 동북작가군(黑土地文化与东北作家群)』, 『20세기 중경문학사(20世纪重庆文学史)』, 『동북문학사(东北文学史)』 등 지역문학사들이 적지 않게 출판되었다.

20세기 중국문학번역사에서 한국문학번역사는 국별문학번역사이기도 하면서 동북아지역문학번역사의 한 부분이기도 하다.

---

5 郝明工, 『区域文学刍议』, 『文学评论』, 2002年 第4期, 周晓风 张中良 主编, 『区域文化与文学研究集刊』 第1辑, 中国社会科学出版社, 2010年 9月, 57쪽. (재인용)

3. 지역문학의 문화가치

문학은 문화의 외재적 표현일 뿐만 아니라 문화의 표현수단이자 중요한 전파 매개이기도 하다. 문학작품은 소비자(독자)의 독서 수요와 정신체험을 만족시킬 뿐만 아니라 문화정보 및 그 내포도 전달하기에 문화가치를 구비하게 된다.

지역문학은 우선 민족문화의 총체적 특징의 영향을 받기에 문화체계 속의 민족 정체성을 구현하게 되며 또한 특정 지역 문화의 표현이기에 한 민족의 부동한 지역문화생태의 다양성과 상호 보완성을 구현하게 된다. 사회학, 역사학, 민속학 등 다각도로 볼 때 지역문학의 문화내포는 중후하고 뚜렷하여 독특한 문화가치를 구비하고 있다.[6]

문화 그 자체가 하나의 복잡한 정체인 만큼[7] 지역문학의 문화가치는 지역문화와의 상호 연관 속에서 복합적, 다층적으로 구성, 체현되고 있다. 대체로 물질문화, 제도문화, 이념문화 등 문화모식과 가치성향을 반영한다고 하겠다.

지역문학의 문화가치는 크게 전통적 문화가치와 잠재적 문화가치로 나누어 볼 수 있다.

전통적 문화가치는 심미가치(예술가치), 인지가치, 도덕가치, 종교가치, 민속가치 등으로 구성된다.

지역문학작품은 한 지역의 지역 사회상과 지역민의 생활상이 반영하

---

6 贵志浩, 「论地方文学的文化阐释价值」, 『浙江社会科学』, 2010年 第5期, 97쪽.

7 (泰勒)는 『原始文化』라는 저서에서 "광의적인 민족학 의미로 볼 때 문화는 하나의 복잡한 정체로서 지식, 신앙, 예술, 도덕, 법률, 습속 그리고 인간이 사회구성으로 습득한 모든 기타 능력과 습관을 망라한다"고 하였다.

기에 그 지역의 시대상, 생산력 발전수준, 자연 풍모, 풍토인정 그리고 정치의식과 종교, 신앙 등이 반영된다. 이는 지역문학으로 하여금 지역 경제, 정치, 민속 등 면의 문헌자료가치를 구비하게 하며 또 그 체현자로 되게 한다. 다시 말하면 지역문학작품을 통하여 지역의 역사, 종교사, 풍속사 등을 엿볼 수 있다.

시대의 발전과 더불어 특히 글로벌시대에 들어와 지역문학은 글로벌문화 내지 대중문화의 충격으로 그 존재와 위상이 흔들리고 있다. 주지하는바 글로벌시대의 주요 특징의 하나가 바로 문화산업과 문화소비의 글로벌화이다. 문화의 글로벌화는 경제글로벌화와 더불어 외래문화와 전국 각 지역문화가 상호 교류하고 융합되도록 한다. 또한 글로벌문화의 주류인 대중문화는 대중문학을 선호하고 대중문학은 소비문화로 전환하고 있다. 지역문화는 그 자원과 특색을 발굴 발전시키지 않으면 존재의 가치를 상실하게 되며 지역문화의 주요 표징으로서의 지역문학도 그 전통적 문화가치만을 고집하면 자칫 생명력을 잃기 십상이다. 따라서 글로벌문화시대에 지역문학이 경계가 모호한 문학의 범문화(泛文化)경향에 흡수되지 않기 위해서는 그 잠재적 가치를 발굴 발전시켜야 한다. 지역문학의 잠재적 문화가치에는 대체로 지역문학의 실리가치(現实功利), 문헌자료가치, 정신가치 등이 망라된다.

지역문학의 잠재적 문화가치에서 실리가치가 제일 중요하다. 지역문학작품의 서사, 내용, 언어, 민속 등 면에서의 독특한 개성과 특징을 살려 창의적 가치를 발굴함과 아울러 대중 문학의식과 문화콘텐츠와의 접목을 시도한다면 그 실리가치가 생산된다. 지역문학의 고전문학작품을 현시대에 수용하여 실제 생산력으로 전환될 수 있는가를 연구하는 것 역시 실리가치를 발굴하는 작업의 하나라고 할 수 있다. 중국의 외국문학번역사에서 〈춘향전〉 번역 수용 양상이 그 대표적인 사례라고 할 수 있다.

　지역문학 속의 구비문학작품들은 그 지역만의 독특한 관광 내용, 방식, 풍격 등을 구비할 수 있게 하는 중요한 자원으로 된다. 구비문학작품들을 깊이 발굴 정리하면 지역문화를 풍부하게 할 뿐만 아니라 지역 관광산업의 개발과 발전에 크게 이바지할 수 있다. 지역문학이 이런 실리가치를 생산할 때 비로소 지역경제문화생태계의 한 일환으로 그 생명력을 과시할 수 있다. 중국의 경우 태산, 항주 서호(西湖) 등 명승지의 개발 발전은 그 지역 전설, 민담 등 구비문학작품과 밀접한 연관을 갖고 있다고 해도 과언이 아니다. 태산은 명인들의 휘호와 제사(题词) 그리고 기행문 등으로 태산문학을 형성하여 자연명산보다 문화명산으로 더 유명하다. 항주 서호는 〈백사전(白蛇传)〉, 〈양산백과 축영대〉 등 구비전설과 오(吳)나라, 월(越)나라의 민간설화 등으로 신비와 낭만이 깃든 전설의 호수로 더 유명하다.

　지역의 문화 명인, 명물 등을 소재로 한 지역문학작품도 인문관광산업을 발굴, 발전시킬 수 있는 실리가치를 구비하고 있다. 현재 중국의 각 지역 정부는 작가들과 합작하여 지역 문화 명인, 명물을 발굴하고 작품화하고 그에 따른 인문광광명소를 만드는데 열성을 보이고 있다. '문화로 무대를 만들고 경제가 그 무대에서 공연하도록 한다'는 패턴은 지금도 지역정부의 각광을 받고 있다. 2006년 4월에 개최된 제3회 사천성 면양의 국제 이백문화광광축제(四川绵阳国际李白文化旅游节)는 미국, 러시아, 호주, 프랑스, 한국, 일본, 태국 등 여러 나라 내빈과 이태백 연구 학자, 200여 개 국내외 여행사, 120여 개 언론매체가 참석한 대성황을 이루었다.

지역문학의 실리가치는 지역경제 발전에 일조하고 지역경제의 발전은 또한 지역문학의 생존 발전을 위한 물질적 토대를 마련해주고 있다.

민족문학 또는 국가문학은 사회 정치적 요소로 인하여 고도의 통일성을 요하며 많은 작가들은 이를 따르게 된다. 하지만 민족문학 또는 국가문학이 외연과 내포가 모두 다양하고 풍부하게 구성되자면 지역문학이 보다 구체적이고 개성적이고 체계적이어야 한다. 민족적인 것이 세계적이라는 루쉰의 말처럼 지역문학의 차이성과 독특성이 민족문학 또는 국가문학의 참신하고 새로운 발전요소로 되고 나아가 세계문학 속에 정립할 수 있게 한다. 지역문학이 차이성과 독특성을 구비하자면 민족문학 또는 국가문학과의 복잡한 관계 속에서 지역문학의 지리환경, 언어 풍속, 성격특징, 문화심리 등을 발굴 정리하면서 지역문학의 생존, 발전 요소를 규명해야 한다. 이러한 작업은 바로 지역문학의 잠재적 문화가치 즉 문헌자료가치를 발굴하는 작업으로 이어진다.

중국은 글로벌시대에 들어서면서부터 민족 문화와 문학만이 세계문화 속에서 자신의 위치를 정립할 수 있다는 자각적 의식으로 지역문학의 문화가치를 주목하여 본토 문화와 문학을 체계적으로 과학적으로 정리하기 시작하였다. 따라서 다량의 연구 성과물들이 나타났다.『상해문학통사(上海文学通史)』,『산동문학통사(山东文学通史),『북경문학사(北京文学史)』,『료녕문학사(辽宁文学史),『흑룡강문학사(黑龙江文学史)』등 성(省)을 구역으로 한 구역문학사들이 출판되고『오월문학사(吴越文学史)』,『20세기파촉문학사(20世纪巴蜀文学)』,『동북현대문학사(东北现代文学史)』등 지역문학사들이 출판되었다. 이런 연구 성과물들은 기존의 민족문학 또는 국가문학 연구에 큰 충격을 주었고 민족문학 또는 국가문학의 다양성과 복잡성, 통일성과 차이성 등 다층구조 및 참신성과 발전성을 보다 깊이 확인하게 하였다. 다시 말하면 지역문학은 민족문학 또는 국가문학의 생성과 발전에 문헌자료를 마련해준다고 하겠다.

"한 지역의 수토(水土)가 한 지역 문화를 형성하고 한 지역 문화가 한 지역 사람들을 육성한다.(一方水土养一方文化, 一方文化养一方人)"는 중국 격언이 말해주다시피 자연환경은 지역 인종들의 문화심리와 행위준칙에 영향을 미칠 뿐만 아니라 여러 모로 규제한다. 부동한 지역에서 생활하는 사람들은 그 지역의 자연환경과 사회 정치 환경의 영향으로 알게 모르게 많게 적게 부동한 취향과 성격, 부동한 정감과 정신기질이 형성된다. 작가는 누구나 어느 한 지역에서 태어나 성장하는 가운데 불가피적으로 그 지역의 문화 영향을 받게 되며 지역문학은 지역 언어와 풍토인정 그리고 지역인의 문화성격을 반영하게 된다. 이런 지역문화 영향과 성격은 지역문학에 정신가치를 부여한다.

중국 동북지역은 독특한 자연지리환경과 역사인문환경으로 인하여 독특한 생존방식과 지혜를 구비하게 되었다. 이 지역민들은 소탈하고 대범하고 의리 지키고 정열적인 성격, 용감하고 강의한 정신기질로 기타 지역민들과의 부동점을 보여주고 있다. 동북지역작가들의 문학작품에서 동북 사람들의 이런 성격과 정신기질을 쉽게 찾아 볼 수 있다. 이런 문학작품들은 또한 동북문화의 특색을 형성 발전시키고 동북 독자들의 문화심리와 정신세계에 영향을 끼치면서 독특한 정신가치를 구축하고 있다.

중국인들의 민족성격과 정신기질의 지역성 차이는 지역 문화와 지역문학의차이성과 밀접한 연관이 있다고 하겠다. 현재 중국은 문학예술작품이 중국정신으로 민족의 얼을 구축할 것을 기대하고 격려하고 있다. 지역문학의 정신가치는 날로 중국 작가와 학자들의 주목을 받고 있다.

4. 지역문학의 연구 방법

지역문학 연구는 지역 측면에서 문학을 연구하고 지역과 지역문화가 문학에 주는 영향 및 그 영향하의 지역문학의 발전 규칙을 연구할 뿐만 아니라 지역문학이 지역 사회, 경제, 문화에 끼치는 영향도 연구하며 민족문학 또는 국가 문학과 문학사를 다각도에서 깊이 조명하게 된다. 이는 여러 가지 과학적이고 실용적인 연구 방법을 요한다.

현재 중국의 지역문학 연구 방법을 살펴보면 대체로 아래와 같은 여섯 가지로 귀납할 수 있다.

첫째, 분포연구이다. 문학과 예술의 지역분포를 토대로 문제를 제출하고 이에 따라 지역문화, 문학의 변천을 고찰하거나 지역 간의 부동한 문화, 문예의 교류를 고찰하는 것이다.

둘째, 궤적연구 또는 종(縱)적 연구이다. 문학가, 예술가와 작가, 문체 및 풍격, 유파의 형성, 전파, 승계, 변화 과정을 고찰하고 시공간 속에서 인간의 행위와 문학예술 동태를 고찰하는 것이다. 대체로 지방문학사, 지방문학장르사와 지방문학유파의 형성, 발전 변화 과정 등을 연구할 때 활용한다.

셋째, 집중연구이다. 한 시기 혹은 비교적 긴 시기의 작가 및 그 작품의 창작과 지방의 의미관계를 고찰하는 것이다. 특정지역의 어느 작가의 생애, 창작과 문학성 그리고 어떤 문학현상 또는 문학유파의 집중발전지역과 구체적 문학 활동 양상 관계 등을 연구한다.

넷째, 문학지리학 연구이다. 이는 인문지리학에서 파생된 연구 즉 작가 분포의 '본토지리'에서 출발하여 문학과 지리학의 연구를 융합시키기는 것이다. 작가의 지리분포와 지역이동부터 착수하여 지리인소의 영향을 강조하면서 공간 시각에서 문학을 연구한다. 지리, 사회, 예술 등이 결합된 하나의 문학공간인지(认知) 연구시각이다.

다섯째, 문화인류학의 반성, 비판의 시각에서 연구하는 것이다. 지역문학의 문화 차이를 강조하고 공간성 특징과 현대성 특징 간의 상호 저항을 통해 지역문학연구로 하여금 현대성의 '타자'로 되게 하고 일종의 적극적 대화와 통일문화에 대한 해체 구도를 형성하여 소홀시 되고 억압된 차이성과 다양성을 제시한다.

여섯째, 문화의 광범위한 시각에서 연구하는 것이다. 고금을 관통시키고 시공간을 융합시키는 대문화(大文化)시각에서 문화의 전승과 문화의 합력(合力)역할을 입각점으로 문학과 다층문화간의 상호 역할을 치중하여 연구하는 개방식, 종합적 연구이다.[8]

이와 같은 다양한 연구 방법이 활용됨에도 불구하고 현재 중국의 지역문학 연구는 대체로 아래와 같은 문제점이 존재하고 있다.

첫째, 중국의 지역문학 연구는 그 역사가 짧아 아직 자체의 이론체계가 형성되지 못한 상황이다. 하여 관련 개념 정의가 명확하지 못하여 추상적 연구 즉 이론연구가 많고 구체적 연구 즉 작가 작품 연구가 홀시당하고 있다. 물론 이론연구와 구체적 연구가 결합된 연구도 있지만 이런 연구는 흔히 그 소재나 범위가 협소하다. 지역문학이 발달한 지역만 연구하고 후진 지역은 연구하지 않고 있다. 물론 한 지역의 작가 작품 및 기타 여러 면의 상항을 전면적으로 파악하여야만 연구가 가능한 만큼 지역문학연구는 결코 쉬인 일이 아니다.

---

8 李少群, 「地域文化和文学研究的价值内涵与发展走向」, 『地域文化与文学研究论集』, 山东教育出版社, 2010年 2月, 18~19쪽.

둘째, 정적(靜態)연구를 중시하고 동적(動態)연구를 소홀히 하고 있다. 문화가 부단히 변화 발전하는 활동체인만큼 지역문학도 변화 발전하는 활동체이다. 하지만 현재 지역문학연구는 정적인 연구 즉 지역 자연환경이 문학창작에 끼치는 영향만 연구한다든지 지역 환경연구를 한 측면에서만 간단하게 연구한다든지 하는 경향이 적지 않다. 같은 지역 작가라 하더라도 매 개인의 인생경력, 정감태도, 인생관, 가치관 등이 다르며 자연환경도 부단히 변화하기에 이런 부동점과 변화를 파악하여야 한다. 그리고 지역의 정치, 경제, 군사, 교육 등 사회 인문 환경과 작가의 정감 및 정신세계도 동적인 만큼 지역과 작가를 모두 하나의 생명체로 연구하여야 한다.

셋째, 공간적으로, 종적인 연구가 많고 횡적인 연구가 적다. 흔히 전통적으로 차이성이 뚜렷한 남부지역과 북부지역간의 비교연구는 활발히 전개되어 그 성과도 적지 않다. 하지만 같은 위도에 있는 동부지역과 서부지역의 차이성 연구는 미진한 상황이다. 당나라 때, 호남, 호북, 강서 지역의 문학과 절강, 강소 지역의 문학은 완전히 다른 특색을 보여주고 있지만 그 연구가 거의 없다.

넷째, 지역문학의 전통가치 연구에 치중하고 실리가치 연구를 소홀히 하고 있다. 즉 문학의 예술, 심미가치만 연구하여 연구 성과의 영향력과 현실가치가 많이 떨어진다. 지역문학 연구가 지역 문화와 경제발전에 적극적 영향을 줄 수 있는 잠재적 문화가치를 밝히지 못하고 있다.[9]

이런 문제점들을 극복하자면 대체로 아래와 같은 실제적이고 유효적

---

9 肖献军,「近百年来地域文学研究的回顾与反思」,『阴山学刊』, 2012年 第1期, 76~78쪽 참조.

인 연구방법을 활용하는 것이 바람직하지 않을까 생각한다.

첫째, 지역문학과 관련된 도서, 간행물, 문헌, 각종 과학적 수치 등 면에서 권위성, 독특성, 체계성을 구축하는 서지학적인 지역문학 문헌 자료정리연구이다.

글로벌 대중문화시대에 지역문학은 날로 위축되어가고 있다. 따라서 지역문학과 관련된 문헌자료들도 홀대받고 분실, 소실되어가고 있다. 지역문학 문헌자료들은 한 시대의 한 지역이라는 한계적이고 협소한 시공간 속에서만 존재하는 특수성으로 인하여 대체로 그 시대 그 지역 사람들만이 익숙하고 정리 소장이 가능하다. 이런 문헌자료들을 고대부터 현대에 이르기까지, 모든 장르를 망라하여 수집 정리하되 문헌자료의 전면성과 독특성, 체계성으로 학계에서 권위성을 확보하여야 의미가 있게 된다. 수십 년, 수백 년의 세월 속에 묻혀버린, 극히 희소한 자료들을 발굴 정리하는 작업은 남다른 인내력과 사명감이 아니면 결코 완성할 수 없다. 이는 지역문학연구와 민족문학 또는 국가문학 연구 간의 차별화 작업이라고 할 수 있다.

이런 연구방법은 민족문학 또는 국가문학 연구에는 너무 버겁지만 지역문학연구에는 합당할 뿐만 아니라 그 성과는 민족문학 또는 국가문학에 참신성과 성장력을 주입할 수 있다.

중국의 '만주문학'연구는 1980년대 초반부터 활발히 전개되다가 1990년대 중반에 거의 중단되다시피 하였다. 사회적 여건이 미숙한 점도 있지만 관련 문헌자료 발굴 정리 작업이 너무나 부진하였기 때문이다. 그 후 10여 년간의 문헌자료 발굴 정리 작업을 거쳐 근년에 또다시 본격적인 연구가 시작되었다. 이런 문헌자료들은 민간에 깊이 산재하여 있어 어느 연구기관이나 단체가 아닌 학구정신이 강한 연구가와 학자들의 개인 작업으로 완성되었다.

필자는 졸저 『僞滿洲國時期 조선인문학과 중국인문학 비교연구』, 『중국에서의 '춘향전' 번역 수용 연구』 등을 완성하기 위해 10여 년간 자료 수집 발굴 작업을 하여왔고 아직도 현재진행형이다.

둘째, 연구 범위와 시야를 넓혀 지역 간의 경계, 국가 간 경계를 넘은 상호 비교, 공유의 네트워크를 구축하는 국제공동연구이다.

현재 대중문화의 발전으로 인하여 지역 간의 차이가 줄어들고 민족문학 또는 국가문학의 공통성으로 인하여 지역문학의 개성이 사라지고 있는 상황이다. 하지만 지역문학의 공간성과 차이성은 객관적 존재이고 민족문학 또는 국가문학의 다양성과 풍부성을 확보하는 중요한 인소이기도 한다.

이런 지역문학의 지속적인 발전을 도모하는 것은 지역문학연구의 주요과제가 아닐 수 없다.

이 과제를 잘 풀려면 단순히 한 지역문학에만 국한되지 말고 학술 공간과 시야를 넓혀 주변지역 간의 비교연구 속에서 지역문학의 특징과 공생 및 상호 보완의 규칙을 밝히고 지역문학의 생성력뿐만 아니라 창의력도 키워주어야 한다. 타국 지역과의 비교연구를 통해 이방 문화와 문학의 진보적 요소를 받아들이고 개방, 참여 의식으로 지역문학의 영향력을 넓혀야 한다.

국내 지역문학 연구자와 해외 지역문학 연구자들 간 교류와 협력을 위한 네트워크를 구축한다면 국제적인 지역문학연구단체 또는 학파를 구성할 수 있다. 이를 통해 지역문학연구가 한 지역의 개별적 연구가 아닌 국제적인 공통 연구로, 지역문학을 한 나라의 변두리문학이 아니라 세계문학의 일환으로 자리매김하도록 해야 한다.

중국 '만주문학' 연구는 1980년대 초반에 동북 지역의 몇몇 '만주' 작가들과 학자들에 의해 시작되었다가 여러 여건의 제한으로 거의 중단되다시피 하였다. 2000년대 초반부터 다시 활발해지기 시작하였는데 대체로 동북지역 대학과 관련 연구기관에 의한 동북지역문학 연구라는 협소한 범위에서 진행되었다.

2005년부터 한국 원광대학교 김재용 교수의 기획으로 한국에서 한, 중, 일 국제 학술회의가 수차례 개최되면서 점차 국제적인 교류가 형성되고 그 연구 성과들이 학계의 주목을 받기 시작하였다. 2013년에는 중국 청도에 소재한 중국해양대학교에서 한중 학자들의 공동연구가 기획되고 현재 그 연구 성과들이 속출하고 있다. 또한 이 기초위에 중국 화동사범대학교 류효려(刘晓丽, 华东师范大学教授) 교수가 미국과의 교류를 확장하고 중국 하얼빈에 소재한 북방문예출판사(北方文艺出版社)와 협력하여 『만주문학 자료정리와 연구총서(伪满洲国文学资料整理与研究丛书)』라는 대형 총서를 기획 출간하게 되었다. 이 총서는 작품집, 자료집, 연구집 등 3개 부분, 총 35권으로 구성되었는데 2014년 중국 국가출판기금 지원 도서로 선정되었다. 이 총서는 중국, 일본, 한국, 미국, 캐나다 등 여러 나라의 '만주문학' 연구 자료와 학자들을 총동원하여 완성한 것으로 세계 각지에 분산되어 있는 다종 언어의 '만주문학' 관련 자료의 집대성이고 부동한 문화 배경하의 부동한 학술시각으로 본 '만주문학' 풍경이다. 이는 중국현대문학사에서 소외되었던 영역의 공백을 메우고 중국의 다원화적인 문학사의 전반 면모를 볼 수 있게 할 뿐만 아니라 동북아 식민지문학연구의 이정표로 될 것이다. 또한 중국 지역문학연구를 추진하는데 큰 기여를 하게 될 것이다.

셋째, 지역문학의 지속적 발전을 위한 지역문학장(地域文学场) 구축하는 문학생태 연구이다.

지역문학의 복잡하고 가변적인 인소들을 유기적으로 통합하여 하나의 문학장을 구축한 후 지역문학현상들을 종합적으로 연구해야 한다. 우선 작가 작품 등 연구대상을 명확히 분별하여야 한다. 본 지역 출신 작가의 본 지역 문학 활동과 타 지역 문학 활동, 타 지역 출신의 본 지역 문학 활동 등을 잘 분별한 후 지역문화전통이 작가에 끼치는 영향, 작가가 본 지역문화에 끼치는 영향, 타 지역문화가 본 지역문화에 끼치는 영향 등을 문학장과의 연관 속에서 연구해야 한다.

그 외 초등, 중등, 고등학교 국어교재에 지역문학작품들을 수록하여 독자를 육성하고 지역문학지를 지역문화 정보와 지식을 제공하고 민속풍경, 향토색채 등 지역 인문지리 특색이 짙은 지역문화 명함으로 만들어 지역 작가와 작품의 잠재적 문화가치를 최대한 발휘하도록 해야 한다.

또한 지역대학에서 지역문학교재를 개발하여 수업과정에 도입하여 학생들로 하여금 지역문학자료 수집 정리, 지역문학 감상, 평론, 등 과정을 통해 주변의 지역문화와 문학에 관심과 애정을 갖게 하고 참여의식을 갖게 하여야 한다. 그 과정에 지역문학 작가, 독자 그리고 연구가를 육성할 수 있다. 이는 지역 문학장의 생성과 전승을 위한 문화생태환경의 든든한 기반으로 된다.

이러한 지역문학장의 구축은 또 이와 관련된 지역문학생태 연구가 뒤따를 것을 요망한다.

중국의 경우 현재 길림대학, 동북사범대학 등 동북지역 대학의 국문학과에서는 지역문학 특히 일제강점기 동북문학(東北淪陷区文学) 즉 '만주문학'을 중점과제로 삼고 다년간 석사, 박사과정에 도입하여 일련의 연구 성과를 이루었을 뿐만 아니라 류효려(刘晓丽, 华东师范大学教授) 같은 젊고 패기 있는 학자들을 육성하였다. 선, 후학으로 구성된 안정적이고 활력 있는 연구진의 형성과 연구 성과의 속출은 '만주문학'으로 하여금 중국 지역문학 내지 중국 현대문학의 중요한 일환으로 주목받아 국내외적으로 하나의 중요한 지역문학연구과제로 부상하였다.

　요컨대 이런 연구방법으로 전통적 연구 모식을 타파하고 글로벌시대에도 변함없이 지역문학의 공헌도와 영향력을 확보하도록 해야 한다.

5. 나오며

　"예술의 지역 색채는 문학의 생명의 원천이며 문학이 일관적으로 구비하고 있는 독특한 특징이다."[10]

　글로벌시대에 지역문학은 민족문학 또는 국가문학의 독립성을 고수하고 문화의 다원화를 보유하는데 자못 중요한 역할을 하고 있다. 지역문학이 창조한 독특한 역사경험과 규칙은 민족문학 또는 국가문학의 정체성의 생성과 보편성의 특징 및 규칙을 제시해주거나 경험을 제공해주게 된다.

　위에서 언급하다시피 지역문학연구는 아주 광범위한 학술공간을 갖고 있다. 특히 글로벌시대에 지역문학은 그 잠재적 문화가치를 적극 발굴하고 그 역할과 영향을 최대화해야 한다. 그리고 이를 위해서는 권위성, 독특성, 체계성을 구축하는 서지학적 문헌자료정리연구, 연구

10　赫姆林·加兰, 『破碎的偶像』, 『美国作家论文学』, 三联书店, 1984年 6月, 85쪽.

범위와 시야를 넓혀 지역 간의 경계, 국가 간 경계를 넘어 상호 비교, 공유의 네트워크를 구축하는 국제공동연구, 지역문학생태연구 등 다각도, 다차원적인 연구 방법을 활용하고 상대적으로 안정적이고 활력 있는 연구진을 구성하여야 한다.

대중문화시대에 지역문학의 위기감을 극복하려면 무엇보다 먼저 지역문학의 지속적 발전을 도모해야 한다. 지역문학을 지속적으로 발전시키자면 과학적으로 실효성 있게 지역문학장(地域文学場) 구축하는 작업을 중요시해야 한다. 이를 위하여 대체로 아래와 같은 작업을 시도하는 것이 바람직하지 않을까 싶다.

첫째, 이 시대의 발전에 낙오된 지역문학장의 문제점과 폐단을 대담하게 비평하고 창의적인 대안을 모색해야 한다. 지역문학은 대체로 폐쇄적이거나 종파 현상이 적지 않다. 하지만 이런 문제는 상호 간 안면 때문에 혹은 이해관계 때문에 왕왕 묵과되고 있다. 이는 자연히 지역문학의 생명을 단축시키게 된다.

둘째, 지역문학장을 리드하고 민족문학 또는 국가문학에 영향을 줄 수 있는 지역문학 핵심 작가와 연구가를 선정, 배출해야 한다. 지역문단은 작가 변동이 많고 작품 경계 분별이 어려우며 질적 차이가 심하기에 자칫 지역문학의 중심 또는 발전 방향을 잃을 수 있다. 지역문학 리더는 지역문단의 단합과 진로 및 국제적 출구 모색에서 중요한 역할을 하게 된다.

셋째, 순수한 지역문화를 적극 발굴 활용하여 지역문학장의 영향소와 활력소로 제공해야 한다. 민족적인 것이 세계적인 것처럼 가장 지역적인 지역문화가 가장 지역적인 지역문학장을 생성할 수 있다.

넷째, 지역문학 동인회와 지역문학연구단체를 결성해야 한다. 문학

장은 하나의 복합적인 공동체이다. 몇몇 사람의 힘으로 그 발전을 도모
할 수 있다. 동인회와 연구단체는 개개인으로 분산된 에너지를 하나로
통합시켜 하나의 사회적 현상이나 사조 또는 유파의 힘으로 전환할
수 있다. 이런 힘은 궁극적으로 문학장의 발전을 추진하게 된다. 이런
동인회와 연구단체는 우물 안 개구리가 되지 말고 지역 간 또는 국가
간 교류와 협력을 이루어 주류문단 또는 국제문단에서 일석을 차지하
도록 해야 한다. 바로 여기에 지역문학의 참된 의미와 가치가 있다고
하겠다.

참고문헌

〈단행본〉

司馬運傑, 『文化價値論』, 陝西人民出版社, 2003年 1月.

(英國)邁克 克朗 著, 楊淑華 宋慧敏 譯, 『文化地理學』, 南京大學出版社, 2003年 6月.

李春靑, 『文學價値學引論』, 雲南人民出版社, 1995年 7月.

靳明權 主編, 『區域文化與文學』, 中國社會科學出版社, 2003年 5月.

周曉風·張中良 主編, 『區域文化與文學硏究集刊』 第1輯, 中國社會科學出版社, 2010年 9月.

周曉風·袁盛勇 主編, 『區域文化與文學硏究集刊』 第2輯, 中國社會科學出版社, 2012年 7月.

周根紅, 『地方文學生産－泛媒介場域與江蘇文學生態』, 中國戱劇出版社, 2013年 2月.

段崇軒, 『地域文化與文學走向』, 北嶽文藝出版社, 2012年 9月.

樊星, 『當代文學與地域文化』, 華中師範大學出版社, 1997年 1月.

謝昭新 張器友, 『地域文化與文學藝術創新』, 合肥工業大學出版社, 2013年 12月.

逢增玉, 『黑土地文化與東北作家群』, 湖南教育出版社, 1995年 8月.

戴偉華, 『地域文化與唐代詩歌』, 中華書局, 2006年 2月.

李浩, 『唐代三大地域文學士族研究』, 中華書局, 2002年 10月.

蔣志, 『李白與地域文化』, 巴蜀書社, 2011年 8月.

李少群 主編, 『地域文化與文學研究論集』, 山東教育出版社, 2010年 2月.

〈논문〉

王祥, 「試论地域、地域文化与文学」, 『社会科学辑刊』, 2004年 第4期.

周曉風, 「當代區域文學的理論與實踐」, 『重慶師範大學學報(哲學社會科學版)』,
　　　2010年 1期.

貴志浩, 「論地方文學的文化闡釋價值」, 『浙江社會科學』, 2010年 第5期.

肖獻軍, 「近百年來地域文學研究的回顧與反思」, 『陰山學刊』, 2012年 第1期.

袁志成·唐朝暉, 「地域文學興起的原因與表現形式」, 『廣東廣播電視大學學報』,
　　　2009年 第3期.

李曉峰, 「略論我國地域文學研究的現狀與困境」, 『文藝理論與批評』, 2010年 3期.

範藻, 「中國當代地域文學的形式及意義」, 『天府新論』, 2014年 第5期.

李敬敏, 「全球一體化中的地域文化與地域文學」, 『西南民族學院學報(哲學社會科學
　　　版)』, 2002年 第5期.

張從容·楊君, 「中國當代文學文化價值論」, 『大連大學學報』, 2012年 第5期.

喬力·武衛華, 「論地域文學史學的學術源流與學理觀念」, 『清華大學學報(哲學社會
　　　科學版)』, 2006年 第6期.

陳棉, 「從繼承中看中國當代文學的文化價值」, 『作家雜誌』, 2011年 第10期.

張小明, 「基於地域文學的大學語文實踐教學體系的建構」, 『淮北師範大學學報(哲學
　　　社會科學版)』, 2013年 第6期.

趙學勇·王貴祿, 「地域文化與西部小說」, 『陝西師範大學學報(哲學社會科學版)』,
　　　2007年 第5期.

李姝昕, 「淺談關東地域文學的重建與發展」, 『瀋陽師範學院學報(哲學社會科學版)』,
　　　1998年 第4期.

劉勇·李春雨, 「京派及地域文學的文化意義」, 『陝西師範大學學報(哲學社會科學
　　　版)』, 2010年 第5期.

劉方華·劉桂傳, 「泰山文學價值引論」, 『岱宗學刊』, 2008年 第1期.

중한수교 이후의
한국 현대소설의 중문 번역 특징론

이광재 · 조남

1. 왜 번역하는가? – 들어가는 말

1992년 중한수교 이후 한국문학의 중문 번역은 그 이전 시기에 비하여 훨씬 더 활성화되었다. 특히 한국문학번역원과 대산문화재단의 적극적인 지원 밑에 번역은 적지 않은 역자들에게 일종의 사업으로서의 성격을 띠게 되었다. 뒤에 상세하게 논의를 하겠지만 한국의 거의 일방적인 지원 밑에 이루어지는 한국문학의 중문 번역작업은 현재 여러 가지 문제점을 안고 그 번역작업이 이루어지는 실정이다. 특히 순수 문학작품의 경우 구체적인 목적이 없이, 그리고 체계적인 기획이 없이 자의적으로 번역이 진행되고 있다는 감이 들 정도로 산만하기도 하다.

주지하다시피 한국문학번역원은 2001년에 성립된 단체로 한국문학 및 문화를 전 세계에 알리는 작업을 그 목표로 삼고 있다. 현 한국문학 번역원 원장으로 있는 김성곤 원장은 인사말에서 한국문학번역원의 목표를 한 마디로 짚어 지적하고 있다. "우리는 지금 모든 것의 경계가 소멸해가는 시대, 그래서 세계가 급속도로 하나가 되는 시대에 살고 있습니다. 각기 다른 문화가 서로 만나 뒤섞이는 그러한 시대에는 타문화에 대한 이해만큼 중요한 것이 바로 자국의 문화를 세계에 알리는 것입니다. 한국문학번역원은 한국문학과 문화를 전 세계에 알리는 시대적 소명을 적극 수행하기 위해 2001년 문을 열었습니다.ʺ[1] 아울러 언어문자번역을 비롯하여 시각, 청각매체 번역, 문화번역이 자국문화를 전 세계에 알리는 과정에서 가지는 중요성과 의의를 강조하고 있다. 이러한 목적으로 문을 연 한국문학번역원은 한국문학 및 한국문화를 전 세계에 알리는 작업을 적극적으로 지원하고 있고, 지금까지 적지 않은 실제 성과들을 거두고 있다. 특히 순수 문학작품의 번역에서 이러저러한 문제점이 존재하고 있음에도 불구하고 적극적으로 추진함으로써 중국에 번역 소개된 작가이든지 작품이든지 그 수적으로 전에 없었던 성과를 거두었다.

대산문화재단 역시 외국문학 작품의 한국 소개와, 한국문학 작품의 해외 소개에 정진하고 있다. 알다시피 대산문화재단 은 창작문화 창달에 기여하고 국제문화교류 및 민족문화 진흥에 기여할 목적으로 1992년 12월 28일 설립된 문화체육관광부 소관의 재단법인이다.[2]

본 논문에서는 중한수교 이후 한국 순수문학 작품이 중국에 번역소개된 상황을 소설작품을 논의 대상으로 하여 작가, 작품, 역자, 출판사 등 여러 면에서 살펴보고, 동시에 번역 소개의 특징과 존재하고 있는 문제점에 대하여 나름대로의 논의를 펼치고자 한다. 특히 지적하고

---

1 김성곤, 한국문학번역원 인사말, 한국문학번역원 홈페이지 참조.
    http://www.klti.or.kr/ku_05_01_011.do

2 http://ko.wikipedia.org/wiki/대산문화재단 참조.

싶은 점은 단행본으로 출간된 작품을 그 연구대상으로 하였음을 미리
지적하고 싶다.

2. 한국 현대 소설작품의 중국어 번역 현황은 어떠한가?

1992년 중한수교 이후 중국에서의 한국문학 번역작업은 말 그대로
전례 없는 번영의 국면을 이루고 있다. 필자가 여러 출판사의 한국 문
학작품 번역에 관한 조사에 따르면 1992년 중한수교 이후 2014년 지금
까지 500종 이상의 한국 현대 문학작품이 번역 출판되었다. 물론 이
가운데는 소설, 시, 평론 외에 아동문학, 수필, 역사 전기 등 다양한
장르가 포함된다. 본고에서 논의하고자 하는 근현대 소설작품은 110종
이상으로 40%를 웃돌고 있다. 그만큼 이 시기에 들어서면서 한국 문학
작품은 집중적으로 중국에 번역 소개 되었다. 잘 알다시피 한국 문학작
품의 번역은 일찍이 1920년대에 시작되었지만 근현대문학의 진정한
번역은 1930년대에 들어서서이다.[3] 그러나 이러한 번역도 여러 가지
문제점을 안고 번역작업이 이루어진 것이다. 이를테면 번역 소개할 작
가나 작품 선정에 있어서 면밀한 검토가 없이 비교적 자의적으로 작업
이 이루어진 것이다. 여기에는 여러 가지 원인이 있겠지만 우선 중국
국내에 한국어를 구사하는 사람이 적었고, 특히 한국이라는 나라에 대

---

3 1926년 주작인(周作人)은 〈어사(语丝)지〉에 〈조선전설〉이란 이름 밑에 2편의 전설을
   번역 소개하였는데 이것이 필자가 알기로는 한국 문학작품의 처음으로 되는 번역이다.
   여기에 관해서는 졸고, 『1949년 이전 중국에서의 한국문학작품 번역 소고』, 『한국문학
   속의 중국담론』(중국해양대, 고려대 공편, 도서출판 경진, 2014) 참조.

한 전통적 인식의 작동으로 중국 국내에 한국 문학작품을 번역 소개할 필요성을 느끼지 못한 것 같다. 물론 여기에는 당시의 중국이 처한 시대적 임무, 즉 계몽과 구국이라는 시대적 요청 앞에서 대부분의 지식인들은 자신들의 눈길을 서구와 근대화를 실현한 일본에 돌린 결과 한국을 비롯한 주변 국가들의 작가 작품에 대하여서는 본의 아니게 관심을 가지지 못한 것 같다.

이러한 상황은 중한수교 후 한국 근현대 문학작품이 집중적으로 번역 소개된 점을 고려할 때 그 설득력이 강하게 인지된다. 다른 나라의 문학작품은 제쳐 놓고 일본 문학작품에 대한 번역을 보아도 그렇다. 중국은 근대에 들어서면서 일본문학에 대한 관심이 줄곧 아주 높았음은 주지의 사실이다. 그리하여 많은 대학교들에 일본문학연구소들이 들어섰고, 이와 함께 전문 작가를 연구하는 모모 작가 연구소까지 개설하게 된 것이다. 이처럼 일본 문학작품은 줄곧 중국 지식인들의 관심 대상이 되어 왔다. 그리하여 일본 문학작품에 대한 번역은 별다른 특별 지원이 없음에도 불구하고 지금까지 활발하게 번역 소개되고 있다. 1992년에서 2007년 사이 중국에 번역 소개된 일본 문학작품은 500여 종이다.[4] 거의 같은 시기에 한국 문학작품에 대한 번역 소개가 일본을 추월한 점은 여러 가지 시사점을 던져주고 있다.

우선 중국 경제발전의 수요에서이다. 본격적인 국가 발전의 전면 추진으로 경제 정책의 제정자들이나 연구자들에게 개혁개방을 진행하는 과정에 굽은 길이나 틀린 길을 적게 걷고 걷지 않기 위해서는 구체 모델이 필요한 것이었다. 그리하여 당시 '한강의 기적'을 이룬 한국의

---

4   王向遠, 『日本文学翻译史』, 宁夏人民出版社, 2007.

경제성장은 중국의 경제 발전에 좋은 보기가 된 것이다. 경제 정책이나 법률, 경영 관리 등 제반 경제, 무역 경영 관련 면에서 한국이 쌓아놓은 경험은 중국의 개혁개방 과정에 발생하게 될 시행착오를 적게 범하도록 하였다. 이러한 경제 관련 정보의 번역은 결국 한국 사회 문화 전체 영역에 걸친 대중들의 관심을 불러 일으켰고, 이것이 한국 문학작품 번역으로 이어진 것이라고 할 수 있다.

다음 한국 드라마의 지속적인 높은 시청률은 연기자들이 드라마에서 입은 패션이나 사용하는 화장품, 액세서리 등에 관한 대중들의 관심을 강하게 불러 일으켰다. 그리하여 드라마 관련 상품들의 판매율이 급상승하였고, 그와 관련하여 핸드폰 벨소리도 자신이 좋아하는 한국 드라마의 노래로 바꾸는 등 한국 드라마 매니저들이라고 불릴 만큼 거의 '중독'된 팬들이 적지 않게 나타났다. 이와 관련하여 한국어도 일종의 알고 싶은 언어가 되었다. 정규 대학교 한국어과에 입학하여 한국어를 배우는 젊은 세대들 외에 나이가 든 가중 주부들도 한국어를 배워보겠다는 욕심을 불러일으킬 정도로 한국 드라마의 영향은 컸다. 결국 드라마의 흥행이 관련 작품의 번역을 자극하였고, 이것이 출판사들의 이윤 창출과 이어져 적지 않은 출판사에서 드라마와 영화로 촬영된 작품, 이를테면 〈가을동화〉, 〈엽기적인 그녀〉, 〈겨울연가〉, 〈국화꽃향기〉, 〈상도〉, 〈그 놈은 멋있었다〉 등 작품 원작을 번역 출판하는 이른바 출판업계의 '한류' 현상이 일어났다.[5]

이러한 출판업의 한국문학 출판과 관련하여 한국의 순수문학에 대한 중국 국내 일부분 전문 연구자, 번역자들의 관심이 높아졌던 것이다.

5　丁冠景, 「文学出版界'韩流'一波波」, 『南方日报』(2004.10.19 기사).

그리하여 진정 한국 문학을 대표할 수 있는 작가, 작품들이 부분적으로나마 번역 소개되기 시작하였고, 그러한 번역문에 관한 연구 논문과 석사학위논문들이 나오기 시작하였다. 그러나 결정적인 역할을 한 것은 한국문학번역원과 대산문화재단의 재정적 지원이다. 번역 대상물의 선정에서부터 번역, 출판 전 과정에 거친 지원이 한국 순수문학의 오늘의 국면을 형성한 것이다.

3. 누가 번역하는가? - 역자의 특징

번역의 대상물이 문학작품이라는 점을 감안할 때 우리는 무엇보다 먼저 역자의 전공 분야를 고려하게 된다. 학자들의 누루한 지적처럼 번역은 결코 단순한 언어의 전환 작업이 아니다. 이를테면 수잔 바스넷(Susan Bassnett)이 "번역은 단지 한 언어에서 다른 언어로 텍스트를 전환하는 것만이 아니라, 텍스트와 텍스트 사이는 물론 문화와 문화 사이에서 이루어지는 협상의 과정, 즉 온갖 종류의 거래가 번역자라는 존재에 의해 중재되어 이루어지는 과정"[6]이라고 지적한 것처럼 번역의 행위 자체는 문화언어환경, 사회적 경제적 조건, 교육 수준과 정치 등 여러 요소가 한데 뒤엉킨 하나의 문화체계망이라고 할 수 있다. 즉 다시 말해서 역자는 출발언어의 사회 문화적 지식이 필요할 뿐 아니라 도착언어의 문화언어환경이나 독자의 교육 수준 등을 숙지해야

---

6 수잔 바스넷(Susan Bassnett), 『번역학 이론과 실제(Transkation Studies)』, 김지원·이근희 옮김, 힌신문화사, 2003, 18쪽.

할 것이다.

지금까지 중국어로 번역 출판된 한국 현대문학, 특히 현대 소설작품의 역자를 볼 때 진정한 한국문학 연구자나 중국문학 연구자가 드물다는 것이다. 1992년부터 2000년까지의 번역 작품의 역자를 살펴본다면 한국어를 구사할 줄 안다는 기본 조건 외에 문학 관련 지식을 가진 역자가 결코 많지 않다는 점을 지적할 수 있다. 소설 작품의 역자의 경우 이용해를 비롯하여 심의림, 조습 장림, 자형, 위위, 고종문, 범위리, 권무현, 최성만, 최성덕, 한동오, 서경호, 태미옥, 임문옥, 김학철, 설주, 서려홍, 정문성, 왕책우, 손지봉, 조경희, 호미, 장건위, 양학미, 김태성, 김성옥, 김호숙, 박선희, 하동매, 김승일, 묘춘매, 고정, 윤성룡, 김련란, 김화, 박정원, 방효하, 홍성일, 양뢰, 허련순, 성룡철, 김경선, 김재민(한), 박명애(한), 구본기(한), 한매, 최윤경, 장나 등 많은 역자들의 한국 현대소설번역작품들이 상해역문출판사를 비롯하여 사회과학문헌출판사, 학림출판사, 상해문화출판사, 중국공인출판사, 하르빈출판사, 화사출판사, 화성출판사, 작가출판사, 백화문예출판사, 인민문학출판사, 춘풍문예출판사, 조화출판사, 요녕민족출판사, 중앙민족출판사 등 출판사에서 출판하게 된다.

위의 역자들 가운데 이용해, 김련란, 한동오 등 역자들은 조선족으로 오랫동안 번역사업에 종사하여 온 사람들로 일찍 중국 대학교에서 교수직을 맡았거나 현직 교사로 활동하고 있다. 그들은 대부분 언어 전공자로 한국작가와 문학에 대한 사적 지식이 거의 없거나 매우 부족한 실정이다. 그리고 위의 역자들 가운데는 현재 중국 대학교의 한국어과에서 중국 대학생들에게 한국어를 가르치면서 번역하는 역자들이 적지 않다. 이를테면 한매, 김학철, 박선희, 묘춘매, 김경선, 하동매,

윤성룡 등 사람들은 지금 대학교 교수로 일하고 있는 경우이다. 이들 가운데는 한국문학 전공자로 조선족, 한족들이 있는가 하면 한족으로 한국어 전공자들도 있다. 잘 알다시피 번역이란 단지 한 언어를 다른 언어로 옮기는 그러한 간단한 작업이 아니다. 특히 문학작품의 언어는 예술적 언어로 표면적인 뜻 이상으로 아주 복잡한 메시지를 담고 있다. 한 작품에 대한 총체적이고 구체적인 이해가 없이는 정확한 번역을 기대하기가 아주 어려운 것만은 사실이다. 사실 문학 전공자들의 번역물 가운데도 적지 않은 문제점들이 존재한다. 이를테면 김학철이 번역한『한국현당대문학경전해독』이란 책에는 시, 산문, 소설 세 영역으로 나누어 각 영역의 대표적인 작품들을 번역 소개하고 있다.[7] 그러나 이 책에서 번역한 역문들을 보면 적지 않은 문제점들이 노정되고 있는데, 가장 큰 문제는 장르의 특성을 충분히 살리지 못한 것 외에 어떤 역문은 뜻이 애매모호하거나 중국어답지 않은, 즉 역문이 순통하지 않은 문제들이 존재한다. 다시 말하면 원문을 보지 않고 역문만을 볼 때 그 뜻을 정확하게 판단하기가 어렵다는 점이다.

번역이란 결코 간단한 복제가 아님은 주지의 사실이다. 사실 많은 번역가들이 누누이 지적하고 있는 번역의 원칙들을 보면 원문을 정확하게 이해한 기초 위에 역문이 순통할 것을 주장하는 이론가들이 적지 않다. 중국 번역계에서는 아직도 엄복(嚴復)의 신(信), 달(達), 아(雅)를 기본 원칙으로 삼고 있다. 글자의 뜻대로 풀이한다면 역문은 원문에 충실하고 순통해야 하며 아름다워야 한다는 것이다. 특히 문학작품의 번역에서는 이러한 원칙들을 지켜야 할 필요가 있다. 자의적인 번역

---

7 김학철 편저,『한국현당대문학경전해독』, 북경대학출판사, 2011.

도 안 되지만 원문에 너무 매달린다면 역문의 미를 살릴 수가 없을 것이다. 그렇기 때문에 문학 전공자들이라고 해서 문학작품을 언어 전공자들보다 더 잘 번역한다는 보장은 없다. 그러나 언어 전공자들과 달리 번역 대상물 하나에만이 아닌 그 작가와 작품에 대한 총체적인 정보를 알고 있으므로 더욱 문학작품다운 번역물을 기대할 수가 있을 것이다.

위의 역자들 가운데 특히 주목을 요하는 점은 허련순 작가이다. 번역 작품은 많지 않지만 한국 문학번역원의 지원을 받아 2008년에 오정희의 〈옛 우물〉과 김원우의 〈짐승의 시간〉을 상해역문출판사에서 번역 출판한 것이다. 그리고 2009년에는 하성란의 〈삿뽀로 여인숙〉을 번역 출판한다. 잘 알려진 것처럼 허련순은 현대 중국조선족의 이름난 작가로 중국, 한국에 작가로서의 그 영향을 낳고 있는 현임 전문 작가이다. 특히 허련순 작가는 중국 문단에로의 진출을 조선족 작가의 피치 못할 운명으로 생각하고 있었다. 그리하여 허련순은 사실 중국어로의 창작을 여러 번 강조하기도 하였다.[8] 그리고 필자가 장악한 정보에 의하면 연변대학교에서는 관련 사람들을 모아 중국 조선족의 문학작품들을 중국어로 번역하는 작업을 진행하고 있다. 사실 허련순 자신도 일부분 역자들에게 부탁해 자신의 모국어 작품을 중국어로 번역 출판하고 있다.[9] 중국 주류문단에 진출해야 한다는 허련순의 고민이 허련순으로 하여금 직접 한국문학 작품을 중국어로 번역하지 않았을까 하는 생각

---

8 이광재·지해연, 「조선족 농촌여성의 실존적 특징」, 『한중인문학연구』 32집, 1~20쪽 참조.

9 허련순의 작품은 주로 현재 청도의 황도빈해학원에서 한국어 강의를 하고 있는 김련란 교수가 주로 번역하고 있다.

이 든다. 물론 번역이 어떻게 되었는지는 차후 논의할 점이지만 한국문 학작품의 역자 행렬에 작가가 가담했다는 점은 나름대로의 의미가 있 다고 할 수 있겠다.

그러나 실제로 번역의 질을 고려한다면 중국문학연구자가 번역하는 것이 바람직할 것이다. 이것은 순수 번역을 떠나서 한국문학을 연구 대상으로 하여 중국문학과의 비교적 시점에서, 혹은 일본문학과의 비 교적 시점에서 진정 연구를 진행할 수 있는 어떤 계기를 마련할 수 있기 때문이다. 즉 진정으로 학술적인 차원으로 한국문학 연구를 끌어 올릴 수 있다. 지금의 번역 효과를 볼 때 이 점은 특히 주목을 요하는 것이라고 할 수 있다.

4. 누구를 위한 번역인가? – 수용자의 경우

위에서도 잠시 언급한 것처럼 번역이 단지 번역물로만 남았을 때 그것의 번역은 아무런 의미도 없다. 양적인 누적 외에 그 어떤 번역물 이 가져다 줄 수 있는 효과도 기대하기가 어렵다. 어떤 의미에서는 적 지 않은 재정을 들이면서 폐지를 만드는 것에 불과하다고 할 수도 있을 것이다. 사실 중국이나 한국의 근대 계몽시기를 돌이켜 본다면 번역의 중요성을 새삼 깨닫게 된다. 어떤 의미에서는 중국이나 한국의 근대화 는 번역에서부터 시작되었다고 해도 과언이 아닐 정도로 번역이 양국 의 사회 발전에서 중요한 역할을 논 것이다.

그런데 이러한 역할은 그 번역물이 사회 전체에 적극 수용되었다는 점을 떠나서는 논의가 이루어지지 않는다. 서구의 문학작품이나 철학

저서, 그리고 일본의 문학작품과 함께 들어 온 출판업의 영향은 양국의 근대화에 매우 적극적인 영향을 낳은 것이다. 양계초의 경우를 보더라도 일본 망명시기에 받은 일본 출판업의 영향으로 결국 〈청의보〉, 〈민의보〉를 비롯하여 〈신소설〉 간행물을 꾸리게 되고, 이러한 간행물들에 자신의 정치 개혁 주장을 비롯하여 민지를 일깨우고 사회 발전을 도모하는 부국강병의 논지를 펼치게 된다. 그러나 이러한 모든 작업들이 지식인을 비롯하여 사회 구성원의 광범위한 호응을 받지 못한다면 그것 역시 탁상공론에 그치고 말 것이다.

물론 시대에 따라 그 번역물의 대상이 다른 것만은 사실이다. 그러나 번역의 종국적 목표를 감안할 때 수용자가 없는 번역이란 상상할 수가 없다. 현재 중국어로 번역되고 있는 한국 문학작품들은 모두 한국 국내에서 인정을 받는 작가, 작품들로 어떤 기대치 속에서 번역이 이루어졌을 것이다. 이를테면 해방전의 염상섭, 송영, 이기영을 비롯하여 당대의 이문구, 박완서, 박경리, 황석영 등 작가들의 작품이 적지 않게 중국어로 번역된 실정이다. 그러나 아쉬운 점은 누구의 어느 작품이 언제 번역되었는지 한국어과 대학원생, 학부생들은 물론이고 심지어 한국문학 전공 교수들도 전혀 잘 모르고 있다는 사실이다. 한매는 우수한 한국문학작품을 중국 독자들에게 적극적으로 소개 추천해 주고 한국문학을 독립적인 학문의 차원으로 이끌어야 하는 연구자들은 단순한 언어교습에 얽매여 관련 연구작업에 매진할 수 없는[10] 점을 번역과 연구가 서로 괴리된 원인으로 지적하고 있는데, 필자의 생각으로는 이 점이

---

10 한매, 「중국에서의 한국문학 교육현황 및 문제점」, 제2회 세계번역가대회 자료집, 한국문학번역원, 2008, 229쪽.

결코 주된 원인이 아니라는 것이다. 심지어 왕염려(王艷麗)는 자신의 박사논문에서 중국 국내의 한국학과가 진정한 의미의 한국문학을 중국 문학계 내지 독자들과 연결해 주는 교량역할을 담당해야 하는데, 지금 은 이런 소임을 다 하지 못하고 있다[11]고 번역물의 양적 증가에 비해 질적 연구가 이루어 지지 못한 원인을 한국어학과에 돌리고 있다. 그러 면서 한국문학이 중국에서 보다 더 양질적인 수용을 달성하려면 우선 번역의 질을 높여야 한다면서 그 구체 방안으로 첫째, 장르의 다양화, 둘째, 번역의 문제, 셋째, 연구단체와 연구자그룹의 형성, 넷째, 고정 된 독자층의 확보 등을 제기하고 있다. 이러한 발언은 사실 중국 국내 에서 한국 문학작품 번역이 어떻게 이루어지고 있는지를 잘 파악하지 못한 데서 연유되는 안일한 판단이다. 그리하여 자신이 제출한 구체 방안을 어떻게 실현할까에 대해서는 가능한 대책이 없다.

전현주는 독자를 '전문 비평가', 전문 독자, 일반 독자'로 나누고 있 다. 여기서 전문 비평가의 경우 해당 분야의 전문가로서 모국어는 물론 비평대상 텍스트의 언어에 대한 해박한 지식을 갖추어야 할 뿐만 아니 라 두 문화 간의 차이를 인식하고 이해할 수 있는 문화 해독력까지 겸비해야 한다고 지적하고 있다. 그리고 전문 독자는 '출발 언어와 도 착 언어를 아는 학자나 이중 언어사용자'군에 속하고 전문 비평가가 갖추어야 할 요건과 부합되는 측면도 있지만 연구 목적을 가지고 전문 적인 각도에서 '출발어 텍스트(Source Text: ST)와 목적어 텍스트(Target Text: TT)를 비교 분석하지 않기 때문에 후자와 구분된다는 점을 지적하

---

11 왕염려, 「중국의 한국 현대문학 번역 및 수용 양태 연구―수교 이후 번역된 소설을 중심 으로」, 인하대박사학위논문, 2014.2.

였다. 그리고 일반 독자의 경우는 "첫째, SL은 모르지만 외국 문학에 대한 호기심이나 흥미를 갖고 TT를 읽는 자이다. 둘째, SL을 배우는 학생으로 번역을 학습 도구로 활용하는 것이다. 셋째, 과거에 SL을 알았으나 독서 당시에는 SL을 잊은 사람들", 이렇게 세 가지 유형으로 분류하고 있다.[12] 여기서 세 번째 유형에 속하는, 즉 과거에는 출발어를 알았지만 독서 당시에는 잊었다는 설정은 중국의 한국어 인지자들에게 아주 부합되는 분류가 아니라고 생각한다. 한국어와 중국어 지간에 문법적 차이는 존재하지만 어휘적 특징이나 문화적 요인들을 념두에 둔다면 중국의 한국어 학습자들은 사전을 비롯한 여러 도구에 의거해 문학작품들을 읽을 수가 있는 실정이다. 문제는 한국어를 잊은 데 있는 것이 아니라 문학작품을 읽지 않는데 있다고 봐야 더 실제에 부합된다고 할 것이다.

그렇다면 왜 한국 문학작품의 중국어 번역본을 읽지 않을까? 이 문제에 대한 해결은 우선 한국 문학작품을 왜 번역하고 누구를 위해 번역하는가 하는 문제와 직결된 것으로 이 문제를 우선 해결해야 할 것이다. 서론에서 잠시 언급한 것처럼 한국문학의 번역은 한국문학을 비롯하여 한국 문화를 세계화하는 데 있다. 그런데 아이러니한 것은 한국 문학작품의 번역, 출판에 관한 정보가 연구자(한국어과 문학전공 교수, 중국문학 전공 교수 등)나 독자(여기서는 한국어과 학생에 한함)들에게 거의 없다는 점이다. 즉 누구의 어느 작품이 언제 누구에 의해 번역되고 어느 출판사에서 언제 출판하였는지 전혀 모르고 있다는 사실이다. 이러한 시점에서 한국문학이나 작가에 대한 연구가 활발하게 이루어질 수가

---

12 전현주, 『비평의 패러다임』, 한국학술정보, 2008, 50~54쪽 참조.

없는 것이다. 한국문학 작품의 번역은 그것이 그 나라 독자들에게 읽혀
지고, 또 연구자들에게 연구가 이루어질 때라야만이 번역작품으로서
의 의미를 갖게 된다. 지금 여러 대학교들에 한국학 관련 연구소가 설
립된 점을 고려할 때 이 점은 특히 중요하다고 생각된다.

이 문제의 해결 방법은 출판사, 역자들이 자각적으로 한국문학 관련
번역도서들을 출판하는 즉시로 중국 국내의 한국어과, 중국문학과에
한 권이라도 무료로 증정을 해야 할 것이다. 혹자는 관련 사이트에 접
속해 검색을 하면 되지 않느냐고 할 것이다. 물론 이렇게 할 수도 있지
만 시간 낭비가 될 수 있고, 또 무엇이 언제 출간되는지를 모르기 때문
에 시간적으로 서로 맞지 않아 독자가 읽을 경우에는 퍽 후에야 이루어
질 수도 있다는 점이다.

다음, 한국 문학작품을 독자의 입장에서 출발해 중국어로 번역해야
한다. 지금 시 중에 나온 번역물들을 보면 작가와 작품에 대한 정보가
거의 없는 실정이다. 작가에 관한 정보도 책갈피에 아주 간략한 소개
외에는 없다. 그것도 원서에 작가 관련 내용이 있어야 역서에도 원서
대로 같은 위치에 똑같은 내용으로 소개될 따름이다. 말을 바꾸면 번역
물이 읽혀지든 안 읽혀지든 상관이 없다는 식의 번역, 출판이 지금 이
루어지고 있다는 것이다. 그 주된 원인은 번역을 비롯하여 출판까지
모든 경제적 지원이 이루어지기 때문이다. 그러므로 번역된 작품이 문
학성이 아무리 뛰어나고 작가가 아무리 유명하다고 할지라도 그 작가
에 대한 사전 지식이 전무한 독자들이 이러한 번역 소설을 읽어주기를
기대하는 자체가 어쩌면 허황하기 그지없다고 할 수 있다.

그러므로 작품 번역이 단순히 번역을 위한 번역이 이루어져서는 안
된다. 작가의 총체적인 창작 특징과 함께 작품의 주제나 반영한 시대

상, 인물 형상, 문체적 특징 등 작품에 관한 정보를 서문이나 번역 후기를 비롯한 설정을 통해 중국 독자들에게 전달해야 한다. 허련순은 하성란의 소설 〈삿뽀로 여인숙〉 번역본에서 전문 서문을 설정해 작가의 신상 정보와 함께 한국 당대 문단의 하성란 작가에 대한 총체적인 평판과 위치, 그리고 번역 작품의 기본 플롯을 소개하고 있다. 뿐만 아니라 하성란의 소설집 〈푸른 수염의 첫 번째 아내〉(2002, 창작과비평사)에 수록된 작품을 예로 들면서 하성란 작가의 창작의 변화까지 이야기하고 있다. 즉 "그(하성란)의 인물 묘사는 존재의 본질을 제시하는 일종의 방식이다. 그가 사회적 사건을 언급할 때 이것은 작가가 사회를 향해 내디딘 작은 발걸음이다. 그러므로 그의 작품을 통해 독자들은 세계를 관찰하는 하나의 현미경을 얻을 수 있다."[13]고 부언 설명을 하고 있다. 허련순처럼 일부분 역자들은 번역 작품을 중심으로 작가와 관련된 정보들을 역문 독자들에게 전달하기 위한 여러 내용들을 역문에 첨가하고 있다. 이를테면 〈한국여성작가작품선〉의 번역본이나 이문열의 〈우리들의 일그러진 영웅〉 등 작품 번역본은 중국 당대 여성 작가 비수민(畢淑敏)이나 복단대 중문과 교수가 번역본을 위해 서언을 적고 있는데 수록 작품의 내용이나 문학적 위치, 작가 위상 등을 소개하고 있다. 이러한 작업들은 독자들의 구독을 위한 편의를 제공하는 일환으로 한국 문학작품의 홍보에 중요한 역할을 하고 있다. 그럼에도 불구하고 많은 번역본은 아예 아무런 정보 소개도 없이 직접 원서를 번역하고 있다. 이를테면 이승매, 이용해가 번역한 이광수의 〈흙〉이나 〈여덟번째 방〉 같은 번역본은 작가, 작품에 관한 아무런 정보도 찾아 볼 수가

---

13 하성란, 〈삿뽀로 여인숙〉, 허련순 역, 『서언』, 상해문예출판사, 2009, 5쪽.

없다. 이러한 번역은 이광수가 어느 시대의 작가인지, 한국 문학사에서 어떤 위상을 차지하는지, 그의 총체적 문학 창작특징은 어떠한지 등에 관한 기본적 소개가 없으므로 독자들의 구독 욕구를 자극하기에 택부족한 것으로 기타 번역 효과는 전혀 기대할 수가 없게 된다.

그 다음 한국 문학작품에 대한 번역이 계획적으로, 체계적으로 진행되어야 한다는 점을 지적할 수 있다. 부록에서 보면 많은 작가의 작품들이 중국에 번역 소개되었다. 그러나 자세히 살펴보면 어느 작가의 이 작품을 왜 번역하였는지에 대한 의문이 들 정도로 너무 안일하게 작품이 번역 소개되었다는 것이다. 즉 어느 작가에 대한 상세한 소개와 함께 그의 작품에 대한 체계적인 번역이 이루어지지 않았다는 점이다. 한 두 편의 작품을 소개하고 있고, 그 작품이 작가의 전체 창작에서 차지하는 위상을 전혀 고려하지 않았고, 설사 고려하고 번역하였을지라도 중국이라는 구체 지역적 특징을 고려한 번역의 선정은 아니라고 생각된다. 즉 작품 세계가 묘사하고 반영하고 있는 시대상이나 가치관들이 중국의 현시대 독자들의 심미관에 잘 맞는지 맞지 않는지를 고려하지 않고 일방적인 생각에서 출발해 번역을 한 경우가 적지 않다. 그리고 중국의 출판사들이 상업적 이윤 목적에서 작가의 문학성이나 문학적 위치, 작가적 위상을 고려하지 않고 어느 개인에게 부탁해 번역을 하는 경우도 종종 존재하고 있다. 이러한 번역 작품들이 어느 정도의 독자층을 형성할 수는 있지만 연구 차원에까지 이른다는 것은 기대할 수가 없다. 그러므로 한국문학의 번역에서 중요한 점은 어느 작가에 대한 번역을 할 경우 체계적으로 이루어져야 한다는 점이다. 즉 어느 작가의 선집을 비롯한 대표 작품을 비롯한 일련 작품의 번역이 필요하다.

마지막으로 번역은 구체적인 연구와 연결되어야 한다는 점이다. 이

점 역시 작품 번역에서 가장 중요한 사항이다. 번역이 단지 번역물에 그치지 않고 일종의 학문으로 성장하자면 반드시 번역물에 대한 관련 학술적 연구작업이 이루어져야 한다. 이러한 연구 작업은 위에서 제기한 것처럼 한국문학 전공자와 중국문학 연구자들이 주축이 되어 체계적인 학술적 교류와 함께 공동 연구를 비롯한 다양한 연구가 진행되어야 한다. 이를테면 만주문학의 더 깊은 연구는 동아시아 시각이 절실히 필요하다. 지금 중국에서는 만주문학 연구가 중요한 연구대상이 되어 여러 차원에서 연구가 진행되고 있고, 그 연구의 결과를 반영한 중국현대문학사를 다시 쓰자는 주장이 힘을 얻고 있다.[14] 주지하다시피 만주시기 한인문학에 관한 연구는 한국에서 이미 매우 많이 이루어졌고, 중국에서도 어느 정도의 연구 성과들을 거두었고, 지속적인 연구 결과가 나오고 있다. 이러한 시점에서 제일 필요한 작업은 동아시아, 즉 한국, 중국, 일본이라는 동아시아 시각에서 만주문학에 접근할 필요가 절실한 시점이다. 그리고 어떤 새로운 학술적 결과가 기대가 되는 점이기도 하다.

마찬가지로 한국문학작품에 대한 번역은 중국학자들의 연구가 매우 필요하고, 또한 중국어가 가능한 조선족 한국문학 전공자와 한국어가 가능한 중국인 문학전공자들이 중국어로 논문을 여러 학술지에 발표를 해야 한다. 특히 의미 있는 작업은 한국어는 모르지만 번역본에 근거한 한국문학 연구를 중국의 문학연구자들이 진행하는 것이다. 그럼으로써 한국문학의 현주소와 함께 그 역사적 흐름을 중국 문단 내지 학술계

---

14 중국해양대 한국어과, 한국학연구중심이 개최한 중국 화동사범대학교 중국문학학과와의 학술교류에서 화동사대 류효려 교수의 지적한 내용. 2015년 6월 25일.

에 소개해야 한다. 이것을 중국의 한국문학 전공자들이 사명으로 간주하고 연구 작업에 임해야 할 것이다. 물론 여기에는 여러 가지 제약적 요소가 작용을 하고 있다. 이를테면 중국 중요 학술지들은 거의 한국문학 관련 연구 논문들을 게재하지 않거나 게재하기 싫어하는 편향이 있다. 여기에는 역사적 원인도 있겠지만 아직 한국문학에 대한 중시가 역부족이라는 반증이 되기도 한다. 현시점에서 한국문학에 관한 번역과 함께 진정한 학술적 연구가 이루어져야 한다. 그래야 번역 작업도 진정한 의미를 얻게 될 것이다.

5. 어떻게 해야 할까? – 결론을 대신하여

위에서 지적한 것처럼 현재 중국에서 진행되고 있는 한국문학 작품에 대한 번역은 여러 가지 문제점을 안고 진행되고 있다. 번역 작품의 선정에서부터 역자, 역문 독자, 그리고 연구까지 각 단계에 모두 이러저러한 문제점을 노출하고 있다. 이러한 문제점을 시급히 해결하지 않고 지금처럼 번역이 이루어진다면 재정 낭비만 가져올 뿐 확실한 세계화와는 거리가 멀어질 뿐이다.

현행 번역에서 존재하는 이러한 문제점들을 해결하기 위해서는 우선 작가, 작품의 선정에서 더욱 목적성 있게, 체계적으로 번역을 해야 한다는 점을 지적하고 싶다. 작가나 작품 선정에서 가장 중요한 요인으로 작용하는 점은 다른 나라가 아니고 중국이라는 구체적 지역적 특징을 고려하여 번역 작업이 이루어져야 한다.

다음 번역에서 반드시 단순한 번역을 위한 번역, 즉 양적인 증가에만 신경을 쓰고 반면에 번역물에 대한 구체적 홍보에는 별로 관심을 보이지 않는 이러한 안일한 번역 태도를 버려야 한다. 그러기 위해서는 작가와 작품의 정보를 번역물마다에 첨가해야 하며, 구체 번역작품을 위한 해설이나 감상의 길잡이 역할을 하는 부언적 논의가 필요하다.

그 다음, 번역물을 한국학 연구자들이 포진하여 있는 여러 대학교의 한국학 연구기관이나 한국어과, 중국문학과에 송부해야 할 의무가 있다. 한국어과는 이러한 번역물을 한국어를 배우는 학생들에게 방과 후의 독서물로 제시하고, 또 구체 작품을 대상으로 하는 독서 감상문을 비롯한 여러 가지 경색을 함으로써 의식적으로 한국문학작품을 읽도록 유도해야 할 것이다. 그리고 문학 연구자들은 역문을 대상으로 하는 학술논문을 중국어로 작성하여 중국 학술지에 발표를 함으로써 한국문학에 대한 문단의 관심이나 흥미를 불러일으키고, 그럼으로써 더 많은 연구자들이 합류하여 진정 한국문학 연구가 한 패턴을 이루게 해야 할 것이다.

마지막으로 부언하고 싶은 것은 이러한 모든 작업이 순차적으로 진행되는 것이 아니라 서로가 서로를 추진하는 양호한 한국문학 번역환경을 조성해야 한다는 점이다. 문학 작품의 번역이 진정 학술적 높이에 도달해야 번역작품으로서의 진정한 의미를 가지게 될 것이다.

참고문헌

수잔 바스넷(Susan Bassnett), 『번역학 이론과 실제(Transkation Studies)』, 김지원·이근희 옮김, 한신문화사, 2003.

한 매, 「중국에서의 한국문학 교육현황 및 문제점」, 제2회 세계번역가대회 자료집, 한국문학번역원, 2008.

왕염려, 「중국의 한국 현대문학 번역 및 수용 양태 연구-수교 이후 번역된 소설을 중심으로」, 인하대박사학위논문, 2014.2.

전현주, 「비평의 패러다임」, 한국학술정보, 2008.

이광재, 「1949년 이전 중국에서의 한국문학작품 번역 소고」, 『한국문학속의 중국담론』, 중국해양대, 고려대 공편, 도서출판 경진, 2014.

이광재·지해연, 「조선족 농촌여성의 실존적 특징」, 『한중인문학연구』 32집, 2011.

王向远, 『日本文学翻译史』, 宁夏人民出版社, 2007.

丁冠景, 「文学出版界'韩流'一波波」, 『南方日报』(2004.10.19. 기사)

〈부록〉
1992년-현재 한국 소설작품의 번역 출판 양상

번호	한국 소설제목	중국 소설제목	저자	역자	출판사 및 출판연도
1	금토일 그리고 월화수	心中有个恋人	송영	卫为、枚芝	上海译文出版社, 1994
2	우리들의 일그러진 영웅	扭曲了的英雄	이문열	金宰民(韩)	学林出版社, 1995
3	성화	圣火	안동민	张琳	人民文学出版, 1995
4	한국여성가작품선	韩国女作家作品选	강신재외	沈仪琳、赵习	社科文献出版社, 1995
5	마루타(상중하)	特别监狱	정현웅	紫荆	延边大学出版, 1996
6	사람의 아들	人的儿子	이문열	卫为、枚芝	学林出版社, 1997

번호	한국 소설제목	중국 소설제목	저자	역자	출판사 및 출판연도
7	아름다운 영가	美的灵歌	한말숙	沈仪琳、赵习	社科文献出版社, 1997
8	삼대	三代	염상섭	高宗文	上海译文, 1997
9	새는 눈꽃으로 질 수 없다	鸟不会像雪花凋谢	오세희	权武铉	长江文艺出版社
10	형사 오병호	刑警吴炳浩	김성종	范伟利	对外翻译出版, 1998
11	아름다운 밀회	美丽的幽会	김성종	高岾	上海译文, 1998
12	편지	尘缘未了	권형술	崔成万、崔艳	中国文联出版, 1999
13	아버지	爸爸	김정현	范伟利	对外翻译出版, 2000
14	봄	春	이기영	沈仪琳	上海译文出, 2001
15	무궁화의 유혹-한국 당대 중단편소설선	木槿花的诱惑(韩国当代中短篇小说选)	김원일 등	朴明爱编	上海文化出版社, 2002
16	무녀도	巫女图	김동리	韩梅、崔胤京	上海译文出版社, 2002
17	메별성명틀림	暗恋	구효서	张娜	中国工人出版社, 2002
18	미란	美兰	윤대녕	朴明爱、邱本基	上海文艺出版社, 2003
19	남녘사람, 북녘사람	南边的人、北边的人	이호철	崔成德	上海译文出版社, 2003
20	공손한 폭력	恭敬的暴力：洪盛源短篇小说选	홍성원	韩东吾、徐敬浩	同上
21	자장면	炸酱面	안도현	林文玉	哈尔滨出版社, 2003
22	여제자	情书	하근찬	太美玉	华夏出版社, 2003
23	을화	乙火	김동리	韩梅	上海译文, 2004
24	어둠의 혼	黑暗之魂-韩国分断小说选	윤흥길	金鹤哲	同上
25	마이너리그	汉城兄弟	은희경	秦雍晗、琴知雅	作家出版社, 2004
26		搭山：殷熙耕小说选		薛舟、徐丽红	花城出版社, 2004
27	브라스밴드를 기다리며	等待铜管乐队：金仁淑小说选	김인숙	薛舟、徐丽红	花城出版社, 2004
28	종소리	钟声：申京淑小说选	신경숙	薛舟、徐丽红	同上
29	폭소	爆笑：全知艺小说选	권지예	薛舟、徐丽红	同上
30	원미동 사람들	远美村的人们	양귀자	丁文声、王策宇	百花文艺出版社, 2005
31	숲속의 방	深林之屋	강석경	孙志凤、赵璟姬	上海译文出版社, 2005
32	김약국의 딸들	金药局家的女儿们	박경리	胡微	同上

번호	한국 소설제목	중국 소설제목	저자	역자	출판사 및 출판연도
33	오래된 정원	故园	황석영	张健威、梁学薇	同上
34	어느 무정부주의자의 사랑	一个无政府主义者的爱情	최수철	朴明爱、具本奇	作家出版社, 2005
35	시인	诗人	이문열	韩梅	人民文学出, 2005
36	젊은날의 초상	青春肖像	이문열	金泰成、金好淑	文化艺术出版社, 2006
37	돈황의 사랑	敦煌之爱	윤후명	王策宇、金好淑	同上
38	당신들의 천국	你们的天堂	이청준	金鹤哲	上海译文, 2006
40	너무도 쓸쓸한 당신	孤独的你	박완서	朴善姬、何彤梅	同上
41	손님	客人	황석영	金胜一、苗春梅	上海译文出版社, 2006
42	외딴방	单人房	신경숙	薛舟、徐丽红	人民文学出版社, 2006
43	내 생애 꼭 하루뿐인 특별한 날	在我生命中唯一的特殊日子	전경린	高静	朝华出版社, 2006
44	분신들	分身人	최수철	朴明爱	春风文艺, 2006
45	결혼은 미친 짓이다	结婚太疯狂	이만교	尹盛龙	译林出版, 2006
46	홍어	洪鱼	김주영	金莲兰	上海译文, 2007
47	나목	裸木	박완서	金莲兰	同上
48	그 남자네 집	那个男孩的家	박완서	王策宇、金好淑	人民文学出版社, 2007
49	에스키모 왕자	爱斯基摩王子	윤대녕	金花	同上
50	새의 선물	鸟的礼物	은희경	朴正元、方晓霞	同上
51	무정	无情	이광수	洪成一、杨磊等	辽宁民族出版社, 2007
52	옛 우물	老井	오정희	许莲顺	百花文艺, 2008
53	짐승의 시간	禽兽的日子	김원우	许莲顺	上海译文, 2008
54	천둥소리	擎天雷声	김주영	成龙哲	同上
55	한국인이 즐겨보는 단편소설	感动韩国人的短篇小说	박완서 외	金京善	中央民族出版社, 2008
56	삿뽀로 여인숙	札幌旅店	하성란	许莲顺	上海文艺, 2009
57	휘청거리는 오후	蹒跚的午后	박완서	李贞娇	同上
58	모순	矛盾	양귀자	张琦	同上
59	어머니가 가르쳐준 노래		최인호	韩振乾、朴广熙(韩)	作家出版社, 2008
60	13호 케비닛	13号橱柜	김언수	王崇文	上海人民, 2009
61	힘내라! 우리 가족	加油！我的家	유평창	千太阳	中国财经, 2009
62	토지 1(1,2부)	土地	박경리	刘广铭、金英今	中央民族, 2009
63	소녀의 초상	少女的肖像	윤대녕	朴明爱	安徽文艺, 2009
64	아웃 사이더(1,2,3)	局外人1,2,3	귀여니	黄簧	湖南少儿, 2009

번호	한국 소설제목	중국 소설제목	저자	역자	출판사 및 출판연도
65	나는 나를 파괴할 권리가 있다	我有破坏自己的权利	김영하	薛舟、徐丽红	花城, 2009
66	마당 깊은 집	深宅大院	김원일	金泰成	中国社科, 2009
67	가지 않은 길	未选择的路	김문수	金莲兰	上海译文, 2009
68	퀴즈 쇼	猜谜秀	김영하	薛舟、徐丽红	花城, 2009
69	백색인간	白色人间	김성종	朴美玉	黑龙江朝鲜民族, 2009
70	가시면류관 초상	荆棘冠冕的画像	박상우	朴明爱	安徽文艺, 2009
71	신드롬 1,2,3	追爱症候群123	귀여니	贺欣	湖南少儿, 2009
72	본드걸은 죽었다	邦德女郎	이동훈	千太阳	花山文艺, 2009
73	아주 오래된 농담	非常久远的玩笑	박완서	金泰成	上海译文, 2009
74	한국현대소설선	韩国现代小说选	김승옥 등	金鹤哲	人民文学, 2009
75	무소의 뿔처럼 혼자서 가라	像犀牛角一样只身前往	공지영	周一峰	21世纪, 2010
76	공무도하	公无渡河	김훈	薛舟、徐丽红	人民文学, 2010
77	봉순이 언니	风顺姐姐	공지영	金莲顺	21世纪, 2010
78	선덕여왕	善德女王	한소진	卢恒	上海人民, 2010
79	스타일	大酱女	백영옥	荀寿潇	南海, 2010
80	엄마를 부탁해	寻找母亲	신경숙	薛舟、徐丽红	人民文学, 2010
81	동백꽃	山茶花	김유정	权赫律	吉林大学, 2010
82	즐거운 나의 집	快乐我家	공지영	高影红	21世纪, 2010
83	우리들의 행복한 시간	我们的幸福时光	공지영	荀寿潇	南海, 2010
84	달콤한 나의 도시	我的甜蜜都市	정이현	崔莲花	南海, 2010
85	호위무사(상하)	护卫武士上下	초우	松岩	京华, 2010
86	고향	故乡	현진건	权赫律	吉林大学, 2010
87	무정	无明	이광수	权赫律	吉林大学, 2010
88	슬픔보다 더 슬픈 이야기	比悲伤更悲伤	원태연	杨凡	北方妇女儿童, 2010
89	비즈니스	流苏树	박범신	王愿愿	上海文艺, 2010
90	다섯개의 별 1,2	爱的五颗星	귀여니	孔祥柏	湖南少儿, 2010
91	진시황 프로젝트	秦始皇计划	유광수	薛舟、徐丽红	新星, 2010
92	혀	舌尖上凋落的爱情	조경란	薛舟、徐丽红	重庆, 2010
93	배따라기	船歌	김동인	权赫律	吉林大学, 2010
94	빈처	贫妻	현진건	权赫律	吉林大学, 2010
95	소낙비	雷阵雨	김유정	权赫律	吉林大学, 2010
96	바람의 화원	风之画员	이정명	薛舟、徐丽红	人民文学, 2010
97	고등어	鲭鱼	공지영	权赫律	吉林大学, 2010
98	멸치	鳀鱼	김주영	权赫律	吉林大学, 2010

번호	한국 소설제목	중국 소설제목	저자	역자	출판사 및 출판연도
99	셀러브리티	名流	정수현	王吟	湖南人民, 2011
100	천년의 침묵	千年的沉默	이선영	李桂花	江苏文艺, 2011
101	꿈꾸는 다락방	7次精神慰藉	이지성	千太阳	译林, 2011
102	운현궁의 봄	云岘宫之春	김동인	南光哲	吉林大学, 2011
103	황제를 위하여	为了皇帝	이문열	韩梅	人民文学, 2011
104	어디서 나를 찾는 전화벨이 울린다	哪里传来找我的电话铃声	신경숙	薛舟、徐丽红	人民文学, 2011
105	토지 1권 3부	土地	박경리	刘广铭、金英今	中央民族, 2011
106	천사를 찾습니다 1, 2	寻找天使1, 2	귀여니	沈丹丹	湖南少儿, 2011
107	슈어홀릭	我为鞋狂	신명화	郝智慧	湖南人民, 2011
108	페이스 쇼퍼	整容师：揭露骇人听闻的整容	정수현	王吟	湖南人民, 2011
109	내 심장을 쏴라	朝我的心脏开枪	정유정	陈彦安	湖南人民, 2011
110	뿌리 깊은 나무	树大根深	이정명	薛舟、徐丽红	人民文学, 2011
111	흙	泥土	이광수	李承梅、李龙海	吉林大学, 2011
112	탁류	浊流	채만식	金莲顺	吉林大学, 2011
113	사랑후에 오는 것들	爱过之后来临的	공지영	微微	21世纪, 2011
114	아버지의 눈물	父亲的眼泪	김정현	齐芳	湖南人民, 2011
115	이호철단편집	脱乡－李浩哲短篇小说集	이호철	崔成德	吉林大学, 2011
116	김유정단편선	金裕贞短篇小说选	김유정	李玉花	吉林大学, 2011
117	고래	鲸	천명관	薛舟、徐丽红	重庆, 2011
118	성균관 스캔들	成均馆罗曼史	정은궐	冯欣、千太阳	广西师大, 2011
119	규장각 각신들의 나날	章阁之恋	정은궐	千太阳	广西师大, 2011
120	달려라, 아빠	老爸, 快跑	김애란	许先哲	上海文艺, 2012
121	도망자 이치도	逃亡神偷	성석제	金鹤哲、郑炳南	上海文艺, 2012
122	해를 품은 달	拥抱太阳的月亮1, 2	정은궐	冯欣、千太阳	接力, 2012
123	바이올렛	紫罗兰	신경숙	许莲顺	人民文学, 2012
124	리진	李真	신경숙	薛舟、徐丽红	人民文学, 2012
125	키스키스 뱅뱅	曾经炙热爱着的人们	조진국	臧茜、刘捷	湖南人民, 2012
126	은교	因为痛, 所以是爱情	박범신	郑慧	湖南人民, 2012
127	촐라제	一如草芥的人生	박범신		辽宁教育, 2013
128	빛의 제국	光之帝国	김영하	薛舟	人民文学出, 2013
129	관촌수필	冠村随笔	이문열	金鹤哲	人民文学出, 2013
130	채식주의자	素食主义者	한강	千一	重庆出版社, 2013
131	여덟번 째 방	第八个房子	김미월	李承梅、李龙海	山东文艺出版社, 2014

조선족의 소설적 담론화
양상과 그 의미

엄숙희

1. 들어가며

전지구적으로 국경을 뛰어넘는 초국적 이동이 증가하고 있다. 중국에서 소수민족집단으로 생활하고 있는 조선족도 세계화의 붐을 타고 본격적으로 한국에 진출하기 시작했다. 이들 조선족은 20세기 전후에 정치적·경제적 이유로 중국으로 이주해 중국 국적을 소유하게 된 이들이다. 따라서 이들은 중국 국민이면서 동시에 같은 한민족이라는 점에서 복합적인 정체성을 지니고 있다. 때문에 조선족은 한국 사회에서 '한국계 중국인', '교포', '중국 동포', '재중 한인', '조선족' 등으로, 그 특수한 성격만큼이나 다양한 호칭으로 불리고 있다.[1] 이들 호칭에서 공통적으로 표출되고 있는 것은 결국 조선족을 한국인과 동일시하지 않는다는 점이다. 이는 한국인에게 있어 조선족은 혈연을 공유한 가까

---

1 조선족은 한국 사회에서 '한국계 중국인', '교포', '중국 동포', '재중 한인', '조선족' 등으로, 그 특수한 성격만큼이나 다양한 호칭으로 불리고 있다. (박광성,『세계화시대 중국 조선족의 초국적 이동과 사회변화』, 한국학술정보, 2008, 284쪽.)

운 존재이기는 하지만 그렇다고 동일 집단으로 인식하기는 어려운 존재라는 것을 말해 주고 있다.[2] 이처럼 한국 사회에서 조선족은 한국/중국이라는 국가적 경계뿐만 아니라 '한민족'이라는 핏줄의 지정학, 그럼에도 동포로 쉽게 안을 수 없는 냉전의 부산물인 이데올로기 등의 복잡한 관계망 속에 위치하고 있다.[3] 2000년대 한국소설에는 이런 이질적이면서도 동질적인 집단인 조선족들이 빈번하게 등장하고 있다.[4] 이는 인간 삶의 변화를 담아내고 있는 소설이 다문화사회로 변모하고 있는 한국사회에서 가시화된 조선족들의 삶의 문제에 주목하기 시작했다는 것을 의미한다.

2000년대 한국소설에 등장한 조선족들은 다양한 양상을 보인다. 조선족이 주된 인물과 관련된 부수적인 인물로 등장해 소재적인 측면으로만 활용되는 경우가 있는가 하면[5], 주된 인물과 관련하여 조선족의 삶이 좀 더 깊이 있게 다뤄지고 있는 작품도 있다.[6] 더 나아가서는 조선족의 시각에서 서사를 전개해나가는가 하면 한국에서의 조선족의 삶의 문제를 비중 있게 다루고 있어 본격적으로 조선족의 문제를 다루고

---

2 위의 책, 284쪽.
3 문재원, 「초국가적 상상력과 '옌볜거리'의 재현」, 『한국민족문화』 47집, 2013, 399쪽.
4 2000년대 한국소설에 등장한 조선족 소재 소설은 대략 다음과 같다.
　공선옥의 〈가리봉 연가〉, 이응준의 〈아마 늦은 여름이었을 거야〉, 김인숙의 〈감옥의 뜰〉, 〈바다와 나비〉, 정도상의 〈찔레꽃〉, 〈겨울 압록강〉, 천운영의 〈잘가라, 서커스〉, 김애란의 〈그곳에 밤 여기의 노래〉, 한수영의 〈그녀의 나무 핑궈리〉, 박찬순의 〈가리봉 양꼬치〉, 김연수의 〈이등박문을, 쏘지 못하다〉 등이 있다.
5 이에 해당하는 소설은 이응준의 〈아마 늦은 여름이었을 거야〉, 김인숙의 〈감옥의 뜰〉, 〈바다와 나비〉, 김연수의 〈이등박문을, 쏘지 못하다〉, 정도상의 〈찔레꽃〉, 김애란의 〈그곳에 밤 여기의 노래〉 등이 있다.
6 공선옥의 〈가리봉 연가〉, 한수영의 〈그녀의 나무 핑궈리〉 등이 이에 해당한다.

있는 소설로 볼 수 있는 작품도 있다.[7] 이렇듯 한국사회에서 새롭게
부각된 조선족을 담론화한 소설이 양산되기 시작하면서 소설에 등장한
조선족에 주목한 연구 또한 본격화되고 있는 추세이다.[8] 최근의 연구들
은 조선족 소재 소설 속에 등장하는 개별 인물들의 삶의 양태에 초점을
맞추고 있다. 따라서 기존 연구들은 작품 속 조선족들이 한국사회에서
타자화 되는 양상을 살펴보고, 그들의 삶에 영향을 미치는 요소들을
파악하는 데 집중되어 왔다고 할 수 있다. 그 결과 선행 연구들은 소설
속 조선족들이 한국사회에서 정체성의 갈등을 겪으며 전반적으로 타자
로 전형화 되어 살아가고 있음을 지적하고 있다. 이처럼 다문화적 공간
속에서 이산의 삶을 살아가고 있는 소설 속 조선족의 존재 양상을 살펴
보는 작업은 중요하다. 조선족 소재 소설은 한국사회의 이방인인 조선
족의 문제를 조명함으로써 그들의 존재 의미를 사유하게 하고 한국의
다문화 현실을 성찰하게 한다. 또한 이들 소설은 다원화된 한국사회가
직면하게 된 이주민의 문제가 일국만의 문제가 아닌 전지구적 자본주
의 메커니즘이 만든 문제라는 점을 사유하게 만든다. 하지만 기존 연구
에서는 소설 속 조선족의 삶에 주목한 나머지 그들의 타자성이나 정체
성을 규명하는 작업에 집중하고 있어 실상 소설 속에 심상치 않게 그려
지고 있는, 조선족의 삶을 배태시킨 한국 사회에 대한 성찰은 제대로
이뤄지지 않고 있다. 따라서 조선족 소재 소설을 중심으로 한국사회에

---

7 천운영의 〈잘가라, 서커스〉, 박찬순의 〈가리봉 양꼬치〉와 같은 작품을 들 수 있다.
8 이와 관련된 주요 논의로는 이호규, 「'타자'로서의 발견, '우리'로서의 자각과 확인」,
　『현대문학의 연구』 제36집, 2008, 이미림, 「2000년대 소설에 나타난 조선족 이주여성
　의 타자적 정체성」, 『현대소설연구』 제48호, 2011, 송현호, 「〈가리봉 양꼬치〉에 나타난
　이주 담론 연구」, 『현대소설연구』 제51호, 2012 등이 있다.

서의 조선족의 존재 양상을 살펴보고, 더불어 소설 속에 반영된 한국사
회의 현실을 파악할 필요가 있다.

이에 본 연구에서는 조선족의 삶이 비교적 비중 있게 그려지고 있는
천운영의 〈잘가라, 서커스〉, 박찬순의 〈가리봉 양꼬치〉, 공선옥의 〈가
리봉 연가〉, 한수영의 〈그녀의 나무 핑궈리〉를 논의 대상으로 삼아
소설 속 조선족들의 삶의 양태를 파악해보고자 한다. 또한 소설이 조선
족을 어떤 식으로 담론화하고 있는지, 그리고 그 의미는 무엇인지를
고찰해보고자 한다. 이는 소설 속에서 조선족이 타자화 되는 맥락, 조
선족이 겪고 있는 정체성의 혼란 양상, 조선족이 한국사회에서 재영토
화의 꿈을 꾸며 정착해 나가는 모습을 고찰해봄으로써 우리 사회에
의미 있게 등장한 조선족을 이해하고, 더불어 조선족을 담론화하고 있
는 최근의 한국소설이 신자유주의적으로 재편된 한국사회의 현실을
담론화하고 있는 방식까지를 고찰해보고자 하는 것이다.

2. 경계짓기와 조선족의 주변인화

세계적으로 경계를 넘는 초국적 이주가 증가하고 있다. 여행자와
이주민, 피난민, 탈출자, 임시 노동자, 그리고 여타의 이동 중인 집단
들과 개인들이 세계의 본질적인 모습을 구성하며, 국가 정치에 유례없
던 영향을 미치고 있다.[9] 사람이 국경을 넘어 이동하는 것은 노동자들
이 관련되어 있는 문제이기 때문에 언제나 심하게 통제되어 왔다.[10]

---

9 아르준 아파두라이/차원현 외 역, 『고삐 풀린 현대성』, 현실문화연구, 2004, 62쪽.

따라서 초국적 이주가 증가하는 것에 맞춰 국민국가는 과도한 이주노동의 흐름을 통제하는 기제들을 지속적으로 개발하여 활용하고 있다. 노동 이동성은 언제나 자본주의의 재생산에 필수불가결하고 핵심적인 역할을 수행해 왔지만, 한편으로는 과도한 이동이나 탈주로 자본주의의 원활한 재생산을 위협해왔기 때문에 통제 체제들이 강화될 필요가 생긴 것이다.[11] 그 결과 국민국가의 경계짓기는 다수의 이주노동자들을 불법체류자로 전락시키고 강제추방을 하는 등 폭력성을 띠게 되었다. 한국도 초국적 이주민들이 대거 유입되는 상황에서 통제 체제를 강화해 나가고 있는 실정이다. 조선족의 경우에 있어서도 초반에는 간단한 여행증명서만 발급받으면 국내 유입이 가능한 식이었다. 하지만 점차 외국인 이주노동자들의 증가 추세와 맞물려 조선족의 국내 유입이 증가하면서 조선족 입국 통제가 심화되기 시작했다. 조선족의 합법적 입국이 어려워지면서 한국 내에서는 조선족 불법체류자들 또한 양산되어 사회문제로까지 부각되기에 이르렀다. 2000년대 한국소설은 이런 조선족의 문제에 관심을 보이기 시작했다. 한국사회에서 불법체류자가 되어 주변인으로 살아가고 있는 조선족들의 모습이 소설에 자주 등장하고 있는 것이다.

경계가 강화된 한국으로의 입국을 꿈꾸는 조선족들의 모습이 『잘가라, 서커스』에 잘 나타나 있다.

내 손에 쥐여진 것은 F-2 비자였다. 한국에서 자유롭게 살 수 있고,

---

10 이매뉴얼 월러스틴/이광근 역, 『월러스틴의 세계체제 분석』, 당대, 2005, 112쪽.
11 정진상 외, 『세계화와 계급구조의 변화』, 한울, 2012, 207~208쪽.

부모까지 초청할 수 있는 동거방한사증. 많은 사람들이 그토록 원하는
비자가 내 손에 들려 있었다. (중략) 이것을 위해 화순은 직업도 버리고
순정도 버렸다. 그는 이것이 없어 무덤 같은 지하방에 숨어 지냈다. 또
누군가는 몇만위안을 들여 위장결혼을 하거나 밀입국을 한다고도 했다.
그것이 지금 내 손에 있는 것이다 (중략) 도대체 이것이 무어길래. 한낱
종이쪽지에 불과할 뿐인데[12]

국제결혼으로 '해화'는 손쉽게 한국행 비자를 얻는다. 한국행을 원
하는 조선족들은 국가의 경계 강화로 비자를 얻기 힘들게 되자 이처럼
원하지 않는 결혼을 하거나 불법도 서슴지 않고 행한다. "한낱 종이쪽
지에 불과할 뿐"인 비자지만 비자를 얻는 건 갈수록 힘들어진다. 비자
를 발급받지 못한 조선족들은 불법입국을 감행하고 한국 내에서 불법
체류자로 살아가게 된다. 이처럼 각종 경계와 통제장치가 이주과정을
더욱 값비싸고 불편하며 위험한 과정으로 만들고 있는 상황에도 국민
국가 내부와 국경 너머를 향해 증가하는 이주의 흐름을 막지는 못한
다. 초국가 시대에 사람들은 이제 경계의 유무에 관계없이 어쨌든 계
속해서 이동하기 때문이다.[13] 이를 보여주듯 소설 속에는 경계가 강화
된 한국에서 불법체류자로 살아가고 있는 조선족들의 모습이 자주 나
타난다.

〈가리봉 양꼬치〉의 '임파'와 '분희'를 비롯한 대부분의 조선족들도
불법체류자이다. 그래서 소설 속 조선족들의 삶은 순탄치 않아 보인다.
어머니의 갑작스런 연락 두절 이후 한국에 나온 '임파'는 3년의 시간이

---

12 천운영, 『잘가라, 서커스』, 문학동네, 2005, 40~41쪽.
13 정진상 외, 앞의 책, 207쪽.

지났지만 어머니의 종적을 찾을 수 없다. 어머니를 찾아 한국으로 나온 아버지의 소식마저 알 수 없는 상황이다. 한국에서 아버지와 어머니의 행적은 묘연하다. 〈가리봉 양꼬치〉는 이들의 행적에 대해선 아무런 언급도 하지 않는다. 다만 불법체류자들인 조선족들의 운명이 그처럼 불안정하고 예측할 수 없는 삶임을 보여줄 뿐이다. 〈가리봉 양꼬치〉 속 '임파'의 삶 또한 예측할 수 없는 삶이기는 마찬가지다. '임파' 또한 "무연고 사망자로 기록되기 전엔 이 나라 어느 인명부에도 이름이 오를 리 없는", 주민으로서 보호받지 못하는 불법체류자 신세이다.[14] 이렇듯 소설은 불법체류자가 된 조선족들이 한국에서 모든 법적인 보호가 박탈당한 채 '호모사케르'로 살아가고 있는 현실을 담아내고 있다.

한편 소설은 국제결혼으로 이주한 조선족 여성들의 삶 또한 불법체류자들과 별반 다를 게 없음을 보여준다.

> 땅 한마지기 없이 가난한 주제에 애를 낳으라고 들볶는 시부모에, 부모 없는 조카까지 딸린 생활 능력도 없는 남편에, 그곳 전라도에는 명화가 정 붙이고 살만한 것이 아무것도 없었다.[15]

가난한 농촌 마을로 시집간 〈가리봉 연가〉의 '명화'가 처했던 상황이다. 소설 속에서 조선족 여성들이 국제결혼을 선택한 이유는 경제적인 이유가 대부분이다. 한국으로의 입국이 어려워진 상황에서 그녀들은

---

14 이주노동자가 체류기간을 넘기면 범죄 행위의 유무에 상관없이 불법 신분이 된다. 그런데 자본은 이 '불법'을 적극 활용하고 있다. '불법'이라는 규정은 추방의 근거라기보다는 착취의 근거가 되고 있다.(고병권, 『추방과 탈주』, 그린비, 2009, 26~27쪽.)

15 공선옥, 〈가리봉 연가〉, 『유랑가족』, 실천문학사, 2005, 61쪽.

인신매매나 다름없는 국제결혼을 통해서라도 한국에 들어오는 길을 선택한다. '명화' 또한 마찬가지다. 가족들을 위해 그녀는 합법적인 국제결혼을 선택해 한국에 들어왔다. 하지만 '명화'는 '불법인간'이 되는 것을 감수하고서라도 희망 없는 농촌을 떠나왔다. 도시에서 노래방 도우미를 하며 근근이 생활해야 할 정도로 농촌을 떠나온 지금의 현실 또한 만만치는 않지만 '명화'는 농촌으로 돌아가고 싶어 하지 않는다. 이처럼 소설 속에서 비극적으로 그려지고 있는 농촌의 정황은 현재의 우리 농촌의 실상과 별반 다르지 않다. 근대화가 진행되는 가운데 도시와 농촌이 양극화 되면서 농촌은 주변화된 공간으로 전락된 지 오래다. 농촌은 이제 아버지를 알코올 중독자로 만들고, 어머니를 농약을 먹고 자살하게 만들며, 농촌으로 시집간 한국인 '용자'도 가족을 버리고 나오게 만든 '죽음의 땅', '킬링필드'이다. 농촌은 이제 내부인도 외부인도 살기 힘든 불모의 땅이 돼버린 지 오래다. 조선족 '명화'가 살기 위해 찾아든 곳은 이런 죽음의 땅이었던 것이다. 그렇게 희망 없는 농촌에서 '명화'는 경제적인 이유로 가출을 하게 되고, 그 결과 불법신분이 되어 도시에서 서비스업에 종사하며 주변인으로 전락하고 만다.

　도시의 빈민에게로 시집온 〈그녀의 나무 핑궈리〉의 '만자'의 삶도 마찬가지다. '푸른 멍 자국'을 늘 달고 다니는 만자는 인간이 아닌 '수입품'이며, 남편 동배의 '샌드백'이다. '만자'는 무능력하고 폭력적인 남편을 만나 억척스럽게 돈을 벌지만 행복해질 수 없는 여자다. 그녀는 조선족이라는 이유로 월급도 낮고, 지속적으로 부당한 차별을 받아야 하는 한국사회의 이방인일 뿐이기 때문이다. 〈잘가라, 서커스〉의 '해화'의 삶도 유사하다. 소설 속에서 다른 조선족 여성들에 비해 비교적 자신의 욕망에 따라 주체적으로 행동하는 인물로 나타나지만 그녀도 결국은 신체적 장애를 가진 한국인 남성에 의해 주변인으로 전락하고 만다. 한국에서의 시간이 경과함에 따라 그녀는 존재감을 상실하면서 자신이 누구인지를 잃어간다. 한국인 남편에 맞춰 자기가 없는 삶을 살아야 했던 그녀는 자신이 하나의 주체적인 인간 '림해화'임을 언명하고 길을 나서지만 그녀의 이런 외침은 공허한 메아리에 그치고 만다. 집을 나선 '해화'에게는 다른 불법체류자들과 같은 험난한 삶만이 기다리고 있을 뿐이었다.

소설 속에서 조선족 여성들은 이처럼 경계가 강화된 한국으로의 입국을 위해 한국의 주변인들과 결합한다. 그 결과 조선족 여성들은 자신들의 희망과는 달리 한국에서 자연스럽게 주변인으로 전락하게 되고, 한국인보다 하위에 위치하며 이중의 고통과 차별 속에서 생활하게 된다. 또한 소설은 한국으로 이주하려는 조선족 여성들이 처음부터 결혼 중개업자들에게 농간을 당하는가 하면, 한국에 와서는 무능한 남편들로부터 폭력을 당하거나 내부인들에게 사기를 당하는 것을 보여준다. 그러면서 그들이 주변적 공간으로 밀려나게 되고 끝내 한국의 내부에서 추방된 존재, 주변인으로 존재하게 됨을 보여준다.

한편 소설은 한국 내 조선족들이 내부인들의 경계의 대상이 되고 있음도 보여준다.

"말이 나왔으니 말이지, 그 자식들, 우리 한국 와서 돈 엄청 벌었을 것이요?"

(중략) "하여간 여기 가리베가스 상권을 요새는 그자들이 다 잡고 있다 해도 과언이 아니지."

"공산주의 사회에서 온 자들이라 그런지 으심들은 또 얼마나 많은지

(중략),

"거 뭣이냐, 나는 지난번 텔레비전에 나와서 외국인 노동자가 어떻고, 인권이 어떻고 해쌓던 목사, 교수들 말 듣고 분개까지 했다니까. 뭐? 핍박? 돈 없으면 인간 대접 못 받는 건 당연한 것 아녀? 어이, 김 사장, 삼십 년 전에 우리 막 서울 와서는 어쨌어. 자국민 핍박받을 때는 암 소리 안 하고 있다가 외국인들 인권이 어쩌네, 야만이네, 하여간 배운 인간들 하는 짓거리란 이제나저제나 맘에 안 들드만 이?"[16]

이는 내부인들이 조선족을 부정적으로 보는 시선이다. 소설 속에는 내부인과 조선족들의 이러한 갈등 양상이 자주 나타난다. 신자유주의 시대 국민국가는 자국의 모든 시민들이 평등하다고 주장하지만 실제로는 그렇지 않은 게 현실이다. 대부분의 나라들에서 전체 인구 가운데 오직 일부만이 시민으로서 완전한 권리를 누리고 있다. 주권을 가진 국민이라는 범주로부터 배제된 이들이 존재하는 것이다.[17] 이처럼 소설은 내부인이든 외부인이든 국민국가의 이해에 따라 비국민이 양산되고 있는 현실에서 한국의 상권을 장악해오고 그들의 목소리를 내며 내부인의 자리를 침범해 들어오는 외부인은 경계의 대상이 될 수밖에 없음을 보여준다.

조선족을 소재로 한 한국소설 속에는 이런 신자유주의 시대의 국민국가의 풍경이 씁쓸하게 그려져 있다. 어느 면에선 현재의 국민국가의 풍경을 그리기 위해 조선족을 소설 속으로 불러온 것처럼 보이기도

---

16 공선옥, 앞의 책, 88쪽.
17 이매뉴얼 월러스틴/이광근 역, 『월러스틴의 세계체제 분석』, 당대, 2005, 123쪽. 월러스틴에 의하면 현 세계체제에서 국민은 포함의 개념으로 시작되었지만, 이제는 배제의 개념으로 급속도로 바뀌어나가고 있다.

한다. 소설 속에서 불법체류자가 되어 한계지역으로 내몰린 이방인들이 주변적 공간을 차지하고 주변인으로 살아가는 모습은 빈부격차의 심화로 국민이 양극화 되는 가운데 비국민으로 추락한 내부인들이 한계상황으로 내몰려 살아가고 있는 모습과 닮아 있다. 그래서 요즘의 한국소설 속 이방인들의 모습은 단지 그들만의 모습으로만 다가오지 않는다. 국민은 직접적이거나 영원한 동일성이 아니라 오히려 특수한 사회구성체 및 역사적 시기에 고유한 복합적 과정의 결과[18]로 구성되는 것이다. 따라서 이런 관점에서 보면 현재 한국사회는 새롭게 국민의 범주가 재편되고 있는 시점이라고 할 수 있다. 초국적 이주민들의 증가로 국민국가는 그들을 국민으로 대할 것인지, 비국민으로 대할 것인지를 고민하고, 국민국가의 이해에 따라 내부인들마저도 어디까지를 국민으로 받아들일 것인지를 고민하고 있는 것이 요즘 국민국가의 모습이다. 그래서 신자유주의 시대의 변화된 사회 풍경을 담아내고 있는 조선족 소재 소설은 한국사회에서 비국민으로 살아가고 있는 많은 내부인들의 삶 또한 사유하게 만드는 역할을 한다. 또한 조선족 소재 소설은 자본이 우선이 된 시대의 모습을 적나라하게 보여주기도 한다. 기본적인 삶을 유지할 수 없는 환경에 처해있는 이들에겐 국적도 민족도 문제가 아니다. 돈을 쫓아 초국적 이주를 행하고, 돈 때문에 주변으로 내몰리고, 돈이 없어 자신의 국가로부터 폭력을 당하게 되는 시대가 신자유주의 시대의 한국의 초상임을 소설은 보여주고 있다.

---

18 안또니오 네그리/정남영 외 역, 『다중과 제국』, 갈무리, 2011, 124~125쪽.

3. 정체성 갈등과 탈경계 시대의 정체성

이주민은 자신들의 고유한 원문화를 가지고 이주사회에 들어가 토착민들과의 계속적인 관계에 의해 문화충격을 겪게 되고, 문화의 적응과 갈등, 수용과 배제 등 일련의 과정을 거치면서 두 문화 사이에서 자신의 정체성을 재구성해 간다.[19] 중국에 거주하고 있는 조선족의 정체성도 주변 환경의 영향에 따라 끊임없이 새롭게 변화해 왔다. 20세기 초까지는 단순한 월경민에 불과했으며, 일본이 한반도를 식민지화한 데 이어 만주를 점령함에 따라 연변지역에 살던 조선인은 중국인 또는 만주인과도 구분되었다. 조선인의 신분은 형식적으로 일본인과 만주인의 중간에 위치하였으나 실제로는 양쪽의 눈치를 보아야 하는 경계인의 처지였다. 하지만 해방 이후 연변에 정착해 조선족으로 불리며 다민족국가인 중국의 55개 소수민족 중의 하나로 위상이 바뀌면서 점차 중국 국민의식이 자리 잡아갔다. 그러면서 다른 한편으로는 민족 언어를 사용하고 민족 문화를 지켜오면서 민족정체성을 유지해 왔다. 조선족은 이처럼 시대의 변화에 따라 정체성의 변화를 겪으며 지내왔다.[20]

국제적으로 한국의 위상이 높아지면서 조선족의 민족정체성은 강화

---

19 조민경·김 렬, 「한국 다문화사회에 있어서 이주민의 이중문화 정체성과 사회문화적응의 관계」, 『대한정치학회보』 18집 2호, 2010, 268쪽.

20 박광성은 조선족의 본격적 이동전에는 민족정책과 민족사회 형성이 그들의 정체성 형성에 주요 영향을 미쳤으며 그들에게서 국가정체성과 민족정체성이 두드러지게 나타난다고 보았다. 하지만 1990년 이후 대규모 이동 이후에는 새로운 환경의 적응과 생활환경 변화 요인에 따라 개방적 정체성, 탈국가 정체성, 이중 정체성 등, 정체성이 다원화되는 추세를 보인다고 보았다.(박광성, 앞의 책, 293~294쪽.)

되었고, 조선족의 한국으로의 이주 또한 증가했다. 하지만 한중수교 후 본격화된 조선족의 국내 이주는 많은 조선족 동포들로 하여금 정체성의 혼란을 겪게 했다. 한국 사회와의 새로운 관계 맺기가 기대만큼 만족스럽게 이루어지지 않으면서 이들은 한국에 대해 불만을 갖게 됐고, 이로 말미암아 다시 정체성 혼란을 겪게 된 것이다.[21] 2000년대 한국소설은 동포이면서도 낯선 이주민인 조선족들이 한국 사회에서 겪고 있는 이런 정체성 혼란의 문제를 담아내고 있다.

소설 속에서 정체성 혼란을 겪고 있는 조선족들은 '발해'를 꿈꾼다. 〈잘가라, 서커스〉의 '해화'와 그의 정인인 '그'도 "발해가 망하지 않았다면 우리가 이렇게 소수민족으로 살고 있지는 않았을 거"라며 발해를 꿈꾼다.

> 무덤에 들어가면 그는 나긋한 목소리로 옛날이야기를 들려주곤 했다. 내가 그의 말을 모두 이해한 것은 아니었다. 하지만 그의 말 속에 묻어나는 뿌듯함과 애처로움은 지금까지도 분명하게 가슴속에 박혀 있었다. 그의 이야기를 듣고 있으면 벽화에 그려진 악사가 비파를 연주하고 무희들은 옷깃을 펄럭이며 춤을 추었다. 나는 들어본 적 없는 왕국 속에서 살았다. 그 속에서 호흡을 하고 그 속에서 잠을 잤다. 아주 오래 전 사라져버린 작은 왕국. 무덤 속에 묻혀버린 잊혀진 나라 (후략)[22]

---

21 한국과의 교류가 현실화되자 조선족들은 민족의 정체성 확인에 열중하였고 그 첫째가는 작업이 뿌리 찾기였다. 그러나 고국에서 조선족들은 동질성보다 이질성을 많이 느꼈고 모국에서의 소외감과 갈등은 중국 국민적 정체성을 자각케 했다. 그러면서도 거주국이나 모국 어디에 가나 주변으로 밀려나야만 하는 소외된 삶 속에서 조선족들은 이중적 정체성의 심한 갈등을 체험하지 않으면 안 되었다.(오상순, 「이중 정체성의 갈등과 문학적 형상화」, 『현대문학의 연구』 29집, 2006, 43쪽.)
22 천운영, 앞의 책, 33쪽.

'발해'에 대해 제대로 알지 못했던 '해화'가 '그'를 통해 발해의 역사가 한민족의 역사임을 알게 된다. 그러면서 '발해'가 소수민족으로 살고 있는 그들에게 뿌듯한 역사이면서도 애처로움을 주는 역사라는 것도 '그'를 통해 인식하게 되면서 '해화'는 민족정체성을 다시 한 번 확인한다. 그래서 이후 발해공주의 무덤을 다시 찾은 '해화'는 발해공주의 무덤에서 나온 유물들이 중국박물관에 소장되어 있다는 얘기를 들으면서 "무언가 강탈당한 기분"이 들었으며 '심장'이 빼앗긴 것 같다고 느낀다. 이처럼 '발해'의 후손으로서 한민족이라는 의식을 지니고 있는 조선족들의 한국에서의 삶은 이방인의 삶과 다를 바 없다.

> "나는 한국인이 아녜요. 나는 중국 사람이죠. (중략) 나는 분명 발해의 영토에서 나고 자랐는데 말입니다. 근대 발해인들이 정말 우리 민족이라고 할 수 있기는 한 걸까요? 나는 차라리 발해가 중국이었으면 좋겠어요." (중략) 하지만 한국이고 중국이고, 발해고 고구려고, 민족이고 나라고가 무슨 상관이란 말인가. 남자에게 절실한 그 단어들은 내 삶과는 아주 먼 그저 글자에 불과할 뿐이었다.[23]

조선족들에게 배타적인 한국사회를 경험한 '그'의 심경이다. 고국인 한국에서 이방인 취급을 당할 때 '그'는 "차라리 발해가 중국이었으면 좋겠"다고까지 생각한다. 조선족인 '그'가 자신이 지니고 있는 민족정체성에 회의와 혼란을 느끼는 것이다. 한편 이런 조선족의 갈등을 대하는 한국인의 시선은 무심하다. 조선족에게 민족의 문제는 자신들의 삶

---

23 위의 책, 158쪽.

의 문제와 직결되며, 자신들의 정체성을 결정하는 중요한 문제인데 반
해 한국인에게 민족이란 자신들의 "삶과는 아주 먼 그저 글자에 불과할
뿐"인 문제이다. 그래서 안타깝게도 조선족들이 치열하게 고민하는 민
족정체성의 문제는 단지 그들만의 문제로만 보인다.

　조선족의 정체성 갈등 문제는 〈가리봉 양꼬치〉에서 좀 더 섬세하게
그려지고 있다.

> 　닝안시에서 조선어 교원을 하던 아버지는 어느 날 소학생이던 나를
> 징보호(鏡泊湖)로 데리고 갔다. (중략) 경치보다도 인상적이었던 것은
> 폭포촌(瀑布村)에 '발해풍정원'이라는 간판을 달고 세워진 조선족 민속
> 촌이었다.
> 　그곳에서는 조선족 춤과 씨름경기. 그네뛰기, 널뛰기 등을 보여주기도
> 하고 새납이며 장구와 꽹과리, 해금 등을 연주하기도 하면서 관광객을
> 맞고 있었다. 나는 새납이라고 불리는 관악기가 신기했다. 끝에 나팔이
> 달려 있어 음을 진폭해주는 모양이었다. 고음의 멜로디가 구슬프게 가슴
> 을 파고들고 장구와 꽹과리 소리가 요란하게 울리는 가운데 색동저고리에
> 빨간 치마, 노랑 저고리에 남색 치마를 입은 두 소녀가 암팡지게 널을
> 뛰는 장면은 무엇보다 아름다웠다.[24]

　한국에서 불법체류자로 살고 있는 조선족 '임파'는 어릴 적 아버지가
보여주었던 '발해풍정원'이라는 간판을 달고 세워진 조선족 민속촌을
떠올린다. '발해풍정원'은 이전의 한민족 문화의 원형을 살려 재현해
놓은 곳이다.[25] 어릴 적부터 이런 곳을 보고 자란 임파에게 민족정체성

---

24 박찬순, 앞의 책, 82~83쪽.

은 자연스럽게 형성되었다고 할 수 있다. 또한 고국인 한국에 대한 향수와 환상 또한 심어주었을 것으로 추측해 볼 수 있다. 하지만 어른이 된 임파가 다시 찾은 민속촌은 예전 모습과 달라져 있었다.

> 어릴 때 본 민속촌이 눈에 아른거려 한국에 나오기 몇 달 전에 다시 한 번 찾아가보았다. 그때는 한복 차림을 한 김희선, 이영애 등 한류 스타들의 모습과 윤도현인가 하는 가수가 기타를 치며 열창하는 모습이 화려하게 장식돼 있어서, 널뛰는 소녀들이나 그네 뛰는 처녀들의 모습도 무색해보이고 새납이라는 악기도 초라해보였다.[26]

예전과 달리 민속촌은 한류스타들의 사진으로 화려하게 장식되어 있었고, 어릴 적 아름답고 신기해보였던 것들은 기억으로만 남아 있을 뿐 이제는 초라해 보였다. 조선족들이 오랫동안 간직해 온 민속 문화가 자리잡고 있던 자리에 새로운 한류 문화가 자리잡아 가고 있는 것이다. 한국에 비해 민족문화의 원형을 비교적 잘 지켜나가고 있던 연변도 이제는 한국의 변화에 따라 민족정체성을 새롭게 구성해 나가고 있는 중인 것이다. '임파'는 두 번째 민속촌 방문에서 민족정체성이 변화되고 있음을 느낀다. 그러면서 그는 더더욱 예전에 자기가 본 '발해풍정원'에 대한 향수에서 벗어나지 못한다. 조선족이 한민족으로서의 동질감을 확인할 수 있는 것은 변화된 한국의 모습에서가 아닐 것이다. 그

---

25 민속촌(民俗村)은 옛 민속을 보존하여 고유한 생활 풍습을 보여 주는 마을이다. 이국에 세워진 민속촌은 이주민들이 자신의 민족적 정체성을 강하게 확인받을 수 있는 곳이기도 하다.

26 박찬순, 앞의 책, 85쪽.

들의 조상 때부터 간직해온 고유의 민족문화를 공유하는 것에서 그들
은 한민족임을 실감하기가 쉽다. '임파'는 한국에서 그런 동질감을 확
인하고 싶어 한다. 한민족으로서 "남의 나라에 얹혀산다는 쭈뼛거림
없이 당당하게 살 수 있는 곳", "할아버지와 아버지가 꿈꾸던 정원"에서
의 삶을 임파는 한국에서 꿈꾼다. 하지만 '발해풍정원'을 꿈꾸던 임파
는 같은 민족, 동포[27]임에도 불구하고 자신들을 불법체류자로 만들고
차별하는 등, 조선족들에게 배타적인 한국사회에서 끊임없이 민족정
체성을 고민하게 된다. 동포로 불리는 조선족은 표면적으로는 한민족
이라는 의미에서 평등한 민족의 구성원이지만 실질적으로는 한국인과
의 관계에서 수직적 관계에 위치한 측면이 크다. 한국 내에서 한국인들
은 조선족을 동질적인 민족의 구성원으로 대하는 것이 아니라 언어나
문화적 차이 등으로 차별화하고 있는 것이다. 그렇기에 〈잘가라, 서커
스〉의 '해화'나 '그', 〈가리봉 양꼬치〉의 '임파'를 비롯한 소설 속에 나오
는 조선족들은 한국에서 자신들은 그저 이방인에 불과할 뿐임을 인식
하며 자신의 정체성을 고민하게 된다.
　한편 소설은 조선족들이 한국에서 정체성 갈등을 겪고 있는 가운데
한편으로는 그들이 경계인적 정체성을 지니며 한국사회에서 유연하게

---

27 동포라는 단어가 갖는 두 가지 특징이 있다. 첫째, 동포의 경계가 갖는 애매성이다.
　동포라는 단어는 형제로부터 인류에 이르기까지 그 외연과 내포가 넓으며, 따라서 그것
　이 함의하는 것이 정확하게 무언인가는 주어진 상황에 따라 변화할 수 있다는 것이다.
　둘째는 동포가 함의하는 사회적 위계의 애매성이다. 동포는 평등성과 위계성을 모두
　함의하고 있다. 한편으로는 동포는 모두 같은 사람들을 뜻하지만 다른 한편으론 군신,
　부모, 형제라는 엄격한 사회적 위계를 뜻하기도 한다. 어떤 의미가 더 강조되고 있는
　것인지는 상황적 맥락에 따라 판단해야 한다.(김동책, 『역사용어 바로쓰기』, 역사비평
　사, 2006, 233쪽.)

적응해나가고 있는 모습도 보여준다.

> "이쪽에도 저쪽에도 속하지 못하고 겉도는 우리 같은 떠돌이를 흔히들
> 경계인이라고 말하지." 그러면서 아버지는 그런 이들이야말로 상대방의
> 아픔을 어루만져줄 수 있고, 양쪽을 이어줄 수 있는 사람들이라고 덧붙였
> 다. 안정된 교원 자리를 버리고 한국에 온 것도 어머니를 찾고 나서 중국
> 동포와 한국인들 사이에서 뭔가 할 일을 찾기 위해서였다.[28]

〈가리봉 양꼬치〉에서 임파의 아버지는 자신을 '경계인'이라고 말한
다. 경계인(marginal man)은 성격이 다른 두 집단에 동시에 속하는 사람
이다. 그래서 경계인은 어느 한 집단에 완전히 속하지 못하고 떠돌거나
겉돌 수밖에 없는 불안정한 사람들이기 쉽다. 임파의 아버지와 같은
조선족들은 중국 국적을 소유하고 있으면서도 한민족의 정체성을 지니
고 있는 복잡한 성격을 지닌 경계인들이라 할 수 있다. 그래서 조선족
인 임파의 아버지가 "고향이 닝안인지 서울인지" 헷갈릴 정도로 중국인
도 한국인도 아닌 경계인적 정체성을 지니고 있는 것은 당연하게 보인
다. 임파의 아버지는 자신들이 한국이든 중국이든 어느 곳에도 완전하
게 속할 수 없는 불안정한 경계인의 운명을 지니고 있음을 잘 알고
있다. 임파의 아버지가 지니게 된 이런 경계인적 정체성은 고국을 두고
중국에 정착하게 된 그들의 이산 경험을 통해서 자연스럽게 체득한
것이라 할 수 있다. 하지만 임파의 아버지가 말하는 경계인은 불안정한
존재만을 의미하는 것은 아니다. 그가 말하는 경계인은 어느 한쪽에

---

28 박찬순, 앞의 책, 81쪽.

속해 있지 않아 불안정한 존재이면서도 동시에 양쪽 모두에 속할 수 있는 존재이기도 하다. 그래서 양쪽 모두를 잘 알기에 그 둘 사이에서 매개자적인 역할을 할 수 있는 긍정적인 존재가 될 수 있는 이들이다. 〈가리봉 양꼬치〉의 임파의 아버지가 그런 존재다. 그는 자신을 경계인이라고 칭하면서도 불안해하지 않는다. 오히려 자신을 경계인이기에 "상대방의 아픔을 어루만져 줄 수 있고, 양쪽을 이어줄 수 있는" 의미 있는 존재로 인식한다. 자신과 같은 경계인이야말로 '중국 동포'들과 한국인들 사이의 거리를 해소시킬 수 있는 존재라고 생각하는 것이다. 임파 아버지의 이런 생각들은 임파에게 전달된다. 그래서 임파 또한 아버지와 같은 경계인적 정체성을 지니며 아버지의 뜻에 따라 자신 또한 조선족들과 한국인들 사이에서 의미 있는 일들을 하고 싶어 한다.

　이처럼 〈가리봉 양꼬치〉의 임파의 아버지는 긍정적인 경계인적 정체성을 지니면서 더 나아가서는 세계주의자로서의 면모 또한 보여주고 있다.

　　"양고기는 서북쪽 신장 위구르족 음식인데 유목민들 덕분에 정반대편에 사는 우리한테까지 전파된 거야." 나는 꼬치에 꿰어 구운 은행과 마늘을 까먹으면서 아버지의 이야기를 들었다. 그때 아버지의 표정은 사람들이 이리저리로 옮겨 다니고 이방인들과 섞여서 산다는 건 좋은 일이라고 말하고 있었다.
　　어릴 때 내가 양고기를 놓고 깨작거리고 있을 때면 아버지는 세계 어디든 가서 그 나라 사람들과 어울려 살려면 무슨 음식이든 먹을 줄 알아야 한다고 타일렀다.[29]

29　위의 책, 84쪽.

코스모폴리탄(cosmopolitan)인 아버지가 대하는 삶은 한곳에 정주한 삶이 아니다. 그는 인간의 삶은 떠돌이의 삶이고 그것이 오히려 좋은 일이라고 하고 있다. 떠돌이의 삶은 경계를 지향하지 않는 삶이다. 자본의 흐름에 따라 초국적 이주가 행해지고 있는 현 세계에서의 삶은 국민국가 차원의 사유가 아닌 초국가 시대에 맞는 사유가 필요한 삶이다. 초국적 이주의 시대에 국민국가의 경계짓기가 강화되는 가운데도 세계는 다원화되면서 국가 간 경계 또한 약화되고 있다. 경계 내부와 외부는 견고하게 고착화되어 있지 않다. 따라서 임파의 아버지가 보여주는 것처럼 탈경계의 시대에 맞는 새로운 정체성이 요구되는 시대인 것이다.

이상에서처럼 조선족 소재 소설들은 한국으로 역이주한 조선족의 정체성 문제를 같이 고민하고 있다. 그들이 겪고 있는 정체성 갈등의 문제, 그들이 지니게 된 경계인 의식에 주목하고 있는 것이다. 그러면서 소설은 단일성과 동질성을 강조해 왔던 한국사회 또한 탈민족적 시대에 접어들었음을 보여주고 있다.[30] 세계에서 우리는 현재 복합적이면서도 탈민족적인 다양한 사회구성체들의 탄생을 보고 있는 중이다. 이러한 사회구성체들은 다민족적이거나 국제적일 뿐만 아니라 근본적으로 탈민족적인 성격을 갖는 일련의 원리들, 즉 재정과 취업, 협력, 의사소통, 재생산에 관계된 새로운 원리들을 중심으로 지금 형성되

---

[30] 국민과 국가의 결합에서 나타나는 긴장을 잘 설명해주는 중요한 사실 중 하나는 영토로서의 국가라는 병 속에 결코 완전히는 포획되지 않는 민족주의라는 요정이 이제는 그 자체로 이산적이라는 사실이다. 난민들과 여행객들, 외국인 노동자들, 초국가적 지식인들, 과학자들, 불법체류자들과 같은 점증하고 있는 유동 인구의 목록 속에서 옮겨 다니고 있기 때문에 민족주의라는 요정은 점점 더 공간적 경계와 영토적 주권이라는 개념으로는 가둘 수 없게 된다.(아르준 아파두라이/차원혁 외 역, 앞의 책, 292쪽)

고 있다.[31] 그래서 초국가 시대에 대중들은 탈영토화되고 완전하게 국민화되지 못하며 국가들은 쪼개져서 재결합하고, 국가는 '국민'을 생산하는 데 있어서 쉽게 해결할 수 없는 어려움에 직면하는 현상들이 증가하고 있다.[32] 이미 다문화사회로 진입한 한국도 마찬가지다. 조선족과 같은 초국적 이주민들과 함께 하면서 한국사회에는 그 안에서 해결하기 힘든 갈등들이 생겨나고 있다. 소설 속에 그려진 것처럼 한국사회는 같은 동포인 조선족을 대하는 데에서도 어려움을 느끼며 그들을 이방인으로 취급한다. 개방적인 정체성이 요구되는 초국가 시대에 소설은 이런 폐쇄적인 한국사회를 돌아보게 한다.

4. 이산문화의 형성과 혼종문화의 생성

소설 속 조선족들은 그들의 운명과도 같은 '사과배(핑궈리)'를 자주 떠올린다. 연변 특산과일인 '사과배'는 조선족이 황무지를 개간하여 만들어낸 그들의 피와 땀, 애환이 담긴 과일이다. 중국으로 이주한 조선족이 한국의 사과나무와 중국의 돌배나무를 접목시켜 만든 사과배는 겉은 중국인이면서 속은 한국인인 조선족의 운명과 유사하다. 그래서 '핑궈리 신세'라는 말이 있다. 한국인도 중국인도 아닌 조선족의 신세를 비유적으로 표현한 말이다. 이처럼 '사과배'는 어디에도 속할 수 없는 조선족의 운명을 담은 과일이기는 하지만 한편으로는 조선족이 척

---

31 위의 책, 292쪽.
32 위의 책, 308쪽.

박한 중국에서 적응한 결과 만들어낸 공존의 산물, 혼종의 산물이기도 하다.[33] 그래서 소설 속 조선족들에게 '사과배'는 특별하게 다가온다.

〈그녀의 나무 핑궈리〉의 '만자'는 한국으로 시집온 조선족이다. '만자'는 미싱일을 하며 무능하고 폭력적이면서 당당하게 외도까지 일삼는 남편을 먹여 살린다. 그녀의 삶은 절망적이다. 그때마다 그녀는 핑궈리를 떠올린다.

핑궈리를 먹고 싶어. 그녀는 오늘 아침에도 제 앞에 쭈그리고 앉아 말했습니다. 그렇게 말한 그녀는 맨발에 슬리퍼를 신고 미싱을 타러 갔지요. 멍이 든 한쪽 눈을 채 감추지도 못하고요.[34]

고향에서는 늘 자전거를 탔었지요. 만자 씨는 페달을 밟아댑니다. (중략) 이제 산정 모퉁이만 돌면 고향집이 나타나요. 언뜻 고향집 앞에 서 있는 핑궈리 나무를 본 것도 같습니다.[35]

저렇게 평화로운 얼굴을 본 적이 있으세요? (중략) 어쩌면 핑궈리 꽃그늘 아래에서도 저런 표정이었겠지요.[36]

---

33 각 국가나 민족의 대표음식은 해당 국가나 민족의 문화적 정체성을 표현한다. 또한 음식은 그 문화권에 포함된 개인의 정체성을 표현하기도 한다. 인간의 생존과 직결된 음식에는 그것을 향유하는 이들의 모든 것이 담겨있기 때문이다. 그런 면에서 환경의 변화나 타문화와의 교류에 의해 변화해온 음식은 한 지역의 특수한 환경 속에서 적응해가며 생존해 온 인간의 역사를 보여준다고도 할 수 있다. 조선족의 대표음식인 '사과배'가 중국 속에서 이산문화를 형성해가며 적응해온 조선족의 역사를 보여주고 조선족의 정체성을 보여주는 것도 이런 맥락에서이다.

34 한수영, 『그녀의 나무, 핑궈리』, 민음사, 2006, 64쪽.

35 위의 책, 77쪽.

36 위의 책, 89쪽.

심신이 지쳐있을 때 '만자'는 핑궈리를 떠올린다. "고향집 앞에 서 있는 핑궈리 나무"처럼 '핑궈리'는 조선족들과 함께 해 온 과일이다. 그래서 조선족의 정체성과도 같은 과일이다. '만자'가 힘들 때마다 '핑궈리'를 떠올리는 것은 두고 온 고향에 대한 그리움 때문이기도 하면서 한국에서도 여전히 이방인으로 살아야 하는 각박한 현실 때문이기도 할 것이다. 그러면서 중국에서의 험난한 이주의 삶을 견뎌낸 결과물인 핑궈리처럼, 그리고 이후에는 조선족을 상징하는 과일로, 연변의 특산물로 각광받는 과일이 된 핑궈리처럼 '만자' 또한 지금 한국에서 또 다른 '핑궈리'를 만들어 내야 하는 때임을 인식하는 시간일 수도 있다. 이런 정황은 〈잘가라, 서커스〉에서도 보인다. '해화' 또한 한국으로 시집온 조선족 여성이다. 그녀의 남편은 언어장애를 가지고 있다. '해화'는 결국 남편과의 소통 장애로 파국을 맞이하게 된다. 이후 그녀는 가출을 해 불법신분으로 살아가면서 힘들 때마다 '사과배'를 떠올린다.

> 내 눈앞엔 어느새 하얗게 핀 사과배 꽃잎이 펼쳐졌다. 봄이면 희디힌 꽃잎들이 눈처럼 나부끼던 너른 밭. 작은 소쿠리 옆에 끼고 동무들과 들판을 뛰어다니며 꽃잎 주워담던 어린 시절. (중략) 눈을 감고 깊게 숨을 들이마셨다. 바람결에 단내가 배어나오는 것 같았다. 꿀을 잔뜩 품은 꽃내음은 이내 과즙 냄새로 이어졌다. 그것은 먼 북쪽에 남겨두고 온 향기. 한 입 베어물면 입 안 가득 고이던 사과배 냄새였다. 눈시울이 뜨거워졌다.[37]

'해화'가 떠올린 사과배 향기는 고향의 향기이다. 이처럼 조선족들이

---

[37] 천운영, 앞의 책, 56쪽.

한국에서 그들만이 공유하고 있는 조선족만의 문화를 떠올리는 점은 주목할 부분이다. 가난 때문에 자신들의 고향을 등지고 조상들의 고향인 한국으로 나온 조선족들에게 이젠 이주 전에 그들이 살았던 고향이 간절하게 다가온다. 한국에서의 녹록치 않은 현실이 만든 감정이다. 중국에서 오랫동안 한민족 문화를 보존하며 생활해온 조선족들은 고국인 한국에 대한 향수를 지니며 생활해 왔다고 볼 수 있다. 그들의 심정적인 고향은 한국인 것이다. 하지만 그들이 한국에서 발견한 것은 고향이 아니었다. 조선족들은 동포면서도 국적이 다른 그들에 대한 한국사회의 불편한 시선 속에서 철저히 이방인으로 취급받으며 생활하고 있는 게 현실이다. 따라서 '만자'나 '해화' 같은, 한국에서 벼랑 끝에 내몰린 조선족들은 힘들 때마다 그들의 고향 음식을 생각하면서 그들의 고향인 중국 내 연변지역을 떠올린다. 한국도 중국도 아닌 조선족들의 자치구가 이제는 그들의 고향인 것이다. 이는 한편으로는 역이주한 조선족들이 한국 내에서 또 다른 '제3의 정체성'을 형성하며 그들의 '제2의 고향'을 만들어 갈 수 있음을 얘기하는 면도 있다. 소설은 이렇듯 한국에서 고향을 그리워하는 조선족들을 조명함으로써 한국에 거주하는 조선족들이 이제는 중국인도 한국인도 아닌 '제3의 정체성', 국가와 민족을 초월한 정체성으로 한국에서 새로운 이산문화를 형성해 나가게 될 존재들임을 보여준다.

이상에서처럼 소설 속에서 조선족들은 그들이 그리워하던 고향을 한국에서 발견하지 못한다. 그래서 소설은 그들이 만들어 낸 '제2의 고향', 가리봉동을 보여준다.

어머니와 아버지를 삼켜버린 동네였지만 나는 점점 가리봉동에 정이

들었다. (중략) 손바닥만 하긴 해도 보증금 없이 월 10만원이면 몸을 편히 누일 수 있는 쪽방이 있고, 불법체류자임을 훤히 알면서도 교포들을 받아주는 가게 주인들이 있기 때문이었다. 무엇보다도 '가리봉'이라고 말할 때 울리는 소리에는 시골 누나처럼 등을 기대고 싶은 따사로움이 있었다.[38]

가리봉동은 조선족들에게 "기대고 싶은 따사로움"을 느낄 수 있는 공간이다. 소설 속에서와 마찬가지로 실제로도 조선족은 한국의 가리봉동을 그들의 '제2의 고향'으로 만들어 나가고 있다. 한국으로 이주한 조선족들은 그들에게 배타적인 한국사회에서 주변인으로 전락했으며 그 결과 조선족들은 자연스럽게 교통이 편리하고 방값이 싼 가리봉동을 중심으로 모여들게 되었다. 가리봉동이 그들의 거주지가 되면서 그곳의 풍경은 변화하였다. 조선족들이 사용하는 물건들이 팔리고, 그들의 음식들이 만들어지고 팔리는 조선족 거리로 탈바꿈했다. 〈가리봉 양꼬치〉에서처럼 가리봉동은 "연길양육점(延吉羊肉店), 금란반점(今丹飯店), 연변구육관(延邊拘肉館) 등 한자로 쓰인 허름한 간판이 즐비하고, 어디선가 진한 향료 냄새가 훅 풍"기는 조선족의 거리가 된 것이다. 소설에서 보이는 것처럼 조선족 집단 거주지와 같은 이주자들의 공간은 게토(ghetto)의 이미지를 보여주고는 있지만 문화적 혼종의 현상이 일어나는 곳이기도 하다.

가리봉동이 재중동포들에게 '제2의 고향'이 될 수 있었던 데는 무엇보다 음식이라는 매개가 큰 역할을 하였다. 가리봉동에서 먹을 수 있는

---

38 박찬순, 앞의 책, 88~89쪽.

음식은 외부인에게 모두 중국이라는 기호 아래 단일하게 인식되지만, 자세히 들여다보면 여러 민족과 문화의 음식이 혼재되어 있음을 알수 있다.[39] 혼종적 음식 문화가 있는 곳은 이미 지역적 경계가 사라진 공간이다. 그리고 또 다른 혼종의 문화가 생성될 수 있는 공간이기도 하다. 〈가리봉 양꼬치〉에서 조선족의 이산문화가 형성되고 있는 가리봉동은 조선족 '임파'에 의해 이런 혼종의 문화가 탄생할 수 있는 공간으로 비춰진다.

'임파'는 가리봉동에서 한국인이 좋아하는 '양꼬치'를 만들고 싶어한다. 양꼬치는 원래 "서북쪽 신장 위그르족 음식"으로 유목민들이 옮겨다니면서 조선족들에게 전파된 것이다. 그렇게 유목민들에 의해 조선족 음식으로 자리 잡은 양꼬치는 조선족이 다른 유목민들의 음식 문화를 받아들이고 변형해서 자신들의 입맛에 맞게 만들어 낸 이주의 결과이다. 〈가리봉 양꼬치〉의 '임파'는 혼종의 산물인 유목적 문화에 대해 얘기해주던 아버지를 떠올리며 한국에서도 그런 음식문화를 만들겠다는 희망을 품는다. 그래서 '임파'는 한국인의 입맛에 맞는 양꼬치 양념 개발에 대한 집념을 보인다. 임파는 양꼬치 양념을 개발하는 과정에서 조선족과 한국인의 식성에 대해 많은 고민을 한다. "한국 사람들은 왜 샹차이를 싫어"하는지를 의아해하며, 같은 동포인데도 식습관이 달라져 있음도 인식하게 된다. 그러면서 그는 조선족과 한국인이 함께 즐길수 있는 식재료로 '부추'를 떠올린다. 양고기는 싫어하지만 한국인이 좋아하는 부추를 넣음으로써 같이 즐길 수 있는 양고기 요리를 만들겠다는 것이 임파의 생각이다.

---

39 이민주, 「가리봉동과 재중동포의 이산문화」, 『플랫폼』 8호, 2008, 100쪽.

할아버지와 아버지가 꿈꾸던 정원. 아무도 배고프지 않고 아무도 남의 나라에 얹혀산다는 쭈뼛거림 없이 당당하게 살 수 있는 곳. 거기에다 한국 사람들 입맛에 꼭 맞는 가리봉 양꼬치도 준비되어 있었다. 부모님 생각을 하면 가슴이 미어지지만 나를 믿고 가게를 맡기는 주인 아저씨와 또 내가 좋아하는 분희가 있어 가리봉동은 언제나 등을 부빌 수 있는 따스한 언덕이었다. 내 양꼬치로 해서 가리봉, 내 누나 같은 가리봉은 이제 유명해질 것이었다. 그러면 나는 닝안에서도 서울에서도 찾을 수 없는 발해풍의 정원을 만들 수 있을지도 몰랐다.[40]

노력 끝에 임파는 결국 가리봉동의 한 식당에서 양고기 '노린내'를 완전히 제거한 양꼬치 양념을 만들어낸다. 조선족들에게는 그들이 이전에 처음 양고기를 접했을 때 그 냄새가 싫어 새로운 양념을 개발하여 조선족 음식으로 만든 경험이 있다. 또한 사과와 배 같은 이질적인 것을 조화롭게 어우러지게 만들어 자신만의 문화를 탄생시킨 저력도 있다. 소설은 이런 이산의 경험을 가지고 있는 조선족의 후손인 '임파'가 한국인의 입맛에 맞는 양꼬치 양념을 개발하는 것을 보여준다. 한국에서 조선족의 양꼬치가 한국인의 입맛에 맞게 다시 만들어진 것이다. 이는 조선족이 중국에서 만들어낸 '사과배'처럼 완전히 새로운 음식의 탄생이라고 할 수는 없다. 단지 〈가리봉 양꼬치〉는 조선족이 한국에서의 공존을 모색하며 그들의 문화를 한국인에 맞게 새롭게 변형해가며 적응해 가고자 노력하고 있음을 보여줄 뿐이다. 그러면서 소설은 그 과정이 쉽지만은 않은 것임도 말해준다. 소설은 양꼬치로 해서 가리봉동이 유명해졌으면 하는 '임파'의 바람도, 그가 소망하는 '발해풍 정원'

---

40 박찬순, 앞의 책, 95쪽.

의 꿈도 실현시켜주지 않는다. 같은 동포인 조선족 폭력배들의 방해로 임파가 개발한 양념은 세상에 나오지도 못하고 임파와 함께 사라지고 만다. 이처럼 소설은 조선족들이 중국에서 새로운 이주의 문화를 만들어낸 과정이 순탄치 않았듯이 한국에서도 그들의 정착이 쉽지만은 않을 것임을 암시한다. 그러면서도 소설은 임파와 같은 조선족들이 한국에서 주변부에서나마 그들만의 이산적 공간을 만들고 그 안에서 새로운 혼종의 문화를 능동적으로 만들어 가고 있음을 얘기하고 있다.

소설 속에 그려진 것처럼 실제로 한국에서 조선족들의 이산문화가 형성되고, 혼종의 문화들이 태동하려는 조짐을 보이는 것은 한국에서 새롭게 뿌리를 내리기 위한 조선족들의 부단한 노력의 결과라 할 수 있다. 2000년대에 양산된 소설은 이런 조선족들의 초기 이주의 모습을 담아내고 있다. 현 시점보다는 더 불안정하고, 더 열악한 환경에서 조선족들이 차별을 받으며 생활하고 있는 모습을 재현해 내고 있다. 그러면서도 소설은 그들이 점점 한국사회에서 뿌리를 내리며 이산의 문화를 형성하고 새로운 혼종의 문화를 생성해 가고 있음도 보여준다. 2000년대의 다문화사회를 재현하고 있는 소설은 초기 조선족 이주민들의 모습을 보여주면서 한국사회가 다양한 문화적 혼종현상을 겪으며 변화해 나갈 것임을 예고하고 있다.

5. 나가며

현대소설 속 다문화사회의 풍경은 위태롭다. 소설 속에서 코리안 드림을 안고 이주한 많은 이주민들은 내부인의 타자로, 불편한 외부인으로 경계 지워져 신산한 삶을 살고 있다. 따라서 소설 속 조선족들의 모습은 대체로 부정적이다. 쫓기고, 가출하고, 폭력에 시달리고, 임금 차별을 받고, 사장의 횡포에 시달리고, 같은 조선족 폭력배들에게 당하기도 한다. 그래서 그들의 공간은 타자적 공간, 주변부적 공간, 불법의 공간, 절망의 공간일 수밖에 없다. 그럼에도 소설 속에서 조선족들은 한국 사회에서 서서히 뿌리를 내리고 있다. 2000년대에 양산된 소설은 이런 초기의 조선족 이주민의 모습을 담아내고 있다.

2000년대 소설이 조선족을 담론화하는 양상은 크게 세 가지로 나타난다. 첫 번째, 소설은 국민국가의 내·외부적으로 경계짓기가 강화되고 있는 현세계의 흐름을 보여주면서, 그 결과로 한국에 이주한 조선족들이 주변인으로 전락해가고 있음을 보여준다. 또한 소설은 국민국가의 경계짓기가 조선족들에게만 해당되는 것이 아님을 조선족을 담론화함으로써 보여주기도 한다. 두 번째, 소설은 국민적 정체성과 민족 정체성 그리고 이주민적 정체성 등, 복합적인 정체성을 지닌 조선족이 한국 내에서 정체성의 갈등을 겪고 있으며, 그 속에서 경계인 의식을 드러내고 있음을 보여준다. 그럼으로써 소설은 초국적, 탈민족 시대에 우리에게 민족의 의미란 무엇일까 질문하기도 한다. 마지막으로 소설은 조선족들이 척박한 환경 속에서도 그들의 저력을 과시하며 가리봉동을 중심으로 이산문화를 형성해 가고 있으며 그 안에서 혼종의 문화를 만들어내고 있음을 보여준다. 이를 통해 소설은 한국이 다양한 문화적 혼종 현상을 겪으며 다문화사회로 정착해 나갈 것임을 보여준다.

2000년대에 양산된 소설 속의 조선족 모습과 현재의 조선족의 모습은 크게 다르지 않을 수도 있다. 현재 조선족들의 유입이 다양한 층에서 이루어지고 있고, 조선족 이주민들의 2세가 증가하고 있으며, 한국의 정책 또한 다문화사회에 맞게 변화하고 있는 상황이지만 여전히 사회 곳곳에서 차별과 배제의 시선 속에서 살아가고 있는 조선족들이 많기 때문이다. 하지만 그럼에도 조선족들이 한국에서 그들만의 공동체를 만들어 소통하고 시민들과 유대관계를 형성하며 새로운 이산의 문화를 만들어나가고 있는 모습 또한 볼 수 있다. 2000년대의 한국소설이 갈등이 첨예화된 초기의 다문화사회를 그려내고 있다면 이제 한국소설은 이처럼 다문화사회 속에서 의미 있는 주체로 성장해 나가고 있는 우리 안의 다양한 이방인들의 구체적인 삶의 모습을 담아내야 할 시기이다.

이 글은 지난 2015년 한국문학이론과비평학회에서 발간한 『한국문학이론과 비평』 67집에 게재된 것이다.

참고문헌

〈자료〉
공선옥, 〈가리봉 연가〉, 『유랑가족』, 실천문학사, 2005.
박찬순, 〈가리봉 양꼬치〉, 『발해풍의 정원』, 문학과 지성사, 2009.
천운영, 『잘가라, 서커스』, 문학동네, 2005.
한수영, 『그녀의 나무, 핑궈리』, 민음사, 2006.

〈단행본〉
고병권, 『추방과 탈주』, 그린비, 2009.
곽승지, 『동북아시아 시대의 연변과 조선족』, 아이필드, 2008.

김동책, 『역사용어 바로쓰기』, 역사비평사, 2006.

박광성, 『세계화시대 중국조선족의 초국적 이동과 사회변화』, 한국학술정보, 2008.

아르준 아파두라이/차원현 외 역, 『고삐 풀린 현대성』, 현실문화연구, 2004.

안또니오 네그리'정남영 외 역, 『다중과 제국』, 갈무리, 2011.

오상순, 「이중 정체성의 갈등과 문학적 형상화」, 『현대문학의 연구』 29집, 2006.

이매뉴얼 월러스틴/이광근 역, 『월러스틴의 세계체제 분석』, 당대, 2005.

이매뉴얼 월러스틴/이광근 역, 『월러스틴의 세계체제 분석』, 당대, 2005.

이상규, 『연변 조선족 그리고 대한민국』, 토담미디어, 2008.

정진상 외, 『세계화와 계급구조의 변화』, 한울, 2012.

〈논문〉

문재원, 「초국가적 상상력과 '옌볜거리'의 재현」, 『한국민족문화』 47집, 2013.

송현호, 「〈가리봉 양꼬치〉에 나타난 이주 담론 연구」, 『현대소설연구』 제51호, 2012.

송현호, 「〈잘가라, 서커스〉에 나타난 이주 담론 연구」, 『현대소설연구』 제45호, 2010.

이미림, 「2000년대 소설에 나타난 조선족 이주여성의 타자적 정체성」, 『현대소설 연구』 제48호, 2011.

이민주, 「가리봉동과 재중동포의 이산문화」, 『플랫폼』 8호, 2008.

이상봉·박수경, 「디아스포라적 정체성(正體性)과 차이(差異)의 정치(政治)−재일 코리안의 국적(國籍), 언어(言語), 이름을 통한 접근(接近)−」, 『한일민족 문제연구』 제24호, 2013.

이호규, 「'타자'로서의 발견, '우리'로서의 자각과 확인」, 『현대문학의 연구』 제36 집, 2008.

조민경·김 렬, 「한국 다문화사회에 있어서 이주민의 이중문화 정체성과 사회문화 적응의 관계」, 『대한정치학회보』 18집 2호, 2010.

중국인 학습자의
한국어 격식적 글쓰기 교수·학습에 대한 제언

중국 산동성의 사례를 중심으로

조경순·유하

1. 서론

한국어 교육은 구어를 중심으로 이루어지고 있다. 한국어 학습자의 의사소통 능력을 키우기 위해 듣기와 말하기 중심의 교육이 이루어져야 한다는 점에서 구어 중심의 한국어 교육은 당연하다. 그렇지만 중급 단계 이상의 한국어 학습자에게는 문서 작성 능력이 필요할 수 있는데, 보고서, 논문, 이력서 및 자기소개서 등은 일정한 격식에 따라 작성해야 하며 사용하는 문체도 구어와 다르다. 따라서 중급 단계 이상이나 학문 목적 한국어 학습자들에게는 별도의 글쓰기 교육도 필요하다고 할 수 있다. 이러한 측면은 한국어능력시험 등급별 평가 기준에도 나타나 있다.

〈표 1〉한국어능력시험 등급별 평가 기준[1]

등급	평가 기준
3급	문어와 구어의 기본적인 특성을 구분해서 이해하고 사용할 수 있다.
5급	공식적, 비공식적 맥락과 구어적, 문어적 맥락에 따라 언어를 적절히 구분해 사용할 수 있다.

〈표 2〉쓰기 영역 작문 문항 평가 범주

문항	평가 범주	평가 내용
53-43	언어사용	글의 목적과 기능에 따라 격식에 맞게 글을 썼는가?

위와 같이 한국어능력시험에서는 중급 이상 한국어 학습자에게 문어와 구어를 구별하는 능력과 글에 따라 격식에 맞추어 글을 쓸 수 있는 능력을 요구하고 있다. 그러나 구어 중심의 말하기·듣기 수업만이 이루어질 경우 문어와 괴리가 생기게 되고, 격식적인 글을 말하듯이 쓰게 되어 글을 통해 표현하고자 하는 의도를 온전히 드러내기 어려워진다. 또한 문어가 가진 속성들이 제대로 반영되지 않아 글에서 구어적이거나 격식에 어울리지 않은 문장이 자주 나타나고 있다.

국내 한국어 교육 현장에서는 학문 목적 한국어 쓰기에 대한 관심이 높아지며 글의 격식을 고려한 글쓰기 교육 연구가 이루어지고 있으나, 중국 내에서의 한국어 학습자 대부분은 별도의 격식적 글쓰기 교육을 받고 있지 않은 현실이다. 구어와 문어는 여러 다른 특성을 가지고 있음에도 불구하고, 중국 내 한국어 교육 현장에서는 이러한 특성이 간과

---

1 한국어능력시험 평가 공지에서 문어 또는 문어 관련 부분을 발췌함.
   (http://www.topik.go.kr/usr/cmm/subLocation.do?menuSeq=2110101#none)

된 채 교수·학습이 이루어지는 경우가 많다. 이는 중국에서 이루어지는 한국어 수업이 의사소통 능력 배양을 최우선 목표로 두다보니, 쓰기 수업 비중이 높지 않을뿐더러 학생이 비문을 쓰거나 구어를 사용해서 글을 써도 피드백을 하지 않는 경우가 많기 때문이다. 또한 현지 교사의 쓰기 능력과 태도 등에서도 격식적 글쓰기를 본격적으로 가르칠 수 있는 교육 여건이 미흡하기 때문이다.

이러한 문제 인식 아래 본고에서는 중국 내에서 한국어를 배우는 학습자들이 구어와 문어의 차이를 인식하고 격식적인 글을 쓸 수 있는 능력이 필요하다고 보며, 이를 배양하는 교수·학습 방안을 제시하고자 한다. 본고에서는 문어를 분리하여 별도의 학습 과정을 거치는 것이 아니라 동일 의미에 대해 문어와 구어가 각각 어떻게 표현되는지를 한국어 학습자가 자연스럽게 익히고, 격식적 글을 쓸 때 이를 반영하여 언어생활을 원활히 하도록 의도하는 데 중점을 두고자 한다.

본고는 다음과 같은 논의를 전개한다. 먼저, 한국어 쓰기에서 격식성의 개념과 구성 요인을 살핀 뒤 중국 대학의 한국어 쓰기 교육 실태 분석과 그 실례로서 중국 산동과학기술대학의 한국어과 학생들의 쓰기 자료 분석을 통해 문어 인식과 격식적 글쓰기 교육의 필요성을 논의하겠다. 다음으로 문어 인식 및 격식적 글쓰기 교수·학습 방법을 제시하되 중국 내에서의 한국어 교육 현장에 실질적인 도움이 되도록 구체적인 쓰기 교수·학습 방안을 제시하고자 한다.

2. 쓰기의 격식성과 격식성의 구성 요인

한국어 능력 시험에서는 한국어 학습자에게 구어와 문어를 구분할 수 있고, 글의 격식에 맞게 쓸 수 있는 능력을 요구한다. 이 평가 요소는 구어와 문어가 구분되며 글에는 일정한 격식이 있다는 점을 전제하고 있으나, 구체적으로 문어의 개념과 글의 격식의 구성 요인들에 대한 설명이 부연되어 있지는 않다. 이 장에서는 구어와 문어에 대한 기존 연구를 검토하여 문어의 특징을 살피고, 글에서 격식의 개념과 격식성의 구성 요인에 대해 살피고자 한다.

> (1) 구어와 문어의 사전적 정의
> 　가. 표준국어대사전[2]
> 　　ㄱ. 구어: 문장에서만 쓰는 특별한 말이 아닌, 일상적인 대화에서 쓰는 말
> 　　ㄴ. 문어: 일상적인 대화에서 쓰는 말이 아닌, 문장에서만 쓰는 말
> 　나. 고려대 한국어대사전[3]
> 　　ㄱ. 구어: 직접 입으로 주고받는 말. 주로 일상적인 대화에서 쓰는 말을 이른다.
> 　　ㄴ. 문어: 글에서만 쓰이고 일상적인 대화에서는 쓰이지 않는 말.

구어와 문어에 대한 사전적인 정의에서 볼 수 있듯이 구어와 문어는 말과 글 또는 음성 언어와 문자 언어라는 측면에서 구분할 수 있으며

2　국립국어원, 『표준국어대사전』 온라인 판(http://stdweb2.korean.go.kr)
3　고려대학교 민족문화연구원, 『한국어대사전』 온라인 판(http://dic.daum.net)

구어와 달리 문어는 일상 대화에서는 사용하지 않고 글 또는 문장에서만 쓴다고 제시되어 있다. 그러나 한국어 능력 시험의 평가 내용에서는 구어와 문어에 대한 정의나 개념을 찾기 어려우며, TV 토론과 같이 일상적인 대화에서 사용하지 않는 어휘나 논증적인 구조의 문장을 말로 했을 때는 이를 구어와 문어 중 어디에 포함해야 하는지 그 기준이 선명하지 않다.

문어와 구어에 대해 다룬 기존 연구들에서도 이러한 문제를 제기하고 있는데, 장경현[4]에서는 기존의 연구에서 문어와 구어를 명확하게 개념화하거나 구분하지 않아 담화·텍스트 차원의 분석을 하는 데 있어 정확성에 문제가 있다고 하였다. 김미형[5]에서도 구어와 문어의 구분 기준이 간명하지 않다며, 구어는 말의 의사소통 행위로서 표현한 언어이고, 문어는 글의 의사소통 행위로서 표현한 언어라는 본질적인 속성에 의한 구분만이 가능하다고 하였다.

그러나 본고에서는 실제 발화 상황에서 나타나는 구어와 문어의 특징을 통해 구어와 문어를 구분할 수 있다고 본다. 특히 한국어 교육에서 구어와 문어에 대한 개념을 직접 설명하지 않고 텍스트를 통해 제시하거나 학습한다는 점에서 더욱 그러하다.

구어와 문어의 본질적인 속성은 언어 사용 환경에 의해 비롯된 것으로서, 공간적 요건에서 언어 상황이 구어는 상황 의존적이고 문어는 탈상황적이며, 시간적 요건에서 발화 순간에 구어는 청자에게 전달되

---

4 장경현, 「문어/문어체, 구어/구어체 재정립을 위한 시론」, 『한국어 의미학』 제13호, 한국어의미학회, 2003, 143~165쪽.

5 김미형, 「한국어 구어와 문어의 특징 연구」, 『한말연구』 제15호, 한말연구학회, 2004, 25~28쪽, 37쪽.

는 것이고 문어는 그렇지 않으며, 의도성 요건에서 구어는 화자와 청자의 즉각적인 상호작용에 초점을 두지만 문어는 작가가 내면의 생각을 표현하여 잘 짜인 내용을 드러낸다.[6] 이와 같이, 구어와 문어는 다른 특징이 나타난다는 것을 알 수 있는데, 장경현[7]에서는 문자 발화의 특징을 다음과 같이 크게 네 가지로 제시하고 있다.

> (2) 문자 발화의 특징
> 　가. 잉여성과 문장 확대: 장식적·우회적 표현 및 늘어난 구조의 문장 종결부 사용
> 　나. 격식성: 잉여적 표현을 많이 사용하며 문장의 요소들을 생략하여 발화 수용자에게 해석의 부담을 안기지 않는 표현을 사용
> 　다. 관습화된 어휘 사용: 특수한 장면에서의 관습화된 어휘 사용
> 　라. 특수한 문형: 관습적인 양식에 따른 특수한 문형 사용

또한, 구어와 문어 모두 언어 구성 단위 중 문장을 주로 사용한다는 점에서 문형의 특징도 살펴야 할 것이다. 이에 대해, 서은아[8]에서는 구어와 문어의 문형을 비교하여 문어의 특징을 제시하고 있는데, 문형 사용에서 구어는 문장 성분 가운데 주어가 생략된 '생략형' 문형의 실현 빈도가 높게 나타났고, 문어는 문장 성분이 온전하게 갖추어진 '완성형' 문형이 높게 조사되었으며, 문형의 사용 빈도에서 구어는 '(주어)+서술어' 문형이 가장 높게 나타나는 반면에, 문어는 '주어+서술어' 문

6　김미형, 앞의 논문, 37쪽.

7　장경현, 앞의 논문, 151~157쪽.

8　서은아, 「구어와 문어의 문형 연구 :단문을 중심으로」, 『한국어학』 제24호, 한국어학회, 2004, 99~129쪽.

형이 가장 높은 빈도로 나타났다고 하였다. 이 논의를 통해 문어는 문장 성분 특히 주어가 갖추어지는 점이 구어와의 차이점이라는 것을 알 수 있다.

본고는 외국인 학습자가 글을 쓸 때 문어를 적절히 사용하고 격식에 맞게 글을 쓰는 능력을 배양하기 위한 방안을 모색하고자 하므로, 문어의 개념과 특징에 대한 논의는 글의 격식과 결부하여 진행하고자 한다. 한국어 능력 시험의 쓰기 영역 작문 문항 평가 범주의 평가 내용에 따르면, "글의 목적과 기능에 맞게"라는 기준이 제시된다. 글의 격식이란 글의 목적에 맞게 쓰는 것이라고 할 수 있는데, 글의 목적을 국어교육의 내용 영역 체계에 따르면 다음과 같이 나눌 수 있다.

> (3) 2009 개정 교육과정 국어과 쓰기 내용 체계
> 가. 정보를 전달하는 글
> 나. 설득하는 글
> 다. 친교 및 정서 표현의 글

위와 같은 내용 체계에 따라 글은 논증문, 설명문, 보고서, 자기소개서 등과 같은 구체적 유형의 글로 나뉘게 되고, 각 유형에서는 글의 목적에 따라 문체가 달라진다. 최근에는 이러한 형식을 장르라 부르고 한국어 학습 목적에 따라 장르 중심/기반 접근법을 사용한 쓰기 교육 방안에 대한 연구가 활발하다. 목적 지향적 글쓰기 교육을 위한 연구로서 이은영[9], 김정숙[10], 김정남[11], 박기영[12] 등이 있으며, 김영미[13]에서는

---

9 이은영, 「유학생을 위한 한국어 연구 1-쓰기 교육을 중심으로」, 『언어학』 제13권 3호, 대한언어학회, 2005, 1~16쪽.

유학생의 학문 목적 한국어 쓰기 교육 과정에서 장르 기반 접근법을
적용한 쓰기 수업 계획을 제안하였다. 이 논의에 따르면, 장르는 특정
목적을 성취하기 위한 언어의 기능적 측면과, 생산된 텍스트가 의미를
가지는 사회·문화적 맥락을 포함하는 것인데, 이러한 장르를 쓰기 교
육에 적용한 모형이 장르 기반 쓰기 과정이다.

(4) 장르 기반 쓰기 단계의 순환

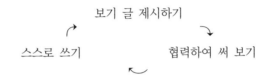

학습자는 장르 중심 쓰기의 첫 단계인 '보기 글 제시하기'에서 장르
와 관련된 언어적 특성과 구조를 공부한다. 즉, 텍스트에 사용되는 어
휘와 표현과 같은 언어적 특성과 문장의 표현 방식 등 문법적 사항과
같은 구조를 학습하는데[14], 여기에서 말하는 언어적 특성과 구조를 글
의 격식이라고 할 수 있을 것이다.[15]

---

10 김정숙, 「읽기, 쓰기 활동을 통합한 학술 보고서 쓰기 지도 방안」, 『이중언어학』 제33
   호, 이중언어학회, 2007, 35~54쪽.
11 김정남, 「텍스트 유형과 담화 표지의 상관관계」, 『텍스트언어학』 제24호, 한국텍스트
   언어학회, 2008, 1~26쪽.
12 박기영, 「외국인 유학생의 학문 목적 글쓰기에 대한 일고찰-단락 쓰기를 중심으로」,
   『언어와 문화』 제4권 3호, 한국언어문화교육학회, 2008, 103~126쪽.
13 김영미, 「학문 목적 한국어 쓰기 교육-장르 기반 접근법으로」, 『한국어 교육』 제21호,
   국제한국어교육학회, 2010, 87~123쪽.
14 김영미, 앞의 논문, 93~95쪽.
15 글의 격식은 모든 글에 동일한 것은 아니다. LI YAN · 김정남에서는 한국어능력시험

이상의 기존 연구 검토를 통해 문어의 개념과 특징, 글의 격식에 대하여 다음과 같이 정리할 수 있다.

(5) 문어와 격식의 개념
    가. 문어: 필자가 주장하거나 설명하거나 정서를 표현하고자 논증문,
        • 설명문, 감상문같이 일정한 형식을 갖추어서 글을 작성할
        때 사용하는 언어
    나. 격식: 논문, 학술 보고서, 연구 계획서, 이력서, 취업 자기소개서,
        신문 칼럼 등과 같이 일반적으로 일정한 방식을 갖추어야
        하는 글에서 지켜야 하는 형식

그리고 한국어 학습자에게 모국어 화자의 능숙한 글쓰기 능력을 요구한다는 점에서 한국어 학습자에게는 글의 목적에 맞게 격식을 지키고 문어를 적절히 사용할 수 있는 능력이 필요한데, 한국어 학습자들에게 요구되는 문어 능력과 격식에 부합하는 쓰기 능력은 다음과 같은 요건으로 구성할 수 있다.[16]

고급 단계 마지막 작문 문항의 모범 답안이 모두 주장하기 장르에 포함되는데, 주장하는 글은 담화 구조의 관점에서 '서론–본론–결론'으로 구성되며, 서론의 전개 방식은 '사례를 들면서 시작하기', '의문을 제기하면서 시작하기', '대립되는 주장을 제시하면서 시작하기', '주장을 직접 제시하면서 시작하기'로 정리되고, 본론의 전개 방식은 '연역법, 귀납법, 변증법'의 세 가지로 제시되며, 결론의 전개 방식은 '본론을 요약하면서 결론을 내리기'와 '주장을 한 번 더 강조하면서 마무리하기'로 정리된다고 하였다.(LI YAN·김정남, 「장르 중심 쓰기 교육을 위한 제안-한국어능력시험 고급 작문 문항의 '주장하기' 글을 중심으로」, 『텍스트언어학』 제36호, 텍스트언어학회, 2014, 287~321쪽.)

16 본고에서 제시하는 격식적 글쓰기 능력은 문장과 글의 구조 구성 측면에 국한된 것으로서, 쓰기 능력 전반 즉 스키마 활용, 고쳐 쓰기 능력 등에 관한 것을 포함하고 있지 않다.

(6) 한국어 학습자 격식적 글쓰기 능력 요건

　　가. 문장 측면

　　　　ㄱ. 주어, 서술어, 목적어 등 문장의 필수성분이 갖추어진 문장을
　　　　　　구성할 수 있다.

　　　　ㄴ. 종결 표현, 높임 표현, 지시·대용 표현 등을 적절하게 사용할
　　　　　　수 있다.

　　　　ㄷ. 글의 목적과 맥락에 부합하는 어휘를 선택할 수 있으며, 어문
　　　　　　규범에 맞게 쓸 수 있다.

　　나. 글의 구조 측면

　　　　ㄱ. 글의 목적에 부합하는 장르를 선택할 수 있다.

　　　　ㄴ. 글의 목적을 잘 드러낼 수 있는 글의 구조와 전개 방식을 선택
　　　　　　하고 구성할 수 있다.

　　　　ㄷ. 글의 주제가 잘 드러나도록 글의 개요를 구성할 수 있다.

　　　　ㄹ. 각 문장과 단락을 적절한 담화 표지 등을 이용하여 연결할 수
　　　　　　있다.

　　다음 장에서는 중국 내 대학의 한국어 교육과정 분석과 중국인 한국
어 학습자 쓰기 자료를 검토하여, 중국 내에서 문어 및 격식적 글쓰기
능력 배양을 위한 교육과정 운영 여부와 중국인 한국어 학습자의 격식
적 글쓰기 능력 실태를 분석하도록 하겠다.

3. 중국의 한국어 교육과정 및 학습자의 글쓰기 능력 실태

1) 중국 대학의 한국어 교육 과정 분석

의사소통 능력은 읽기, 쓰기, 듣기, 말하기 기능으로 구성되므로,

한국어 교육과정은 이러한 기능들이 균형 있게 교수·학습이 이루어지도록 구성되어야 한다. 그러나 중국 내 한국어 수업은 대부분 말하기와 듣기 중심의 수업으로 이루어지다 보니 쓰기 교육이 제대로 이루어지지 않고 있다. 그리고 쓰기 교육이 이루어지더라도 수업 시간에 활동한 대화 내용을 글로 옮겨 적는 경우가 많다.

먼저, 중국 대학의 교육과정에서 읽기, 쓰기, 듣기, 말하기 영역의 배정 실태와 비중을 분석하겠다.[17] 중국 대학에서 학생들의 기본적인 의사소통 능력을 기르기 위해 1학년과 2학년 4학기 동안 집중적으로 한국어 듣기, 읽기, 말하기, 쓰기 수업을 실시한다.[18] 그러나 각 영역별 한국어 수업의 비중이 동일하지 않다. 듣기와 말하기 수업은 필수 과목으로 1학기부터 최소한 4학기 동안 주 4시간에서 6시간까지 배정되는 데 비해 쓰기 수업은 대부분 5, 6학기에 주 2시간씩 배정된다. 예를 들어, 중국 남경 대학의 한국어 듣기와 말하기 수업은 1학기부터 6학기

---

17 중국의 대학(4년재 대학을 가리킴)을 영역으로 구분하면, 종합 대학, 이공계 대학, 사범 대학, 외국어 대학 등이 있고, 지역으로 구분하면 수도권 대학, 지방 대학, 해안도시 대학, 내륙 대학 등이 있다. 각 대학은 실정에 따라 특색을 살릴 수 있는 인재 양성을 목표로 세우고 있다. 수도권 대학들은 공무원, 대(영)사관, 외자 은행의 업무를 수행할 수 있는 한국어 인재를 양성하는 것을 목표로 하고, 해변 도시 대학들은 해양 관련 업무, 관광업, 중한 무역 영역의 업무를 수행할 수 있는 한국어 인재를 양성하기 위한 교육 과정을 실시한다. 따라서 각 대학에서 설정되는 특색 과목은 소위 과학 한국어, 관광 한국어, 무역 한국어, 해양 한국어 등과 같이 다양하다. 그럼에도 불구하고 각 대학의 기본 과목 설정은 오히려 엇비슷하게 나타난다. 인재 양성 방안을 수정할 때마다 타 대학의 과목 설정 방안을 분석하고 참고하는 필연적 결과이다.

18 이 과목들은 '전공 기초 과목'에 속한다. 전공 기초 과목의 중요성은 전체 이수 시간의 60%를 차지하는 것에서 알 수 있다. 필수 과목과 선택 과목들은 보통 3, 4학년에 배정되는데 비교적 높은 이해 및 표현 능력을 전제로 한다. 이 때 주로 언어학, 한국 문학, 한국어 개론, 한국 역사, 중한 관계사 등 이론 수업과 통·번역, 무역 한국어, 관광 한국이 등 실습 중심 수업을 받는다.

까지 주 2시간씩 배정돼 있는 반면에 한국어 쓰기는 3, 4학기에만 배정
돼 있다. 또, 쓰기 과목을 선택 과목으로 설정하는 대학도 적지 않다는
점도 주목할 만하다. 예를 들어, 중국 북경 대학에서는 1학기부터 4학
기까지 한국어 듣기·말하기 통합 수업이 주 4시간씩 배정돼 있는 데
비해 쓰기는 선택 과목인 '한국어 실용문 글쓰기'만 8학기에 배정돼
있는 실정이다.

아래 〈표 3〉은 중국 대학 한국어 교육과정의 실례로서 산동과학기술
대학교 한국어학과 교육 과정의 필수과목을 제시한 것이다.

〈표 3〉 중국 산동과학기술대학 한국어과 교육과정

| 필수 과목 | 학점 | 총 이수 시간 | | | 학기 | | | | | | | | 평가 방식 |
		이수시간	수업	실험실천	1 20주	2 20주	3 20주	4 20주	5 20주	6 20주	7 20주	8 20주	
기초한국어	20	410	410		6	6	6	6					시험
고급한국어	8	144	144						4	4			시험
한국어말하기	12	216	216		2	2	4	4					시험
한국어듣기	16	280	280		4	4	4	4					시험
한국어읽기	4	72	72		2	2							시험
한국어쓰기	4	64	64						2	2			시험
한국어언어학	2	32	32							2			시험
번역	4	72	72						2	2			시험
한국문학	2	32	32						2				시험
한국어개론	2	32	32							2			시험
통역이론및실천	2	32	32								2		시험
논문작성	1	16	10	6								1	고찰

학점 및 이수 시간을 살펴보면 읽기와 쓰기는 듣기와 말하기의
1/4~1/3만 된다는 것을 알 수 있다. 〈기초 한국어〉와 〈고급 한국어〉는

네 개의 기능을 종합적으로 다루는 과목으로서 읽기 내용을 많이 포함한다. 다른 과목들도 모두 일정한 읽기 내용을 바탕으로 전개되기 때문에 교육 현장에서의 읽기 활동은 상당한 비중을 차지한다고 할 수 있다. 이에 비하여, 쓰기 과목에 배정돼 있는 시간이 지나치게 적은 편이다. 또한, 6학기와 7학기 두 학기를 거쳐 쓰기 교육을 실시하고 있지만, 글쓰기가 이미 어느 정도 정형화된 학습자들에게 구어와 문어의 구별을 인식시키는 것은 학습자와 교수자에게 큰 부담이 될 수밖에 없다.

2) 중국인 한국어 학습 대학생의 글쓰기 실태 분석

이 절에서는 중국인 학습자의 글쓰기 실태를 분석하고자 한다. 글쓰기 실태 조사는 중국 산동과기대의 한국어과를 대상으로 이루어졌으며 한국어과 학생 2학년생과 3학년생의 글쓰기 자료를 분석했다.[19] 본고에서는 중국 학습자의 글쓰기에 대한 분석 결과를 '문장 측면'과 '구조 측면'에서 제시하겠다. 먼저, 문장 측면에서의 분석 결과는 다음과 같다.[20]

첫째, 구어 어미를 주로 사용한다. 구어에 사용하는 연결어미나 조사가 글에 나타나는 경우가 많다.

---

19 중국 대학에는 하루에 최소한 4시간의 전공 수업이 배정돼 있는 것을 감안하면 한국어 학과에서 1년 반 정도 공부한 학생은 중급(3, 4급) 수준에 도달할 수 있으므로, 2학년 1학기 학생 중에서 상위권에 속하는 학생들과 3학년생의 쓰기 자료를 분석 대상으로 삼았다.

20 아래 예로 살펴볼 내용들은 단순히 사전적 개념만을 적용하는 것이 아니라 실제 글쓰기의 유형과 문맥노 함께 고려해서 정리한 것이라는 것을 일러둔다.

(7) 가. 주말에는 친구들**이랑** 샤브샤브를 먹곤 했다.

　　나. 이 분야에는 전문가가 별로 없**으니까** 나는 앞으로 이 일을 하고 싶다.

　　다. 그는 사람들에게 멋있는 사람**이다라는** 첫인상을 남겨준다.

예문 (7)과 같이 '-와/과'를 '-하고'나 '-(이)랑'으로 표현하거나 '-으므로'가 격식에 적절한 표현인데도 어미 '-(으)니까'를 사용하는 경우가 있다. 또한 '멋있는 사람이라는 첫인상'을 '멋있는 사람이다라는 첫인상'으로 표현하는 경우도 있다.

둘째, 조사를 과도하게 생략한다. 말하기·듣기 수업에서 구어인 대화체를 주로 사용하다보니 조사를 사용하지 않는 것에 익숙하며, 더욱이 중국인 학습자들은 모국어의 영향으로 격조사를 구별해서 사용하는 것이 어려운 편이다.

(8) 언어 창조하려면 많은 시간 필요해요. 그럼 사람이 언어 사용할 때 불편이 있어요. 그래서 새 단어 창조해요.

예문 (8)은 중국인 학습자가 작성한 보고서의 일부이다. 보고서의 문장은 필수성분과 조사를 갖춘 즉 격식적 문장으로 작성해야 하나, 중국인 학습자가 작성한 문장에서는 위와 같이 조사를 사용하지 않은 문장들이 다수 발견된다.

셋째, 구어체 어휘를 주로 사용한다. 예를 들면, '날마다'나 '매일'을 사용하지 않고 '맨날'을 사용하는 경우가 많다.

(9) 가. 고3 때 나는 **맨날** 공부만 했다.

나. 유망 직업은 환경오염이 적고 지구가 **오래오래** 발전하도록 할 수 있는 그런 직업이다.

다. 다른 사람이 실수를 해도 좀 참고 **그냥** 용서하는 것이 좋다.

라. 돈이 많이 있어도 **막** 쓰지 말고 **좀** 아껴서 써야 한다.

예문 (9)의 사례들은 중국 학습자들의 글쓰기에 종종 나타난다. 동사의 경우에도 "아침을 거르면 건강에 해롭다."가 글의 격식적 특성에 부합한 표현인데, "아침을 안 먹으면 건강에 안 좋다."와 같이 대화에서 사용하는 표현을 글에 그대로 옮겨 쓴 경우가 발견된다. 특히, 중국인 학습자들은 구어성 부사를 많이 사용하고 있다. 예문 (9나, 다, 라)과 같이 '오래오래', '좀', '많이', '너무너무', '그냥', '막' 등과 같은 정도 부사가 학습자의 글쓰기에 등장하는 빈도가 높은 편이다. 드라마나 예능 프로그램에서 현장감을 돋우기 위해 정도 부사를 사용하는 경우가 많은데, 이러한 표현이 학습자들에게 깊은 인상을 남겨주기 때문일 것이다.

넷째, 구어적인 절이나 문장을 많이 사용한다. 또한, 의미가 같은 내용들이 한 문장에 반복해서 등장하는 경우가 있으며 짜임새를 갖추지 못한 표현을 사용하는 경우도 적지 않다.

(10) 가. 뛰어난 자질이*없으면 **살아갈 수 있기는** 하지만 부자되기는 어렵다.

나. **일을 기쁘게 하는 것도** 무시할 수 없다.

예문 (10가)에서 "생계유지를 할 수 있-"이 문맥과 격식에 부합하는 문장인데, 이를 "살아갈 수 있-"라고 쓰거나, (10나)에서 "일에 대한 열정"이 적절한데 "일을 기쁘게 하는 것"으로 쓰는 경우가 이에 해당된다.

다섯째, 어휘적인 차원에서 중국인 학습자들은 한자어를 더 쉽게 습득하기 때문에 대화하거나 글을 쓸 때 우선적으로 한자어를 사용하며, 수업 중에 사전을 활용하다 보니 한국에서 사용하지 않는 한자어를 사용하거나 문맥에 어울리지 않는 한자어를 사용하는 경우가 많다.

> (11) 가. 간접 **화문**에서 위 예문 ㄱ, ㄴ과 같이 말하면 괜찮지만 ㄷ처럼
>   쓴다면 자연스러운 문장이 아닌 것을 느끼게 된다.
>   나. 배우는 만큼 제대로 사용하지 못한 사람이 있으나 그냥 배운 것
>   을 **변통**하여 활용하지 않고 그대로 쓰는 사람도 적지 않다.
>   다. 실패가 인생의 **선생님**이라고 생각한다.

예문 (11가)과 같이 '대화문'을 '화문'으로 쓰거나, 예문 (11나)의 '변통하다'처럼 사전에서 찾은 단어를 그대로 쓰거나, (11다)와 같이 '스승'이나 '교직' 대신에 '선생님'을 사용하는 경우를 발견할 수 있다. 이는 구어 사용의 직접적인 사례는 아니지만, 수업 시간에 쓰기를 위해 어휘를 모색하는 중 구어나 부적절한 한자어를 사전에서 찾아 사용한다는 점에서 폭넓게 보면 격식에 부합하는 어휘를 사용하는 능력이 부족하다고 할 수 있다. 이상과 같이, 중국인 학습자의 글쓰기를 검토를 통해 중급 이상 학습자임에도 불구하고 여전히 구어를 글에 많이 사용하고 있으며, 이러한 점은 글의 유형과 구조와 상관없이 동일하게 나타난다는 점을 예상할 수 있다.

그리고 중국 학습자의 글쓰기에서는 구조적 측면의 문제점들도 찾을
수 있다.

(12) 중국인 학습자의 격식적 글 사례

　가. 요즘에는 사회가 발달하면서 직업의 종류가 많아지고 있다. 돈
　　을 많이 벌 수 있는 직업도 있고 사회 지위가 높은 직업도 있다.
　　나는 직업이 귀천의 차이가 없다고 생각한다. 자기의 적성에 잘
　　맞고 이 직업을 통해 자기의 존재 가치를 느낄 수 있는 직업이라
　　면 좋은 직업이라고 생각한다.(서론) −중략−
　　직업의 종류가 많아지면서 우리들은 선택할 수 있는 직업도 많아
　　지고 있다. 그런데 취직자들의 경쟁도 강열해지게 된다. 왜냐하
　　면 회사는 취직자들의 학력과 소질 요구는 높아지기 때문이다.
　　그래서 우리들은 정확하는 직업관을 가질 뿐만 아니라 자기의
　　소질을 제고해야 한다.(결론)

　나. 사람마다 다 부자가 되고 싶다. 나도 그렇게 생각한다. 부자가
　　되는 것은 어렵다고 생각하지만 완성하지 못하는 일이 아니다.
　　내가 보기에는 부자가 되려면 일단 자신이 있어야 된다. 왜냐하
　　면 만약 자신이 없으면 아무일도 잘하지 못하기 때문이다.(서론)
　　부자가 되려면 많은 돈을 벌 수 있는 직업을 해서 돈을 벌어야
　　한다. 그리고 일을 하는 것을 통해서 버는 돈을 계획적으로 써야
　　한다. 왜냐하면 부자가 되기 위해서 가장 중요한 것은 얼마나
　　많이 버는가가 아니라 많이 저금하는 것이기 때문이다. 경제 관
　　념이 있는 사람은 언제나 계획적으로 지출할 뿐만 아니라 일을
　　잘해서 돈을 벌곤 한다. 그래서 돈을 절약하는 것은 부자가 되는
　　중요한 방법이다.(본론 일부)

두 제시문은 중국 산동과학기술대학 한국어학과 3학년 학습자 글쓰

기 내용의 일부를 제시한 것이다.[21] (12가)의 제목은 '나의 직업관'이고, (12나)는 '부자가 되는 법'이다. 학습자들이 표현하고자 하는 내용도 풍부하고 사용하는 문법과 어휘도 다양하지만 글의 구조 측면에서 격식을 지키지 않은 부분들이 많다.

(12가)는 '나의 직업관'이라는 제목에 맞게 서론에서는 주제와 쓰게 된 이유 등을 간략하게 쓰고 결론에서는 본론에서 전개한 직업관을 요약해서 정리하는 것이 바람직하다. 그러나 서론에서 학습자는 주제를 언급하기 전에 이미 자기 주장을 펼치기 시작했다. 또 서론의 마지막 문장에서 성급하게 결론을 내리고 있으며, 결론에서도 학습자는 본론 내용을 요약·정리하는 것이 아니라 새로운 관점과 주장을 펼치고 있으며 글의 주제에서 벗어난 점도 보인다.

(12나)는 '부자가 되는 법'을 주제로 쓴 글의 서론과 본론 첫 번째 문단을 제시한 것이다. 이 글의 가장 큰 문제점은 문단을 나누는 기준이 모호하다는 것이다. 본론에서 전개해야 하는 내용이 서론의 마지막 부분에 나타나고 있다. 학습자가 서론과 본론의 역할과 구별을 명확하게 알지 못하기 때문에 범한 오류로 보인다. 그리고 문장과 문장, 서론과 본론을 자연스럽게 연결하는 적절한 담화 표지를 이용하지 못하고 있으며 짜임새를 갖추지 못하고 내용들이 서로 단절돼 있다. 정해진 분량 안에 주장을 내세우고 근거를 제시하는 전개 방식이 바람직하지만 한꺼번에 많은 주장을 나열하는 것은 글의 구조를 느슨하게 만들

---

21 해당 글은 필자가 한국어 교육을 하며 수집한 쓰기 자료로 비교적 자신의 주장을 공식적으로 제시하는 유형의 글을 선택하여 분석하였다. 앞에서 제시한 문장 측면의 오류도 나타나지만 이에 대한 분석은 하지 않았다.

뿐만 아니라 설득력을 잃게 만든다.

이러한 구조적 오류는 쓰기 수업에서 오류 수정이나 다시 쓰기 활동 등을 통해 수정될 수 있을 것이다. 그러나 중국 대학에서의 글쓰기 오류 수정은 문장 고치기에만 국한되고 구조적 수정은 제대로 이루어지지 않고 있다.[22] 다시 말해, 중국인 학습자들은 글쓰기에 있어 정확한 문법과 어휘의 사용에만 치우치는 반면에 담화 구조와 전개 방식을 소홀히 하고 있으며, 교수자의 피드백 역시 글쓰기의 구성에 주의를 돌리고 있지 않는 실정이다.

이상과 같이, 중국인 학습자가 구어를 글에 사용하는 원인은 다음과 같이 분석할 수 있다. 첫째, 한국어 환경 측면에서 초급 학습자는 언어 수준의 제한으로 인해 다양한 대중매체를 접하는 대신에 교과서에 의존하여 쓰기 활동을 하는 반면에, 중급 이상 학습자들은 한국어에 대한 일정한 이해 능력을 바탕으로 한국 영화나 드라마, 예능 프로그램 등 훨씬 다양한 매체에 노출되면서 구어에 익숙하게 되고 이러한 측면이 쓰기에 반영되기 때문이다. 둘째, 정규 교육 과정 측면에서 수업 중 대화 장면이 등장하는 시청각 매체들을 선호하는 것이 쓰기에 있어서 구어를 많이 사용하는 결과를 가져오는 것으로 보인다. 그럼에도 불구하고, 중국 대학에서 문어나 격식적 글쓰기 수업은 거의 이루어지지 않고 있다. 또한, 글쓰기 평가 시간에 교수자는 종결어미와 같은 문법 형태의 수정에 국한되어 있다.

---

[22] 글쓰기 수업 시간이 부족하기 때문이기도 하지만 한국어 글쓰기의 구조적 문제는 모국어 글쓰기의 전개 방식 및 문단 구성 방식과 긴밀하게 연결돼 있기 때문이기도 하다.

4. 격식적 글쓰기 교수·학습의 실제

격식적 글에서는 일상적인 대화에서는 잘 사용하지 않는 문어를 사용하는 경우가 많다. 같은 의미이지만 말과 글에서 다른 어휘를 사용할 때도 있고 다른 구조의 문장을 사용할 때도 있다. 또한 대화에 사용할 때는 자연스러우나 글에 사용하면 어색해지거나 그 반대되는 상황도 많이 발생한다. 따라서 한국어 학습자의 대화 구성 능력뿐만 아니라 격식적 글쓰기 능력을 배양하여 구어와 문어 능력이 조화된 한국어 능력을 기르기 위해서는 구어와 문어의 차이를 인식시키는 교수·학습 과정이 필요하다.

이러한 문제 인식은 구어와 문어의 특징을 한국어 교육에 반영해야 한다는 선행 연구의 논의에서도 찾을 수 있다. 박희영[23]에서는 구어와 문어를 상호 보완하는 한국어 수업 모형을 제시하였는데, 상호 보완하는 방법으로 언어 교수법뿐만 아니라 문학과 문화 교수법이 뒷받침되어야 한다고 했다. 황인교[24]는 구어 교수와 관련된 한국어 교육의 특징과 구어의 보편적인 특성을 살폈고 구어 교수의 원리와 지도법을 듣기와 말하기로 나누어 살펴보았다. 한국어 교재와 관련하여 문금현[25]에

---

23 박희영, 「'구어와 문어를 상호 보완하는 한국어' 문법 수업 모형」, 『한국어교육』 제10권 1호, 국제한국어교육학회, 1999, 173~194쪽. 이 연구에서는 구어와 문어 교육을 함께 다루기 위해 전래동화를 이용하였으나 학습자들이 구분하여 사용할 수 있게 한다기보다는 함께 지도할 수 있는 교육 방안에 목적을 둔 것이다.

24 황인교, 「외국어로서의 한국어 교육 연구, 2 : 구어 교수 이론의 정립을 위하여」, 『한국어교육』 제10권 1호, 국제한국어교육학회, 1999, 283~301쪽.

25 문금현, 「구어 텍스트를 활용한 한국어 어휘 교육」, 『한국어교육』 제11권 2호, 국제한국어교육학회, 2000, 21~61쪽.

서는 기존의 한국어 교재에 제시된 본문은 한국인이 실제로 사용하는 구어가 아니라는 점에서 구어 텍스트(드라마 대본)에 나타난 한국어 구어의 특징을 반영한 교재를 편찬해야 한다고 했다. 그리고 구어 어휘의 특징을 활용한 어휘 및 표현에 대한 교육 방법과 학습해야 할 목록을 학습 단계별로 선정했다. 이어 문금현[26]에서는 구어 텍스트에 나타난 한국어 구어의 특징을 살펴보고 한국어 교재의 본문을 제시하였는데, 한국어 학습자들이 한국인과의 실제 대화에서 많은 어려움을 겪는 것은 교재의 문체나 표현이 한국인의 실제 구어를 반영하지 못하기 때문이라고 하였다. 이효상[27]에서는 한국어 교재들이 구어를 충분히 반영하지 못한다고 하면서 구어 현상의 '-아/어 가지고'의 '-아/어서'의 교체 현상, 격조사 비실현/생략 현상, '-(으)려고 하다'의 '하다'가 '그렇다'로 교체 되는 현상 등을 살펴보았다. 조성문[28]에서는 구어 말뭉치를 근거로 하여 7개의 한국어 초급 교재 의 기초 어휘가 잘 선정되었는지를 분석하였다.

　이상의 선행 연구들을 살펴보면 한국어 교육에서 실제 구어를 반영하지 못하고 있기 때문에 말뭉치 자료를 근거하여 어휘와 문법 항목들을 제시해야 한다는 연구들이 주를 이루고 있다. 이는 한국어 교육 초창기에 지나치게 문법을 중시하여 한국어 학습자의 회화 능력이 떨어

---

26 문금현, 「구어 중심의 한국어 교재 편찬 방안에 대하여」, 『한국어교육학회지』 제105호, 한국어교육학회, 2001, 233~262쪽.

27 이효상, 「외국어로서의 한국어 교재와 문법 교육의 문제점」, 『서울대학교 국어교육연구』 제16호, 서울대학교 국어교육연구소, 2005, 241~270쪽.

28 조성문, 「구어 말뭉치에 의한 한국어 초급교재의 어휘 분석」, 『한민족문화연구』 제17호, 한민족문화학회, 2005, 259~286쪽.

지고 실제 한국인의 발화와 차이가 있기 때문이다. 즉, 구어와 문어에 관련된 기존 연구들은 정형적인 문법적 틀에서 벗어나 구어 중심의 교육을 주장했다고 볼 수 있다. 그러나 앞 장에서 구어 중심 교육이 격식적 글 구성 능력에 미치는 영향에서 본 바와 같이, 본고에서는 한국어 학습자들이 문어와 구어를 구분하여 격식적인 글을 쓸 수 있는 능력과 이러한 글에 사용되는 문어를 인식할 수 있는 능력이 필요하다고 본다. 이에 따라, 본고에서는 격식적 글쓰기 교육 방안으로서 중국 내에서의 교육과정을 고려하여 2차시 분량의 격식적 글쓰기 교수·학습 과정을 구성한다. 첫 번째 차시인 문어 인식 수업은 의사소통 중심 교수법으로, 두 번째 차시인 격식적 글쓰기 수업은 과제 중심 교수법을 활용하였다.[29]

1) 문어와 구어 인식 교수·학습 방안

문어 인식 도입 단계에서는 학생들의 글쓰기 사례를 제시하며 이 사례에서 발견되는 문제점이 무엇인지 추론하게 한다. 먼저 같은 내용의 구어 문장과 문어 문장을 보이고 학습자들이 이를 비교할 수 있게 한다. 교수자는 학습자들에게 두 문장의 차이점을 추론하게 하고 글에는 말을 할 때 사용하는 어휘를 그대로 사용해서는 안 되는 경우가 있으며, 글에 주로 사용하는 문어가 있음을 알린다. 이를 통해 학습자

---

29 교수·학습 과정안은 부록으로 제시하며, 교실 상황을 충실히 반영해야 하므로 교사와 학생 간의 구어 형식으로 제시한다. 그리고 부록으로 제시하는 교수·학습 과정안은 본고 본론의 방안을 구체화한 것으로 수업 변인 등을 고려하여 일부 변경한 부분이 있어 본론에서 제시한 교수·학습 방안과 순서 등에서 일치하지 않을 수 있다.

들로부터 구어와 문어의 차이를 인식하는 것이 중요하며, 오늘 수업을 통해 "문어를 이용하여 글을 쓸 수 있는 능력을 가질 수 있다."라는 학습 목표를 이끌어 낸다.

전개 단계에서는 읽기 자료를 제시하여 구어와 문어의 차이점과 각각의 사용 환경이 다르다는 점을 인식시킨다. 제시문은 동일한 주제이지만 사용되는 환경에 따라 언어 사용 양상이 달라진다는 것을 알 수 있는 자료를 제시한다. 첫 번째 제시 활동에서는 대화 상황을 주고 그 속에서 구어가 사용되는 상황을 보인다. 두 번째 제시 활동에서는 같은 내용을 전달할 때 문어에서 다른 어휘가 사용된다는 것을 보인다. 그리고 구어를 문어로, 문어를 구어로 바꾸는 연습 문제를 제시한다. 연습 문제는 조사나 어미 위주의 문체 변환보다는 한국어 학습자들이 평소에 잘못 쓰기 쉬운 구어 문장을 문어 문장으로 바꾸는 활동에 중점을 두고, 단문보다는 일정한 주제를 가진 한 단락을 고치도록 하는 것이 학습자에게 유의미하다.

다음 단계에서는 방송 자료를 보고 구어와 문어의 차이를 인식하게 한다. 읽기 자료만 읽히거나 청각 자료를 들려주기보다는 시청각 자료를 이용하는 것이 수업의 효과를 높일 수 있을 것이다. 특히, 중국 내에서는 한국인이 보고서나 논문 발표, 연설과 같이 문어를 사용하는 경우를 접하기 어렵다는 점도 고려해야 한다. 그래서 본고에서는 방송 뉴스나 시사 교양 프로그램 중 일반인이 구어로 말하고 이를 방송 하단에 자막으로 제시한 방송 자료를 이용하는 수업 자료 이용을 제안한다. 일반인이 뉴스 인터뷰를 할 때는 구어를 사용하는데, 방송 자막에서는 이를 그대로 녹취·전사하는 것이 아니라 수정 과정을 거쳐 문어화하여 방송 사막으로 송출하므로, 동일한 상황에서 사용하는 구어와 문어의 차이를 동시에 파악할 수 있기 때문이다.

수업 활동은 먼저 TV 뉴스에서 일반인 등을 대상으로 인터뷰한 내용을 보이고, 화면 하단의 자막과 비교하며 말과 글에서 달리 사용되는 어휘를 찾게 한다. 그리고 찾은 어휘를 사용하여 짝과 간단한 대화를 구성하게 하고 이 대화 내용을 다른 사람에게 전달하는 문서로 작성하게 하여, 같은 내용이라도 말과 글에서 문장이 달리 구성될 수 있음을 익히게 한다. 이러한 활동은 수업이 끝난 뒤 학습자들이 글을 쓰며 문어적 요소를 고려할 수 있게 하는 기제로서 작용할 것이다.

정리 단계에서는 교사가 한국어 학습자들의 활동을 정리한 뒤 다시 구어와 문어가 서로 다르다는 것을 인식시킨다. 다음으로 학습자들에게 오늘 학습 목표에 관련된 과제를 제시하고 수업을 마무리한다. 과제는 학습자들에게 구어 중심으로 작성된 자기소개 내용 일부분을 나누어주고, 문어로 구성한 자기소개서로 바꾸어 작성해 오게 한다.[30] 자기소개서를 문어로 바꾸는 과제 활동은 학습자에게 한국어 강의실 내에서만 한국어를 배우고 끝나는 것이 아닌 다른 언어생활로 전이되고 이를 통해 한국어 능력이 강화될 수 있는 기회를 제공할 것이다.

---

30 학문 목적 학습자들은 한국어로 자기소개를 하거나 제출할 기회가 많은데, 자기소개서 중 대부분은 구어 문장을 그대로 사용하는 경우가 많다.

(13) 문어 인식 교수·학습 과정안

학습 단계	교수·학습 활동	학습 자료	시 간
도 입	• 출석 확인 및 전시 학습 확인 • 학습 동기 유발 - 한국어로 글을 쓸 때 어려웠던 경험을 떠올리게 한다. - 같은 내용으로 쓰인 구어 문장과 문어 문장을 보인다. - 학습자들이 차이점을 찾게 한다. - 몇 어휘가 구어 문장과 문어 문장에서 달리 쓰인 이유를 생각하게 한다. • 학습 목표 제시 - 같은 내용으로 말을 할 때와 글을 쓸 때 달리 쓰는 어휘가 있음을 알고 문장을 구성할 수 있다 교사: 여러분은 보고서를 작성하면 한국 친구들이 뭐라고 해요? 학생: 네, 보고서를 쓰면 교수님이나 한국 친구들이 문장이 이상하다고 해요. 교사: 그래요, 보고서 같은 글을 쓸 때 어려움이 있어요. 먼저 지난 시간에 A씨가 작성한 글을 볼 거예요. 　　　학교에서 한국 사람하고 얘기할 기회가 없어요. 교사: 어떤 내용이에요? 학생: 이야기할 한국 사람을 만나기 어렵다는 내용이에요. 교사: 그럼 같은 내용을 한국 학생이 적은 글을 읽어 보세요. 　　　학교에서 한국 사람과 대화할 기회가 없습니다. 교사: 어떤 내용이에요? 학생: 이 문장도 같은 내용이에요. 교사: 네, 그래요. 그럼 두 문장의 다른 점은 무엇이에요. 학생: '하고'가 '가'로 바뀌었어요. '얘기'가 '대화'로 바뀌었어요. '없어요'가 '없습니다'로 바뀌었어요. 교사: 그래요. 한국어에는 말할 때 사용하는 단어와 글을 쓸 때 사용하는 단어가 다를 때가 있어요. 오늘은 이 차이를 배우기로 해요. 오늘 수업이 끝나면 한국어로 보고서를 쓸 때와 시험을 볼 때 어렵지 않을 거예요.	구어 문장 과 문어 문장	5분
전개 1	교사: 그러면, 상황에 맞게 바꾼 제시문을 읽어볼까요. B: 어제 누구랑 놀러 갔어? A: 응, 미진이하고 함께 갔어. B: 여행은 어땠어? A: 경치가 아주 좋아서 재미있었어. B: 선생님은 함께 안 가셨어? A: 선생님은 수업이 있어서 함께 못 가셨어.		12 분

	교사: 잘 읽었어요. 교사: 그 다음 예문도 같이 읽어볼까요? 〈대학 신문에 여행소감문 내기〉 제목: 가을 여행을 다녀와서 저는 어제 친구랑 가을 여행 다녀왔어요. 가을 경치가 너무 좋아서 재미있었어요. 한국어 선생님 같이 못 가서 아쉬웠어요. 다음엔 꼭 같이 갔으면 좋을 것 같아요.	대화 제시 문	
전개 1	교사: 네, 잘 읽었어요. 어디에 글을 내요? 학생: 대학 신문에 글을 내요. 교사: 네, 맞아요. 그런데 어떤 문제점이 있어요? 학생: 친구랑 말하듯이 글을 적었어요. 교사: 그래요. 신문에 글을 쓸 때는 말하듯이 적으면 안돼요. 글을 쓸 때와 말을 할 때 다른 어휘를 써야 할 때가 있어요. 그러면, 글을 쓸 때 어떤 것이 어색한지 같이 찾아볼까요? 학생: (제시문에서 어색한 부분 찾기 활동) 교사: 어떤 부분들이 어색해요? 학생: '-요'로 끝내고 있어요. 문장이 너무 짧아요. 말 하듯이 썼어요. 교사: 네, 맞아요. 그리고 또 중요한 것은 글을 쓸 때는 조사를 꼭 써야 해요. 그리고 문장을 끝낼 때 '해요'를 쓰지 말고 '하다'나 '합니다'로 쓰세요. 그러면, 바꾼 어휘로 다시 읽어볼까요. 최근에 친구와 가을 여행을 다녀왔다. 가을 경치가 매우 아름다워 여행이 즐거웠다. 한국어 선생님과 같이 못 가서 아쉬웠지만, 다음에는 꼭 같이 가면 좋을 것 같다.	문어 제시 문	12 분
전개 2	• 구어-문어 변환 연습 활동 - 학습자에게 제시문의 구어 문장을 문어 문장으로 바꾸는 연습 문제를 풀게 한다. 교사: 이제 주로 말을 할 때 쓰는 문장을 글을 쓸 때의 문장으로 바꾸는 연습을 할 거예요. 연습 문제를 같이 풀어봐요. 언어는 단어가 많이 있어요. 단어는 사람이 생활 중 많이 발명했어요. 언어 창조하려면 많은 시간 필요해요. 그럼 사람이 언어 사용할 때 불편이 있어요. 그래서 새 단어 창조해요.		8분

전개 2	교사: A씨가 연습 문제 푼 것을 발표해 볼까요? 학생 A: 저는 이렇게 고쳤어요. "언어에는 단어가 많이 있지만 인간이 생활을 하다보면 새로운 단어가 필요하다. 단어가 없으면 인간이 언어를 사용할 때 불편하다. 그래서 인간은 새로운 단어를 창조한다." 교사: 네, 아주 잘 고쳤어요.		8분
전개 3	• TV 인터뷰 이용한 구어-문어 비교 활동 　- 학습자에게 TV 뉴스에서 일반인 인터뷰 내용을 보이고, 말과 자막에서 다르게 사용되는 단어를 찾게 한다. • 대화 구성 및 편지 쓰기 활동 　- 말에서 주로 사용되는 단어를 이용하여 대화를 구성하게 한다. 　- 대화 내용을 다른 사람에게 전달하는 편지를 쓰게 한다. 교사: 이제 화면을 보면서 한국 사람들이 말하는 것을 볼 거예요. 화면 밑에 인터뷰 내용이 쓰이는데, 말과 글에서 다르게 사용되는 단어를 찾아보세요. 학생: (TV 뉴스의 일반인 인터뷰를 시청하며 말과 글에서 달리 쓰인 단어를 찾는다.) 교사: 다시 한 번 볼 테니 잘 찾아보세요. 교사: 짝꿍끼리 찾은 단어를 비교해 보세요. 교사: 다음 활동은 찾은 단어를 이용해서 대화를 만들어보는 거예요. 짝과 함께 TV 인터뷰와 같은 주제로 인터뷰하는 대화를 만들어보세요. 오른쪽의 학생이 기자이고, 왼쪽의 학생이 시민이에요. 교사: 대화를 다 만들었어요? 그럼 그 대화 내용을 선생님에게 알려주는 편지를 써보세요.	TV 뉴스 인터뷰 자료	20분
정리	• 학습자 활동 정리 　- 학습자 중에서 2~3명을 선정하여 활용 단계에서 활동한 결과를 발표시킨다. 　- 발표 내용에 대해 적절한 피드백을 실시한다. 　- 구어 문장과 문어 문장이 각기 달리 쓰일 수 있음을 다시 인식시킨다. • 과제 제시 　- 학습목표와 관련한 과제로, 구어로 쓰인 자기소개서의 일부분을 문어의 자기소개서로 고쳐 오는 과제를 제시한다. • 수업 마무리 교사: 이제 활동을 마무리해요. A 씨가 활동한 것을 발표해 볼까요? 학생 A: 과제 활동 결과 발표 교사: 네, 잘 했어요. 그리고 편지로 쓴 것을 B 씨가 다시 발표해 볼까요? 학생 B: 편지 내용 읽기 교사: 네, 잘 읽었어요. (　) 부분을 아주 잘 바꿨어요. 그런데 (　) 부분은 (　)로 바꾸는 것이 더 좋아요. 교사: 오늘 수업은 한국어에서 말을 할 때와 글을 쓸 때 달리 쓰이는 단어가 있다는 것을 알아보았어요. 오늘 과제는 행정실에 제출하는 자기소개서로 바꾸어 오는 거예요. 자신에 맞게 바꿔 써도 좋아요. 수업 끝낼게요. 다음 시간에 봐요.	과제 유인물	5분

2) 격식적 글쓰기 교수·학습 방안

2차시에서는 문어로 보고서를 작성하는 수업을 전개한다. 보고서는 연구하거나 실험한 내용을 담는 글쓰기 형식으로서 내용도 중요하지만 일정한 형식에 따라 작성하는 것도 중요하다. 본 차시의 학습 목표는 학습자들이 보고서 형식에 맞게 '한국 문화'와 관련하여 글을 완성할 수 있는 것이다. 화제인 '한국 문화'는 한국어 학습자에게 가장 친숙하고 별도의 자료 조사 없이 수업 시간 내에서 활동이 이루어질 수 있다는 장점이 있다. 그리고 수업은 과제 중심 교수법으로 이용하되 쓰기 전, 쓰기 그리고 쓰기 후 단계로 구성하며, 쓰기 전 단계는 보고서의 구성 및 각 구성 요소에 해당하는 내용을 학습하는 활동으로, 쓰기 단계는 서론, 본론, 결론의 요점 작성과 조 활동으로, 쓰기 후 단계는 쓰기 단계의 결과에 대한 교수자의 피드백과 수업 정리로 전개된다.

교수자는 1차시의 학습 효과에 대해서 학습자들에게 확인하는 동시에 보고서를 쓸 때 여전히 아직도 부족한 점이 무엇인지를 물어봄으로써 본 차시의 수업 내용 및 목적을 도출한다. 그리하여 교수자는 자연스럽게 보고서의 구성을 제시함으로써 학습자에게 보고서 형식의 중요성을 인식시킨다. 각 구성 요소의 형식과 들어갈 내용은 상호작용을 통해 학습하게 한다. 교수자는 학습자와의 상호작용에 따라 '표지-차례-본문-참고문헌'의 작성 방법을 제시하면서 설명한다. 학습자 스스로가 흥미를 느껴 질문을 하게 하면 더 좋은 학습 효과를 거둘 수 있으므로 교수자는 질문을 통해 학습자가 자기 의견을 이야기하게 유도한다.

쓰기 단계에서는 쓰기 전 단계에서 제시된 보고서 작성 방법에 따라

'한국 문화'와 관련된 주제로 각각 서론, 본론, 결론의 요점을 쓰게 한다. 쓰기 전에 한국 문화에 대한 학습자들의 의견들을 나누게 한다. 교수자는 서론, 본론, 결론에 해당하는 표현들을 제시하여 학습자들이 주제와 관련된 내용을 채우게 한다. 이러한 방식으로 학습자는 교수자가 제시한 형식과 표현들을 활용하여 각각 서론, 본론, 결론을 간략하게 쓰고 상호 토의를 진행한다. 교수자는 학습자가 주제에 관련하여 확장 사고를 할 수 있도록 방향을 제시하는데, 학습자들이 쓰고 싶은 한국 문화의 '장점', '단점', '흥미로운 점'을 각각 쓰게 하고 그중 단점을 바꿀 수 있는 방안과 근거를 찾게 한다. 그 다음 서론, 본론, 결론의 요점을 정리해서 조 활동에서 발표하고 다른 학생들의 의견을 적용해서 수정하게 한다.

쓰기 활동이 끝나고 교수자는 학습자 중에서 2~3명을 선정하여 조 활동 결과를 발표시키고 이에 대한 피드백을 한다. 그리고 쓰기 단계에서 작성한 요점을 중심으로 보고서를 완성하여 과제로 제출하게 한다. 동시에 보다 높은 수준의 보고서를 완성할 수 있도록 학습자에게 보고서 평가 기준을 제시한다.

(14) 격식적 글쓰기 교수·학습 과정안

학습단계	교수·학습 활동	학습자료	시간
쓰기전	교사: 제시 내용을 다 읽었어요? 어떤 내용인 것 같아요? 학생: 보고서의 형식이에요. 교사: 네, 그래요. 보고서의 구성이에요. 여러분은 앞으로 위와 같은 형식에 맞춰서 보고서를 작성해야 해요. 내용도 중요하지만 구성도 못지않게 중요하다는 것을 기억하세요. 학생: 네, 알겠습니다. 학생: 선생님, 차례와 참고문헌에 대해서 자세히 설명해 주시겠어요?	교재유인물	10분

쓰기 전	교사: 그래요. 차례는 목차라고도 하는데 본문 내용의 목록을 따로 빼내서 앞부분에 제시하는 부분이지요. 참고문헌의 형식은 다시 책과 논문으로 나눠질 수가 있어요. 예문으로 보여 줄게요. 교사: 서론에 들어가는 주제와 목적은 무엇일까요? 학생: 주제는 보고서의 중심 내용입니다. 목적은 보고서의 목표예요. 교사: 네, 잘 이야기를 했어요. 서론 부분에서는 보고서의 구조와 내용 그리고 쓰게 된 이유에 대해 간략하게 요약하면 돼요. 그러면 서론의 작성은 쉽다고 할 수가 있어요? 학생: 짧아서 쉬운 것 같아요. 교사: 그렇죠. 서론은 본론보다 양이 적지만 보고서의 전체적인 체계를 제시하는 역할을 하기 때문에 짜임새 있게 써야 해요. 학생: 그런데 서론을 잘 쓰지 않으면 좋은 보고서가 될 수 없어요.	교재 유인물	10 분

쓰기	교사: 제시된 3개의 표현을 이용해 서론에 대해 이야기를 해 볼까요?
	학생: 나는 (한국의 군대 문화)에 관심을 가지고 있다.
	  나는 이 주제로 쓰게 될 보고서를 통해 (한국의 예능/오락 문화)를 알고 싶다.
	  보고서를 작성하는 목적은 (한국의 여가 문화를 알아보기) 위해서이다.
	교사: 여러분 다 잘했어요. 우리는 한국문화에 대해 많이 알고 있는 것 같지만 논리적으로 고찰할 기회는 별로 없었네요. 이번 기회로 깊이 있게 한국 문화를 들여다볼 수 있었으면 좋겠네요.
	교사: 여러분의 이야기를 들어보니까 한국 드라마에 관심들 많네요. 그렇죠?
	학생: 네, 한국 드라마를 쓰려고 해요. 한국 드라마가 재미있으니까요.
	교사: 그래요, 선생님도 재미있게 보고 있어요. 한국 드라마는 스토리가 흥미롭고 배우들도 아주 멋있죠?
	학생: 맞아요. 웃기기도 해요.
	교사: 그래요. 한국 드라마가 우리에게 즐거움을 많이 가져다줬어요. 그런데 사물마다 양면성을 가지고 있어요. 한국 드라마도 그렇고요. 혹시 바뀌었으면 가는 점이 없나요?
	학생: 아주 재미있지만 어떤 드라마는 우리의 삶과 달라요.
	교사: 아, 현실과 거리가 있다는 이야기죠? 잘 지적했네요.
	교사: 그럼, 이러한 내용을 보고서의 격식에 맞추어서 조별로 함께 모여 써보세요.
		교재 유인물	30 분

쓰기 후	〈평가 기준〉 ① 글의 주제나 문제 해결 방안이 구체적으로 나타나는가. ② 이 과제를 해결하기 위해 필요한 자료들을 충분히 반영했는가. ③ 이 글을 읽을 독자를 생각해 보았는가. ④ 내가 구성한 방법이 과제의 성격에 부합하는지 생각해 보았는가. ⑤ 맞춤법과 띄어쓰기 및 문장 표현에는 문제가 없는가. ⑥ 앞, 뒤 문맥을 고려하여 글을 썼는가. ⑦ 틀린 부분이나 잘못된 부분을 고치려고 노력했는가.		10 분

5. 결론

한국어 교육에서 중급 단계 이상이나 학문 이수를 목적으로 유학 온 학생들에게는 문어 교육도 중요하다. 문어와 구어는 여러 다른 특성을 가지고 있음에도 불구하고, 한국어 교육 현장에서는 이러한 특징이 간과된 채 학습되는 경우가 많다. 이에 따라, 본 연구에서는 중국 내에서 한국어를 배우는 학습자들 중 학문 목적 학습자가 구어와 문어의 차이를 인식하고 격식적 글을 쓸 수 있는 교수·학습 방안을 제시했다.

필자가 주장하거나 설명하거나 정서를 표현하고자 논증문, 설명문, 감상문 같은 유형의 글을 이용할 때는 일정한 형식을 갖추어서 글을 구성해야 하는데, 문어란 구체적인 글의 유형으로서는 신문 칼럼, 학술 보고서, 논문, 취업 자기소개서, 대학원 연구 계획서에서 사용하는 언어를 말하고, 이러한 글의 유형에서 지켜야 하는 글의 형식을 격식이라고 할 수 있다. 그리고 한국어 학습자에게 모국어 화자의 능숙한 글쓰기 능력을 요구하며 글의 목적에 맞게 격식을 지키고 문어를 적절히 사용할 수 있는 능력이 필요하다는 점에서, 한국어 학습자들에게 요구되는 문어 능력과 격식에 부합하는 글쓰기 능력을 다음과 같이 정리하였다.

한국어 학습자 격식적 글쓰기 능력 요건
가. 문장 측면
　ㄱ. 주어, 서술어, 목적어 등 문장의 필수성분이 갖추어진 문장을 구성할 수 있다.
　ㄴ. 종결 표현, 높임 표현, 지시·대용 표현 등을 적질하게 사용할 수 있다.

ㄷ. 글의 목적과 맥락에 부합하는 어휘를 선택할 수 있으며, 어문 규범에 맞게 쓸 수 있다.

나. 글의 구조 측면

ㄱ. 글의 목적에 부합하는 장르를 선택할 수 있다.

ㄴ. 글의 목적을 잘 드러낼 수 있는 글의 구조와 전개 방식을 선택하고 구성할 수 있다.

ㄷ. 글의 주제가 잘 드러나도록 글의 개요를 구성할 수 있다.

ㄹ. 각 문장과 단락을 적절한 담화 표지 등을 이용하여 연결할 수 있다.

본고에서는 한국어 학습자의 격식적 글쓰기 능력을 배양하여 구어와 문어 능력이 조화된 한국어 능력을 기르기 위해 구어와 문어의 차이를 인식시키는 교수·학습 과정을 제시했다. 중국 내에서의 교육과정을 고려하여 2차시 분량의 격식적 글쓰기 교수·학습 과정을 구성했으며, 1차시는 문어 인식 수업으로 의사소통 중심 교수법을 활용하였고 2차시는 격식적 글쓰기 수업으로 과제 중심 교수법을 활용하였다.

본고의 논의는 최근 다양한 학습자의 요구와 한국어 교육의 목적에 부합하도록 다변화된 교수·학습 방안을 제시했으며, 한국어 교육에서의 문어의 개념을 정립하고 격식적 글쓰기 능력의 구성 요건을 제시했다는 점에 의의가 있다. 그러나 중국에서 이루어지는 한국어 교육과정을 전반을 분석하지 못한 점과 학습의 효과를 구체적으로 제시하지 못한 점은 차후 연구 과제로 남겨둔다.

이 글은 지난 2015년 전남대학교 인문학연구소에서 발간한 『용봉인문논총』 46집에 게재된 것이다.

참고문헌

〈자료〉
국립국어원, 『표준국어대사전』 온라인 판(http://stdweb2.korean.go.kr)
고려대학교 민족문화연구원, 『한국어대사전』 온라인 판(http://dic.daum.net)

〈논문〉
구현정, 「말뭉치 바탕 구어 연구」, 『언어과학연구』 제32호, 언어과학회, 2005,
    1~20쪽.
김미형, 「한국어 구어와 문어의 특징 연구」, 『한말연구』 제15호, 한말연구학회,
    2004, 23~73쪽.
김영미, 「학문 목적 한국어 쓰기 교육−장르 기반 접근법으로」, 『한국어 교육』 제21
    호, 국제한국어교육학회, 2010, 87~123쪽.
김정남, 「텍스트 유형과 담화 표지의 상관관계」, 『텍스트언어학』 제24호, 한국텍스
    트언어학회, 2008, 1~26쪽.
김정숙, 「읽기, 쓰기 활동을 통합한 학술 보고서 쓰기 지도 방안」, 『이중언어학』
    제33호, 이중언어학회, 2007, 35~54쪽.
LI YAN·김정남, 「장르 중심 쓰기 교육을 위한 제안 − 한국어능력시험 고급 작문
    문항의 ‘주장하기’ 글을 중심으로」, 『텍스트언어학』 제36호, 텍스트언어
    학회, 2014, 287~321쪽.
문금현, 「구어 텍스트를 활용한 한국어 어휘 교육」, 『한국어교육』 제11권 2호, 국제
    한국어교육학회, 2000, 21~61쪽.
문금현, 「구어 중심의 한국어 교재 편찬 방안에 대하여」, 『한국어교육학회지』 제
    105호, 한국어교육학회, 2001, 233~262쪽.
민현식, 「문법 교육의 표준화와 다양화의 과제」, 『국어교육연구』 제16호, 서울대학
    교 국어교육연구소, 2005, 125~191쪽.
박기영, 「외국인 유학생의 학문 목적 글쓰기에 대한 일고찰−단락 쓰기를 중심으로」,
    『언어와 문화』 제4권 3호, 한국언어문화교육학회, 2008, 103~126쪽.
박희영, 「‘구어와 문어를 상호 보완하는 한국어’ 문법 수업 모형」, 『한국어교육』
    제10권 1호, 국제한국어교육학회, 1999, 173~194쪽.
서은아, 「구어와 문어의 문형 연구 :단문을 중심으로」, 『한국어학』 제24호, 한국어

학회, 2004, 99~129쪽.

안의정, 「말뭉치를 이용한 어휘의 구어성 측정과 활용」, 『어문논집』 제57호, 민족
  어문학회, 2008, 93~119쪽.

안주호, 「국어 문법교육에서의 구어자료 활용 방안」, 『현대문법연구』 제33호, 한국
  문법학회, 2003, 149~171쪽.

유혜원, 「구어에 나타난 주격조사 연구」, 『한국어 의미학』 제28호, 한국어의미학
  회, 2009, 147~169쪽.

이은영, 「유학생을 위한 한국어 연구 1–쓰기 교육을 중심으로」, 『언어학』 제13권
  3호, 대한언어학회, 2005, 1~16쪽.

이효상, 「외국어로서의 한국어 교재와 문법 교육의 문제점」, 『서울대학교 국어교육
  연구』 제16호, 서울대학교 국어교육연구소, 2005, 241~270쪽.

장경현, 「문어/문어체, 구어/구어체 재정립을 위한 시론」, 『한국어 의미학』 제13
  호, 한국어의미학회, 2003, 143~165쪽.

조성문, 「구어 말뭉치에 의한 한국어 초급교재의 어휘 분석」, 『한민족문화연구』
  제17호, 한민족문화학회, 2005, 259~286쪽.

한송화, 「기능과 문법 요소의 연결을 통한 한국어 교육 :명령 기능을 중심으로」,
  『한국어교육』 제14권 3호, 국제한국어교육학회, 2003, 289~313쪽.

황인교, 「외국어로서의 한국어 교육 연구, 2 :구어 교수 이론의 정립을 위하여」,
  『한국어교육』 제10권 1호, 국제한국어교육학회, 1999, 283~301쪽.

〈외국논문〉

易保树, 罗少茜, 「工作记忆容量对二语学习者书面语产出的影响」, 『外语教学与研
  究』 44(4) 2012, pp.536~546.

李绍林, 「论书面语和口语」, 『齐齐哈尔师范学院学报』, 1994年 第4期, 1994, pp.72~
  78.

成方志, 张锦辉, 「用语篇分析理论谈口语与书面语」, 『天津商学院学报』 24(1),
  2004, pp.47~51.

王福生, 「对外汉语教学活动中口语和书面语词汇等级的划界问题」, 『汉语口语和书
  面语教学-2002年国际汉语教学学术研究会论文集』, 2002, pp.47~59.

刘小蕾, 「以中国学习者为对象的韩国语书面语连接词尾研究」, 中央民族大学硕士
  学位论文, 2013.

The Korean language in Western Australia and the Korean Studies program at UWA*

Nicola Fraschini

【국문초록】

서호주에서의 한국어 교육: UWA의 사례를 중심으로

본 논문은 서호주 대학교의 사례를 중심으로 호주 고등교육의 한국어 교육 과정의 특징과 문제점을 제시하고 앞으로 나아갈 방향을 제안하고 있다. 논의는 두 부분으로 나눠져 있다.

먼저 1부에서 통계자료의 분석을 통해 서호주에서의 한국어 교육의 현황 및 특징을 보여주고 있다. 서호주의 한국인 현황을 자세하게 보여주고 교육 기관을 중심으로 서호주에서 한국어가 어느 정도 사용되는지 살펴보고 있다. 이어서 각각 한글 학교, 고등학교, 대학교 등의 상황을 고려하여 서호주에서의 한국어교육이 어떻게 발전해 왔는지에 대해 논의하고 있다.

2부에서는 서호주 대학교의 사례를 중심으로 호주 대학교 한국어

---

* The author would like to acknowledge the help of prof. Shin Kyu-suk for the preparation of this paper.

교육 과정의 특징, 수업 및 교육 방법, 학생의 특징을 자세하게 알아보고 교육의 문제를 탐구하고 있다. 마지막으로 대학에서 한국어 교육의 한계를 제기한 후 앞으로 나아갈 방향을 제안하고 있다.

1. Introduction

The Korean diaspora first and the Korean cultural wave (hallyu) more recently contributed to the diffusion of the Korean language abroad, creating new different places outside Korea where the Korean language is spoken on a daily basis, or is taught and learned as a second or foreign language. However, Every country has its own characteristics that must always be considered in analyzing the state of the Korean as a foreign language teaching in that context. This paper aims at presenting characteristics and educational challenges of a Korean language program in a tertiary education institute in Perth by framing the context through the introduction of the Korean community and the Korean language presence in Western Australia.

Firstly, this paper introduces the Korean presence in Western Australia and delineates the different environments, such as community schools, high schools and universities, where the Korean language is taught. Then it illustrates the overall structure, main characteristics, problems, and limitations of a Korean language and studies program in a tertiary education institute, focusing on the case of the University of Western Australia. This paper concludes with some suggestions for further implementation of the Korean language program.

2. The Korean presence in Western Australia

2.1. Growth of the Korean community and diffusion of the Korean language

Before discussing the state of Korean language education in Western Australia it is worth looking at the Korean presence and at how it compares to other Korean communities in Australia through the lens of the 2011 Australian national census, the most recent survey conducted on Australia population.

According to this census, the overall Australian population is more than 21,5 millions[1] people. Western Australia, despite being the largest of Australia states with a territory 25 times that of South Korea, only houses 2,2 million people. More of three quarters of these, that is 1,7 million, live in the Perth area, the capital city of Western Australia. According to the same census data, about 40% of Perth population was born outside Australia. Looking in detail at the Korean presence in Australia, people who declared to be born in Korea are 74,538. Of these, 39.1% is now Australian citizen and 38.7% arrived in Australia between 2006 and 2011. The Korean community is also a young one, with almost half of all Koreans in Australia being between 25 and 44 years old.

The Korean presence in Western Australia was near to none until the Seventies, but grew until reaching few hundred people in the Nineties. Then it almost doubled during the five years between 2006 and 2011 period. In the same period the overall Korean presence in Australia grew of 38.7% and the foreign population in Western

---

1 Projection of the Australian Bureau of Statistics calculates more than 23,8 million people by 2015. (http://www.abs.gov.au/ausstats/abs%40.nsf/94713ad445ff1425 ca25682000192af2/1647509ef7e25faaca2568a900154b63?OpenDocument).

Australia of 26%. In the Perth area, 4,276 people declared to have Korean origins, meaning that they have at least one parent who was born in Korea. Of these, 3,579 people (83%) were actually born in Korea, and are thus first generation immigrants. This is almost identical in number (3,578) to those who declared to speak Korean at home. By comparison, according to the previous census data of 2006, only 2,037 people in Western Australia declared to be born in Korea and the Korean language was spoken at home only by 1,814 people. The Korean community of Western Australia is not only the fastest growing Korean community in Australia, but it is also one of the fastest growing communities in Perth too.

From the census data it is possible to draw the following conclusions. Firstly, considering the young age and the relatively recent year of arrival, it is possible to affirm that immigration from Korea to Australia is a recent phenomenon, and immigration to Western Australia is even more recent. While most of the Korean presence in Australia is located on the east coast, the Western Australia Korean community in recent years grew faster than others in the country. This means that the popularity of Western Australia among Koreans is growing. Secondly, most Koreans in Perth are first generation and this explains the growing but still limited Korean presence in Perth. Thirdly, along with the growing influx of people from Korea, the diffusion of the Korean language, supposedly spoken as first/heritage, is growing too, because people that declared to speak Korean at home doubled over a period of always five years.

The growing Korean community and the possible rise in number of second generation Koreans is likely in the future to change the landscape of Korean language education in Western Australia. By now, it is mainly spoken at home or in social interactions within the Korean community. However, it is also taught as a heritage or as a foreign language in other contexts too, such as weekend schools, high schools or institutes for tertiary education. This paper now turns at looking at the status of Korean as a second/foreign/ heritage language in these educational contexts.

2.2. Korean language weekend schools for overseas Koreans

The Korean school of Western Australia has been established in 1984. The curriculum aims at heritage Korean and its students number increased along with the growth of the Korean population in Perth. At present, there are 8 different age/level classes, and students enrollment grew from 55 in 2011 to 100 in 2015 (Korean School of Western Australia 2015). This can be easily explained by looking at the overall growth of the Korean population of Western Australia.

The school runs four terms every year, and each term coincides with the Western Australian school system term. Classes include language, history and culture, and are now taught every Saturday morning at Mt. Lawley Senior High School, the same high school where a new Korean language program was introduced in 2015 (Korean School of Western Australia 2015).

Other Korean language classes for heritage learners with a more limited number of students are organized by local Korean churches.

2.3. Korean language in Schools

According to a report presented by the Korean Education Center at the 9th Korean Studies association of Australasia conference, at present a total of 60 primary and secondary schools across Australia offer courses in Korean to approximately 8,200 students (Korean Education Centre, 2015). Most of these schools are located in the

Eastern states and in South Australia. However, from 2015 willetton Senior High School and Mt. Lawley Senior High School in Perth introduced a Korean language course from year 7 to year 8, starting the Korean language education in schools in Western Australia. Mt. Lawley primary school and North Perth primary school will introduce Korean language classes from 2016.

In the case of Willetton SHS, students taking the Korean course are at present around 40 and they are divided into two classes (The Western Australian 2015). School statistics show that students with Korean origins are only 1.5%, which indicates that Korean language fits into a general students' interest toward Asian languages and is not due to any high presence of Korean heritage students (Willetton SHS 2013). In the case of Mt. Lawley SHS, 12 students enrolled in the first year of Korean classes. Probably due to the recent and limited number of high schools teaching Korean in Western Australia and a lack of many second generation heritage Korean students, the WACE (Western Australia Certificate of Education) examination, requirement to enter tertiary education institutions, does not yet enlist Korean among the foreign language subjects. In other states with a longer tradition of Korean language teaching in schools, such as New South Wales, the state examination includes heritage Korean, beginner Korean and continuer Korean as available subjects.

2.4. Korean Language courses at Universities

Four universities are located in Western Australia: The University of Western Australia, Curtin University, Murdoch University and the University of Notre Dame Western Australia. At present, only The University of Western Australia has a Korean Studies major while Curtin University discontinued Korean language classes in

2009.

Korean language courses at the university of Western Australia started in 2011 within the School of Social Sciences, Faculty of Arts, thanks to the support of the Korean government and the efforts of professor Shin Kyu Suk, who also previously taught Korean and East Asia Sociolinguistics from 1991 to 2009 at Curtin University. The Korean studies major was established at UWA in 2012 and now enrolls more than 200 students for first year units.

3. Details of a Korean language and studies program at an Australian university: the case of UWA

3.1. Korean Language and Korean Studies program at UWA: an overview

The Korean Studies program at UWA is the sixth and one of the most recently established Korean major in Australian universities (Shin 2011). At present Korean is taught in eight universities in Australia.[2]

B.A. programs at the University of Western Australia are 3-year programs, thus Korean language and Korean studies units are divided into three levels. At Level 1, that is first year Korean, students can follow two introductory courses on Korean language, Korean 1 and Korean 2, one for each semester. Korean 1 aims at introducing students

---

2 These universities are Australia National University, University of Sydney, University of New South Wales, University of Queensland, Griffith University, Queensland University of Technology, Monash University and University of Western Australia(www.ulpa.edu.au)]

to the Korean alphabet, the basics of Korean sentence structure, daily life vocabulary and elementary conversation, while Korean 2 aims at expanding students' vocabulary and grammatical knowledge. The completion of level 1 Korean language units usually bring students to develop a language competence equivalent to that of TOPIK level 1. Detailed outcomes for level 1 language units includes the development of both written literacy and spoken competence at a basic level, the development of cultural literacy, the understanding of how language and culture are intersected, and the ability to use digital media to interact with the language.

Starting from level 2 units, students do not approach only the language, but are introduced to Korean culture and society too. This level in fact includes two units for language study, Korea 3 in term 1 and Korean 4 in term 2, and one unit of readings and critical discussions about Korean culture. Outcomes for level 2 language units includes also the learning of culturally specific vocabulary and practices, the critical understanding of how culture and society affect communication, and how to report in English on different aspects of Korean language, society and culture. At the end of level 2 units students possess a linguistic competence equivalent to and intermediate-low level and are able to discuss about most of topics related to everyday life. In the unit on culture and society students learn how to collocate their language learning within the broader context of Korean culture, discussing critically how social structures influences individuals and the development of culture and how this intersects with language use.

In level 3, Korean 5 and Korean 6 are designed to expand students' linguistic competence up to the intermediate and intermediate-high level, but sometimes gifted students reach also the advanced level and became quite fluent in conversation not only on everyday topics but even in more complex ones. The aim of level 3 Korean language units is to enable students to use the Korean language for professional and research purposes and not just for their everyday life, introducing students to a highly specialized use of the language in a variety of contexts. As in second year, in the third year too students have the opportunity to focus on Korean society through a unit in Korean Studies which focuses on the social, political and economic developments of contemporary Korea. In this unit students mainly understand how modern historical events shaped present day Korea and influenced the development of 21st Century Korean identity. Other outcomes for level 3 units also includes the ability to conduct small research projects in Korean, the comprehension of Korea in the flow of modern and postmodern history, the understanding of the Korean role in a contemporary globalized and post-colonial world, and the appreciation of cultural differences.

Students can also choose to study Korean language at a designated partner university on an exchange students program and have their credit recognized for the Korean Studies program at UWA. At present, Korean universities available for the exchange program are Korea university, Seoul National University, Sogang University and Sungkyunkwang University.

3.2. Korean Language Classes: structure, teaching sessions and assessment

Language units, as well as any other studies unit at UWA, run for a 13-week term. For level 1 Korean Language units, students attend 4 hours of weekly lessons, while for level 2 and level 3 units they attend 3 hours/week. One semester of Korean language include 52 hours of classroom instruction for level 1 and 39 hours for level

2 and 3. Students are also required to conduct more than 100 hours of independent study at home for each unit.

As all other units at UWA, language classes too are divided into lectures and tutorials. Usually for level one each lecture is one hour and tutorials last for three, while for level two and level three tutorials are just 2 hours/week. It is a decision of the unit coordinator whether to split the tutorial into two different short sessions or keep it in one longer session, but the Korean language coordinators try not to split tutorials to maximize the time for classroom activities. Lectures and tutorials have many differences and these differences do not always contribute to create and optimal environment for the design of a successful language course. The biggest difference is that lectures attendance is optional, while tutorial attendance is compulsory. Lectures are optional because many lectures of different units may overlap at the beginning of the week, on the other side tutorials are made compulsory because students can choose among different tutorial slots that fit their schedule. Students are thus divided into relatively small classes for tutorials, but attend a lecture all together in the same lecture hall. Being optional, every lecture is video recorded and it is made available online to be watched again by students who could not attend due to clashes with other lectures or due to personal reasons. For example, 2015 semester 1 Korean 1 unit had 205 students enrolled. The lecture was attended by an average of 100~150 students each week on Tuesday morning, and all the students enrolled were then divided into seven tutorial classes of about 30 students each during the remaining days of the week.

The compulsory division of classes into lectures and tutorials is problematic from a language pedagogy point of view, for many reasons. First of all, due the optional nature of lectures, many students do not attend it and for example statistics for 2015 semester 1 Korean

1 unit show that only a limited percentage of students (usually less than 25% each week) watched the recorded lecture online. It is possible to assume that a large percentage of students attended the compulsory tutorial class without knowing the content of the previous lecture. This makes difficult to build tutorial activities on the lecture content, as many times the lecture content must be repeated and reinforced again at the beginning of the tutorial class. Another teaching problem that derives from the division of the classroom hours into lectures and tutorials is that lectures are nevertheless attended by large numbers of students, and this makes challenging to teach a communicative use of the language within the lecture class. Communicative activities must be concentrated in the tutorials, but the lack of time available for practice and reinforcement makes it difficult to design classroom tasks that make students able to use the language in real life situations. Students enroll in a language unit with a communicative purpose in mind, and the communicative purpose of the language unit is also stated in the expected unit outcomes. However, the class that can be designed for the weekly lecture, which is half of the total classroom hours for the unit at level 1, is far from developing communicative competence in the students. A third problem is the lack of interaction between students and instructor during the lecture hours. In lecture classes with large numbers of students, participation is mainly passive and students, most of time, can just listen to the instructor without any interaction with him and only with scarce interaction with other students. This creates a one-way flow from the instructor toward students, which cannot replicate with a response.

Most of the above problems arise in level 1 unit, those units with a large number of students enrolled. Level 2 and level 3 units have usually less students enrolled, which makes the lecture time more manageable from a pedagogic standpoint. On the other side, these units suffer from even less weekly hours allowed for classroom teaching, and is often difficult to deal in just one lecture class with the content to be developed during the following tutorial class.

Tutorial classes are more effective in fostering language learning than lectures, because attendance is compulsory and because the students number is limited. A tutorial class is usually the opportunity to check the comprehension of a lecture and to evaluate if the same content must be reinforced. It is also the opportunity to challenge students with communicative activities and open-ended speaking activities. It can be thus a time for review as either a time to expand content and activities. During the tutorial class students usually have more opportunity to ask for feedback and the instructor can assess the efficacy of his/her teaching. Because tutorials either review or expand the content of the lecture, usually only limited new vocabulary is introduced during the tutorial and tutorial activities build on the content of the lecture.

Each unit has a unit coordinator, who is in charge of supervising the unit, teaching the weekly lecture and preparing the material for all the classes of that unit. Depending on the students' enrollment number and the teaching load of the unit coordinator for the considered term, he/she may be entitled to one or more instructors for the tutorial class. In this case the unit coordinator will teach the lecture and about half of the tutorial classes, while the instructor will teach the other half of the tutorials. In this second case, the unit coordinator is responsible that exactly the same content and the same activities are covered in each tutorial class, because students are not assigned to the tutorial class upon their proficiency but depending on their academic schedule.

A university Korean language course must carefully consider

assessment in compliance with more general institute regulation. The unit coordinator is somewhat free to decide assessment modality, but assessment must include a mark for attendance and a mark for participation. In the case of Korean language courses, beside the mark for attendance and participation, other components of the student's final grade are weekly written assignment (homework), four written test during the term and a final oral presentation. Homework is an opportunity to review the lecture content and focus mainly on form focus exercises, and to reinforce the students' form knowledge before more communicative activities of the tutorials. The four written tests cover both lecture and tutorial material and are scheduled every two or three weeks. Test frequency and tests weight (60%) on the overall final mark assure that students are continually engaged with the study of the language during the term. The final oral presentation for level 1 unit is a group presentation, and it consists in the writing and presentation of a script depicting a situation studied during the term. Group presentation is the only way to assess a somewhat oral proficiency in large classes with few class hours and a very limited number of instructors. In level 2 and level 3 Korean language units oral assessment most of times consists in an individual presentation.

3.3. Students' characteristics

To understand the background of students taking Korean language and Korean studies units at UWA, students' enrollment must be contextualized within the Korean immigration history to Australia and the overall students' population of the University of Western Australia.

First of all, as seen in the introduction, if compared to other

English-speaking countries such as U.S. or Canada, Australia in general and Western Australia in particular experienced a much later immigration wave from Korea. Due to this, Koreans in Australia usually are first or second generation and this is especially true for Western Australia. The Korean community in Perth is the second fastest growing community after Filipinos and before Indians (Australian Bureau of Statistics), and it is easy to understand why tertiary students population with Korean ancestry is much more limited in numbers when compared to other English-speaking countries. This explains the extremely low heritage students' number in Korean language classes.

Secondly, Australian tertiary education attracts students from all over the world and Australia is thus home of a high multicultural student's population. In the case of UWA, among an overall students population of 25,807, international students are almost 20% (5,037) and many domestic students show nevertheless a multicultural background. Among international students, 3848 are from Asia, and this number includes 2374 students from China, 1386 from Singapore and 456 from Malaysia (The University of Western Australia 2015). It is worth noting for the purpose of this paper that most of UWA international students come from countries such as China and Singapore, where the Korean culture has gained popularity in recent years.

If we consider the above mentioned factors, first the recent immigration wave from Korea and then a large body of students population coming from East and South East Asia, we can understand why most of the students enrolled in Korean language units are international students from Asia, and not descendant of Korean abroad or local students, as it more commonly happens in other English language speaking countries, such as in North American universities.

Only a couple of students enrolled in 2015 semester 1 Korean 1 was from Korean descendant, among a total of 205 enrollments. If a Korean heritage students wish to take a Korean language unit, he/she is asked to take a placement test and enrollment is decided upon the result of the test. If there is a unit of any level that fits the heritage students' language proficiency, then the student can enroll, otherwise he/she is asked to switch to another unit. In the future, if Korean heritage students population grows and more resources are allowed to the Korean Studies program, a dual track program for the instruction of heritage students may become and option to take in consideration.

The background of the students' population taking Korean language classes and Korean studies units tell us that most students are greatly influenced by the Korean cultural wave in their own countries, and are taking Korean language classes more for personal interests than for strictly academic motivations or future job perspectives. Even if the students' number majoring or double majoring in Korean is growing since the introduction of the Korean Studies major in 2012, it is still true that most of the students enrolled in Korean language units do not try to link Korean to another major and they just take the language course for enjoyment (and credits). Many of them would like to travel to Korea but do not have the plan to go there in the near future. This strongly influences the workload that students are willing to undertake and material and activities that can be done in the classroom, because students focus their efforts on their major or their main subject and most of them approach the learning of a language as any other subject, not as something that need to be learn constantly and step by step.

Students' multicultural and multilingual background strongly influences classroom explanations and classroom metalanguage. Most students reported to like explanation in English on classroom materials, but sometimes explaining Korean sentence patterns through English clearly has limits as most of enrolled students' first language is Chinese. Many of Korean language students come from other faculties, sciences, economy or engineering for example, and due to this while some may benefits from some more linguistic detailed explanation sometimes, others may be overwhelmed by too detailed references.

3.4. Problems and Future Prospective

Different pedagogical and content challenges characterize different Korean language units at UWA. As stated above, students can enroll in up to six Korean language units during their undergraduate coursework, two units for every year of study. Depending on the unit, being it a first, second or third year one, the unit coordinator and the other instructors may face several different challenges.

Firstly, students enrollment in Korean language units have been growing since the establishment of the Korean Studies major, with the exception of Korean 1 during the 2015 year first term due to fact that just little more than half cohort of high school students enrolled as freshmen in universities in Western Australia. However, first year first term unit (Korean 1) now usually enroll more than 200 students, while first year second term unit (Korean 2) around 70. While a growing students enrollment is always welcome, it also brings several problems, both from the unit coordinator/instructor's and the students' perspective. In large classrooms, students' individual proficiency falls within a broad range, from several excellent students to students who struggle at learning the language. In this environment, instructors try to give adequate feedback to all students, but it is an almost impossible challenge to understand which learning problem each individual student has. Moreover, when teaching to a large audience, the lecturer can only guess which content can be challenging for the students, but he cannot adjust the teaching pace or the content itself on the students' response, simply because it is not possible to realize what this response is. Thus in large classrooms students are doomed to a lack of attention that negatively affects the outcomes and greatly reduces their learning opportunities. On the teaching side, instructors too suffer from a lack of feedback from the students. During a language lecture aimed at a large audience is difficult to address in real time problems that the audience may have and adjust the flow of the lecture the audience. It is this lack of response and feedback in both directions, from students to teacher and vice-versa, that makes challenging the teaching of a language in the lecture class of level 1 units.

Secondly, another challenge presented by the context is the insufficient exposure to the Korean language. At UWA, while first year units Korean 1 and Korean 2 run for 13 weeks with 4-classroom hour a week, second and third year units run for 13 weeks with 3-classroom hour a week. Considering that for most students the only opportunity to engage with the Korean language is in the class, the total amount of Korean language exposure for many students is insufficient to develop a satisfactory knowledge of the language and to develop an adequate communicative competence. Instructors, through homework and other assignments, must find a way to have students do supplemental work at home, but it is not always possible to have students invest in their Korean language learning because for many students Korean language units are elective and they prefer to focus on their major.

Thirdly, finding and creating the right teaching material is a challenge. Even if it is true that is possible to find very good Korean language teaching material and textbooks, it is also true that no material fits well in every teaching environment. Material developed in Korea most of times is well structured, but being developed for Korean as a second language learners, it does not fit well with university students of Korean as a foreign language. Material developed for English speaking students at foreign universities most of time focus too much on the grammar content, thus sometimes does not fit with the communicative purposes of the curriculum at UWA. The unit coordinator must select the most flexible possible teaching material and adapt it or create new material. For first year students, flexible material is selected but classroom activities are adapted to the Western Australian context. In the case of third year courses, completely new material is now being created and put together, bearing in mind students' interests and needs.

On the side of source material problems, there is also a lack of material for those students that are willing to engage more in the self-study of the Korean language. More outstanding students may ask for additional material to study, such as additional readings or audiovisual material, but reading resources in Korean that can foster foreign university students' interests are scarce or not easily available and accessible to students in Western Australia. For these students there is the need of graded material that suits not only their language level but also their interests.

Resolution of the outlined situation presents several challenges. Large classes or a limited instructors number are not easy to resolve within the near future. On the other side there is room to work on students/teacher feedback and class material. A project to implement could be the development of a text-based syllabus for

Korean language units (de Sylva Joice and Feez 2012). A text-based syllabus would use material more deeply related with students' needs and Korean language learning would produce outcomes nearer to students' expectations. A text-based approach would allow not only for a focus on form and meaning in the same time, but also for more collaboration among students, thus increasing opportunities for feedback and fostering learners' autonomy. For the creation of a text-based syllabus it would be useful to have a text depository made of a broad range of annotated language material, such as texts or video encompassing different language levels, situations, functions, and typologies that can be uploaded online. This material can be used by the unit coordinator to develop the syllabus and can also be accessed by individual students in search for more material to study and practice the language in dividually.

4. Conclusions

This paper outlined the Korean language and Korean studies program at UWA, framing the discussion in the broader context of the Korean presence and the diffusion of the Korean language in Western Australia. Even if the Korean is one of the fastest growing foreign communities in Western Australia, its presence is relatively recent and it is still limited. This is a clear reason for the extremely low number of Korean heritage students in the Korean program at UWA. The program aims most at students with a background from east and South-East Asia, from those countries were the presence of the Korean cultural wave is stronger. With the growing of the Korean community in the Perth area it my be possible in the future to assist at a rise in number of heritage students, thus in the long term a switch in teaching outcomes, goals, content and approach may be necessary. By now, among the problems outlined above, the introduction of an annotated text bank which can be used to structure syllabus and classes can help to solve those teaching problems connected to content adequacy and self-learning opportunities.

References

Asia Education Foundation (2009). The Current State of Chinese, Indonesian, Japanese and Korean in Australian Schools. Carlton South: Education Services Australia.

Australian Bureau of Statistics (2013). 2011 Census. http://www.censusdata.abs.gov. au/census_services/getproduct/census/2011/quickstat/0.

De Silva Joyce H. and S. Feez (2012). "Text-based language literacy education: Programming and Methodology". Putney NSW: Phoenix Education.

Korean Education Centre (2015). "2015 Mission of Korean Education Centre". Report presented at the 9th Korean Studies Association of Australasia conference, November 25th~27th, University of South Australia, Adelaide.

Korean School of Western Australia (2015). http://homepy.korean.net/~perthks1/ www/news/news/read.htm?bn=news&fmlid=537&pkid=16&board_no=537

Shin S. C. (2011) "Exploring the Linkage between Korean Language and Korean Studies Education: An Australia Experience". Korean as a Foreign Language Education 36, 113-137.

The University of Western Australia (2015). 2015 Unistats. http://www.planning.uwa. edu.au/statistics/unistats.

The West Australian (2015). "Korean is the new school lingo". February 13th 2015.

Willetton Senior High School (2013). Multicultural Campus Poster. http://www. willettonshs.wa.edu.au/resources/Multicultural-Campus-Poster.pdf

제2장

지역어,
지역문학,
지역문화

언어의 위계화와 새로운 언어 권력의 탄생

조선 후기 시조(時調) 가집(歌集)의 서발(序跋)을 중심으로

김풍기

1. 언어의 위계화와 언어 층위의 분리

문화의 성격이나 종류에 관계없이 그것에 대한 평가는 공정해야 한다. 하나의 문화의 또 다른 문화 사이의 우열을 따지는 것은 무망한 일이다. 누구나 알고 있듯이, 우월한 지위를 가지는 문화를 상정하는 순간 우리는 수많은 위계와 우열의 복잡한 그물망 속으로 들어간다. 누구에게는 우월한 문화가 또 다른 누구에게는 하찮고 저열한 문화로 인식되기 일쑤다. 그럴 때 우월함과 저열함을 발생하는 지점은 그들이 맺는 관계 속에 위치해있다. 그들 사이의 우열을 상정하지 않는다 해도 그것은 대부분 상상 속에서 이루어지는 일일 뿐 암묵적 우열이 작동하는 것이 현실이다.

언어는 문화를 구축하는 토대 중의 하나다. 인간의 문화는 언어라는 전제 없이 이루어질 수 없다. 우리가 문화의 우열을 논의하는 순간 그 이면에는 언어의 우열을 전제로 하는 것이다. 실제로 우리의 현실은 언어의 우열을 통한 불평등과 불합리가 횡행하고 있다. 굳이 지식 권력

문제를 거론하지 않더라도 현실 속에서는 강한 권력을 가진 언어와 그렇지 못한 언어가 존재한다. 그러한 사정을 위계화라고 할 수 있다면, 우리가 살아가는 현실은 언어의 위계화에 의해 구축되는 지점도 존재한다. 그 지점은 노골적으로 자신의 전략을 드러내면서 만들어지기도 하지만 아무도 눈치 채지 못하는 사이에 은밀히 구축되기도 한다.

어느 시대에나 위계화는 사회 전반에 전면적으로 구성되고 작동한다. 예컨대 방언/표준어라든지 비속어/공식어와 같은 동일한 언어 내부에서 발생하는 경우도 있고, 모국어/외국어와 같이 서로 다른 언어 사이에서 발생하는 경우도 있다. 이항대립처럼 보이는 이 같은 언어적 층위는 우리가 조금만 관심을 가진다면 다양하면서도 흥미롭게 만들어낼 수 있다. 거칠게 말하면 이러한 도식의 이면에는 일종의 언어-제국주의적 관계에서와 같은 다양한 권력들이 작동한다고 할 수 있다. 인간의 언어가 발화되는 곳이면 어디서나 언어 층위의 분리가 생겨날 수밖에 없다고 생각하는 순간 우리는 언어 사용에 있어서의 제국주의(혹은 식민주의)를 암묵적으로 상정하게 된다.

사실 언어 사용 현장에서의 위계화는 늘 해당 언어가 가지는 사회적 권력과 밀접한 연관을 가진다. 예컨대 전라도나 경상도와 같은 특정 지역의 방언을 사용하는 사람에 대한 이미지를 사회적으로 고착시킨다든지, 특정 단어가 상기하는 이미지가 사회적으로 통용된다든지 하는 작은 지점에서부터 영어를 잘하는 사람의 사회적 권력 접근성이 높아지는 것과 같은 전지구적인 차원에서의 문제에 이르기까지 언어의 위계화는 인간 삶의 모든 부면에 속속들이 스며있다. 우리가 언어를 사용하는 인간인 한에 있어서 이렇게 주어진 위계화는 일종의 숙명과도 같은 점이 있다. 그 점을 알아차리든 알아차리지 못하든 위계화는 늘

사회 속에서의 개인을 정위(定位)시키는 중요한 역할을 수행한다.

이런 점을 감안할 때 각 시대마다 해당 사회가 구성하고 있는 언어 층위의 지형도를 그려보는 것은 문화적으로 중요한 의미를 지닌다. 주도적으로 권력을 행사하고 있는 언어 층위는 그렇지 못한 언어 층위와 지배-피지배적 관계를 가지기도 하지만 양자 사이에 치열한 권력 다툼을 벌이기도 한다. 언어의 역사는 그러한 관계가 어떻게 달라지며 그 원인은 무엇인지를 보여주는 좋은 사례다.

단일 언어를 사용해왔다고 해서 언어 층위가 하나의 언어 내부에서만 발생하고 구축되는 것은 아니다. 이 글에서 논의하고자 하는 조선 후기를 보면 모든 사회 구성원들이 조선어를 사용했지만 표기에 있어서는 한자-한문의 강력한 자장 안에 놓여 있었다. 물론 발화된 언어로서의 조선어와 표기 수단으로서의 조선어(=언문) 사이에 명확한 구분을 해서 논의를 진행하겠지만, 조선어와 한문이라고 하는 서로 다른 언어 층위는 그 사회의 언어적 지형도를 보여주는 중요한 지점이라 할 수 있다. 앞서 말한 것처럼 이들 언어 층위는 때로는 지배;-피지배를 드러내는 상징적 층위로 작동하기도 하고 양자 사이의 권력 다툼을 통해서 새로운 문화 지형도를 구성함으로써 새로운 사회와 새로운 생각을 만들어내는 도구나 계기로 작동하기도 했다.

이런 전제를 가지고 조선 후기를 볼 때 한문과 언문이 만들어내는 사회 문화적 권력 층위에는 우열 관계가 존재했다고 할 수 있다. 한문을 주로 사용하는 계층의 우월함과 언문을 주로 사용하는 계층의 열등함을 암묵적으로 전제한 사회 문화적 권력이 존재했다. 그러나 이들의 위계는 언문 사용 계층의 다양한 노력을 통해서 변화가 만들어졌고, 기존의 언어 층위적 지형도에 균열을 일으키기 시작했다. 이 글은 균열을 일으키는 언문 사용자들의 전략을 자세히 살피고 논의하려는 것이다.

2. 한자의 권력에 대한 조선 전기의 인식

경쟁 관계에 있는 세력은 환경에 따라 다양한 전략을 취하기 마련이다. 그것은 권력의 주도권을 잡기 위한 최종 목표를 위해 배치된다. 그러나 한 번 고착된 권력은 범사회적으로 자신이 주도하는 방식으로 위계를 구축한다. 위계 내에서의 위치를 바꾸는 일은 지극히 어렵다. 오래 기간 동안 다양한 전략을 통해서 꾸준히 노력을 해야 비로소 자신의 목표에 가까이 다가 설 수 있다.

사회적 권력을 주도하고 있는 언어를 지배 언어, 그렇지 않은 언어를 소수 언어[1]라고 할 수 있다면, 소수 언어는 지배 언어에 대해 자신의 생존권을 포함하여 새로운 지배 언어가 되기 위한 다양한 전략을 구사하게 된다. 다만 그 전략은 해당 언어가 어떤 사회적 문화적 환경 속에 위치해 있는지에 따라 다른 모양을 취한다. 일제 강점기라면 일본어가 가지는 지배 언어로서의 모습이 조선어에 대해 제국주의적 태도를 강하게 취하면서 정치적 권력을 통해 일본어의 언어 권력을 동시에 강화시키고자 했다. 그런 환경에서라면 조선어는 현실적으로 소수 언어로서의 압박을 받으면서도 동시에 자신의 생존 및 권력 강화를 위해 민족

---

1 이 글에서 소수 언어라는 용어는 언어 사용자의 숫자가 적다는 의미라기보다는 피지배 언어로서의 상징석인 차원에서 명명한 것으로 사용하였다.

어로서의 특징과 의의를 강조하게 될 것이다. 표준어에 대하여 방언(혹은 지역 언어) 역시 그에 걸맞은 전략을 개발하여 자신의 모습을 강하게 드러내면서 새로운 권력 체계를 구축하고자 애를 쓸 것이다. 그 외에도 일본이나 미국에서 살아가는 재일/재미 한국인이 일상에서 닥치는 일본어/영어와 한국어 사이의 관계도 당연히 그러한 전략 속에서 구사되고 활용된다. 이러한 예는 너무 많아서 일일이 예거하기도 불가능할 정도다.

그렇지만 어떤 상황과 전략을 드러낸다 하더라도 지배 언어와 소수 언어가 맺을 수 있는 관계는 네 가지의 경우의 수를 가질 수 있다. ①지배 언어에 의해 소수 언어가 완전히 사라지는 경우, ②반대로 소수 언어의 권력이 급격히 성장하면서 지배 언어를 소멸시키는 경우, ③지배 언어의 강한 권력 아래에서 소수 언어가 명맥을 유지하는 경우, ④소수 언어의 권력이 커지면서 새로운 권력 층위로 부상하는 바람에 지배 언어가 소수 언어로 바뀌어 명맥을 유지하는 경우가 그것이다. 이 중에서 ②와 ④는 단기간에 이루어지기도 어려울 뿐 아니라 실현가능성이 매우 적은 경우다. 어느 시대든 소수언어의 운명은 소멸하거나 어려운 상황 속에서 힘들게 생존하거나 하는 모습을 가진다.

앞에서 언급한 것처럼, 지배 언어와 소수 언어를 다룰 때 두 개의 항을 같은 층위에 놓고 비교하기가 쉽지 않다. 표기 체계를 가지고 비교할 것인지 실생활에서 발화되는 말을 중심에 놓고 비교할 것인지 결정해야 한다. 이 점을 반영하면서 조선의 언어 층위를 살펴보도록 하자.

향찰을 사용하던 시기를 제외하면 훈민정음이 창제될 때까지 한자가 가장 중요한 표기 수단이었으므로 지배 언어로서의 위치를 확고하게 점하고 있었다. 한문은 동아시아의 중세를 구성하는 중요한 요소였고, 그것을 받아들여 사용 수준을 높이는 일이 곧 동아시아의 중세 사회에서 고려 및 조선이 자신의 역할을 하는 것이었다. 한문은 중세 동아시아에서 공동문어(共同文語)로서의 역할을 하던 글이었으므로 중세화의 필수 요소였으며, 이를 통해서 고대와는 다른 중세만의 국가를 조직해서 경영하고 새로운 사상을 받아들이거나 창출했으며 대외적인 교류를 할 수 있었다.[2] 고려와 조선은 중국 중심의 문명을 충실히 받아들여 중세 보편 문명을 구축하였을 뿐 아니라 자신만의 독특한 문학과 사상을 만들어냈다.

이 과정을 통해서 우리의 중세 사회는 동아시아 공동 문명을 구성하고 발전시키는 데 한 몫을 했지만, 사회의 언어 권력에서 한문이 조선어(훈민정음 창제 이후에는 언문)보다 우위를 점하는 결과를 만들어낸다. 한문 사용 능력의 여부에 따라 권력의 향배가 결정되었으며, 한문을 통하지 않고서는 자신의 생각을 공식적으로 표현할 수 있는 기회는 갈수록 급감했다. 표의문자의 특성 때문인지는 확언할 수 없지만, 한문은 표기 수단으로서의 자기 위치를 확고하게 만들어갔다. 중세 공동문어로서의 한문이 우리의 중세 사회, 특히 조선 시대로 접어들면서 지배적 위치를 강화하면서 지식인 사회는 모든 표현을 한문에 의존할 수밖에 없었다. 당시의 분위기는 흔히 '갑자상소(甲子上疏)'로 알려진 최만리(崔萬理, ?~1445)의 글에서 단적으로 볼 수 있다.

갑자상소는 세종이 훈민정음을 창제한 지 2개월 가량 뒤인 1444년(세종 26) 2월 20일에 나온 것이다. 당시 집현전 부제학이었던 최만리를

---

2 조동일, 『공동문어문학과 민족어문학』, 지식산업사, 1999, 14쪽 참조.

포함하여 당시 원로였던 7명[3]이 공동으로 한글 창제에 대한 비판적 의견을 제출하였다. 갑자상소에 대한 연구자들의 관심은 일찍부터 나타났다. 우리에게는 일반적으로 한글 창제에 대한 강력한 반대 의견을 담은 것을 알려져 있지만, 그보다는 한자음 개혁을 포함한 국가의 어문 정책에 대한 의견을 표현한 것으로 보아야 한다.[4] 여기서는 갑자 상소에 나타난 한문과 언문의 언어적 위계에 대한 것을 중심으로 간략하게 살펴보기로 한다.

최만리 등은 언문의 신묘한 공능에 대한 감탄으로 상소를 시작한다. 이어서 그는 지역에 따라 서로 다른 지역어인 '방언(方言)'을 사용하지만 자기만의 문자를 가진 곳은 없으며, 문자로서는 오직 한자만이 문명어를 대표한다고 주장하였다. 모두 6개 항에 걸쳐 자신들의 의견을 조리있게 진술하였는데, 그 중에서 제3항을 보도록 한다.

> 신라 설총(薛聰)의 이두(吏讀)는 비록 야비한 이언(俚言)이오나, 모두 중국에서 통행하는 글자를 빌어서 어조(語助)에 사용하였기에, 문자가 원래 서로 분리된 것이 아니므로, 비록 서리(胥吏)나 복예(僕隸)의 무리에 이르기까지라도 반드시 익히려 하면, 먼저 몇 가지 글을 읽어서 대강 문자를 알게 된 연후라야 이두를 쓰게 되옵는데, 이두를 쓰는 자는 모름지기 문자에 의거하여야 능히 의사를 통하게 되는 때문에, 이두로 인하여 문자를 알게 되는 자가 자못 많사오니, 또한 학문을 흥기시키는 데에 한 도움

---

3 나머지 인물들은 직제학(直提學) 신석조(辛碩祖), 직전(直殿) 김문(金汶), 응교(應敎) 정창손(鄭昌孫), 부교리(副校理) 하위지(河緯之), 부수찬(副修撰) 송처검(宋處儉), 저작랑(著作郎) 조근(趙瑾)이다.

4 이 점에 대해서는 다음 논문을 참조하라: 민현식, 「갑자 상소문의 텍스트언어학적 분석 연구」, 『어문연구』 제39권 제3호, 2011년 가을.

이 되었습니다. 만약 우리나라가 원래부터 문자를 알지 못하여 결승(結繩) 하는 세대라면 우선 언문을 빌어서 한때의 사용에 이바지하는 것은 오히 려 가할 것입니다. 그래도 바른 의논을 고집하는 자는 반드시 말하기를, '언문을 시행하여 임시방편을 하는 것보다는 차라리 더디고 느릴지라도 중국에서 통용하는 문자를 습득하여 길고 오랜 계책을 삼는 것만 같지 못하다.'고 할 것입니다. 하물며 이두는 시행한 지 수천 년이나 되어 부서 (簿書)나 기회(期會) 등의 일에 방애(防礙)됨이 없사온데, 어찌 예로부터 시행하던 폐단 없는 글을 고쳐서 따로 야비하고 상스러운 무익한 글자를 창조하시나이까. 만약에 언문을 시행하오면 관리된 자가 오로지 언문만 을 습득하고 학문하는 문자를 돌보지 않아서 이원(吏員)이 둘로 나뉘어 질 것이옵니다. 진실로 관리 된 자가 언문을 배워 통달한다면, 후진(後進) 이 모두 이러한 것을 보고 생각하기를, 27자의 언문으로도 족히 세상에 입신(立身)할 수 있다고 할 것이오니, 무엇 때문에 고심 노사(苦心勞思)하 여 성리(性理)의 학문을 궁리하려 하겠습니까. 이렇게 되오면 수십 년 후 에는 문자를 아는 자가 반드시 적어져서, 비록 언문으로써 능히 이사(吏 事)를 집행한다 할지라도, 성현의 문자를 알지 못하고 배우지 않아서 담을 대하는 것처럼 사리의 옳고 그름에 어두울 것이오니, 언문에만 능숙한들 장차 무엇에 쓸 것이옵니까. 우리나라에서 오래 쌓아 내려온 우문(右文)의 교화가 점차로 땅을 쓸어버린 듯이 없어질까 두렵습니다. 전에는 이두가 비록 문자 밖의 것이 아닐지라도 유식한 사람은 오히려 야비하게 여겨 이문(吏文)으로써 바꾸려고 생각하였는데, 하물며 언문은 문자와 조금도 관련됨이 없고 오로지 시골의 상말을 쓴 것이겠습니까. 가령 언문이 전조 (前朝) 때부터 있었다 하여도 오늘의 문명한 정치에 변로지도(變魯至道) 하려는 뜻으로서 오히려 그대로 물려받을 수 있겠습니까. 반드시 고쳐 새롭게 하자고 의논하는 자가 있을 것으로서 이는 환하게 알 수 있는 이치 이옵니다. 옛 것을 싫어하고 새 것을 좋아하는 것은 고금에 통한 우환이온 데, 이번의 언문은 새롭고 기이한 한 가지 기예(技藝)에 지나지 못한 것으 로서, 학문에 방해됨이 있고 정치에 유익함이 없으므로, 아무리 되풀이하

여 생각하여도 그 옳은 것을 볼 수 없사옵니다.[5]

비교적 긴 인용문이지만, 여기에 제시된 최만리의 생각은 간단하다. 오래도록 쌓아온 문화 정책의 공효가 한문 덕분이었는데, 이것을 무시하고 오히려 '야비하고 상스러운 무익한 글자'인 언문을 만드는 것은 불필요할 뿐 아니라 지식인의 타락을 불러오며 나아가 후진들의 학문 발전에 전혀 도움이 되지 않을 것이라는 주장이다. 문서 처리의 필요성 때문에 문자가 필요하다면 이두와 같은 오랜 기간 동안 사용한 표기 방식이 있는데 일부러 언문과 같은 글자를 만들 필요가 없다고 했다. 그가 생각하는 언어적 위계는 〈한자→이두→언문〉의 순서를 보인다. 이두가 언문보다 우위에 있는 이유는, 한자를 좀 알아야 이두를 배울 수 있을 뿐 아니라 이두를 배우다가 한자에 관심을 가지고 공부하는 사람이 생긴다는 점 때문이다. 한자를 그렇게 우위에 두는 까닭은 성현의 문자 즉 문명어로서의 절대적 가치를 전승하는 매체이기 때문이다. 문명어로서의 한자(한문)와 야비한 상말로서의 언문 사이에는 엄청난 거리가 존재한다. 이러한 인식이 있었기 때문에 제4항에서 최만리가 주장한 바와 같이 객관적인 문서 처리가 한자로는 가능하지만 언문으로는 불가능하다는 점으로 발전할 수 있었다.

이렇게 두 개의 언어 층위(이를 양층언어=diaglossia라고 한다)를 구성하는 경우 지배 언어(상위어)와 소수 언어(하위어) 사이에는 다음과 같은 특징을 보이게 된다.[6]

---

5 '갑자상소'는 한국번역원에서 번역한 『조선왕조실록』을 이용하였다. 인용문은 『조선왕조실록』 세종26년 2월 20일조 기사에 수록되어 있다.

6 이 도표는 Frincis Britto, 『*Diaglossia, a Study of the Theory with Application to*

	상위어	하위어
기 능	공식적	비공식적
품 격	상위	하위
습 득	공식 교육	자연 습득
표준화	표준화, 규범화	비표준화, 비규범화
문학유산	양이 많고, 높은 평가	양이 적고, 낮은 평가

물론 이 도표가 한문과 언문 사이의 관계를 정확하게 보여주는 것은 아니지만, 지배 언어와 소수 언어 사이에 일정한 위계적 차이를 보이는 것은 세계 보편적인 현상으로 보인다. 한문에 비해 언문은 늘 문화적으로 하위의 것, 저속하고 비리한 것, 규범적이지 못한 것으로 취급되어 왔다. 그러므로 언문을 통해서 공식적 문서 처리를 하거나 새로운 문명을 주도하면서 문화 권력을 행사하기에 부족하다는 인식이 사회에 널리 퍼져있었다.

그러나 조선 후기가 되면서 민족어에 대한 생각이 달라지면서 언문을 통한 다양한 글쓰기 시도가 공감을 얻기 시작했다. 지배 언어로서의 한문에 대해 소수 언어로서의 민족어 혹은 언문이 자신의 문화적 역할을 자임하고 나서면서 기존의 언어 층위에 균열이 생기기 시작하였다. 그 균열이 근대의 언문일치로 가는 중요한 발걸음이었다. 언문은 근대의 여명기에 그 잠재성을 알아본 사람들이 의해 활용될 때까지 한문의 문화적 자장에 끌려 다녔다.[7]

Tamil』, Georgetown: Georgetown University Press, 1968 ; 조동일, 앞의 책, 39쪽에서 재인용한 것이다.

7 정병설, 「조선 시대 한문과 한글의 위상과 성격에 대한 일고」(『한국문화』 제48집, 서울대학교 규장각 한국학연구원, 2009), 11쪽. 근내의 여녕기에 언문의 삼새성을 발선한

언문일치(言文一致)라는 시대적 흐름에 도달하기 위해 조선 후기 언문(諺文)은 자신의 권력을 강화하기 위한 효율적인 전략이 필요했다. 의도적으로 그러한 전략을 구사한 것은 아니지만, 이 시기 언문 사용자들은 자신들의 글쓰기가 사회적으로 용인 되거나 혹은 역할에 대한 인정을 받기 위해 어떻게 논리를 만들어야 하는지를 자신도 모르게 고민하고 있었던 것이다.

그 전략이 어떠했는지를 살피는 것이 이 글의 목표다. 그러한 점을 알아보기 위해 조선 후기 시조(時調) 가집(歌集)의 서발(序跋)과 같은 기록을 이용할 것이다.

3. 시가동도론(詩歌同道論)이 만드는 언어 권력의 지형도

지배 언어로서의 한문이 만들어 낸 문화적 지형도 안에서 소수 언어로서의 언문(민족어)이 취한 전략은 무엇이었을까. 최만리의 갑자 상소에서도 나타난 것처럼 한문은 이미 문명의 표준으로서 그 역할을 수행하고 있었다. 지식인들의 문화 권력 혹은 지식 권력은 한자-한문이라고 하는 표기 수단을 매개로 해서 구축된 것이었다. 어느 시대에나 그렇지만, 한 사회에서 영향력을 발휘하는 지식 권력은 대체로 일부 지식인들에 의해 독(과)점되는 모습을 보인다. 권력은 소수에게 집중되면서 자신들만의 리그로 만드는 속성을 지니는데, 그 안에는 늘 소수만이

계층 중의 하나는 선교사들이다. 이들의 역할에 대해서는 마이클 김, 「서양선교사 출판운동으로 본 조선 후기와 일제 초기의 상업 출판과 언문의 위상」, 열상고전연구 제31집, 열상고전연구회, 2010년 6월)을 참고할 수 있다.

소유하고 있는 다양한 요소들이 존재한다. 지배 언어를 구사하는 능력
도 그 중의 하나다. 예컨대 한문을 능숙하게 구사할 줄 아는 사람이
적은 사회일수록 한문은 지배 언어로서의 역할을 충실하게 수행할 것
이고, 영어를 능숙하게 활용할 줄 아는 사람이 적을수록 영어는 사회의
지식 권력을 소유하게 되는 중요한 자산이 된다.

시조 가집은 18세기 들어서야 본격적으로 모습을 드러낸다. 조선
전기부터 유학자들 사이에서 시(詩)와 가(歌)를 구분하는 태도는 형성되
어 있었다. 이황(李滉)의 「도산십이곡발(陶山十二曲跋)」과 같은 글에서
보이듯, 시는 읊조릴 수는 있지만 노래할 수는 없다는 점을 들어서 한
시와 구별되는 우리말 노래의 필요성을 제기하였다. 그렇지만 노래의
필요성을 제기한다고 해서 그들이 시와 가를 동일한 선상에서 취급했
는지는 의문이다. 평소에 성정에 느끼는 바가 있으면 매양 '시'로 나타
냈지만 노래로 부를 수는 없는 것이어서 이속지어(俚俗之語)로 엮어야
한다고 하면서 그것이 나라 풍속의 음절 때문이라고 했다.[8] 그렇다면
이황이 이런 노래를 지은 까닭은 무엇인가? 우리나라의 노래는 대부분
음란해서 말할 만한 것이 못되기 때문에[9], 모범이 될 만한 노래가 필요
했기 때문이라는 것이다.

이와 같은 논리는 조선 시대를 통틀어서 유학자들에게 널리 받아들
여졌다. 우리말 노래를 짓는 유학자들은 이런 논리를 근거로 국문시가
를 창작했다. 그 이면에는 암묵적으로 우리말 노래가 한시에 비해 열등

---

8 閒居養疾之餘, 凡有感於情性者, 每發於詩. 然今之詩異於古之詩, 可詠而不可歌也.
   如欲歌之, 必綴以俚俗之語, 蓋國俗音節, 所不得不然也. (李滉, 「陶山十二曲跋」, 『退
   溪集』卷43; 『한국문집총간』30권, 한국고전번역원 영인, 468쪽)
9 吾東方歌曲, 大抵多淫哇不足言. (위와 같음)

한 것이며, 그것은 결코 한시의 중요한 역할을 대신할 수 없다는 생각이 깔려있다. 노래가 성정도야(性情陶冶)와 풍속교화(風俗敎化)에 도움이 된다고 생각은 했지만, 그것이 한시와 같은 차원에서의 역할 인정은 아니었다. 그들이 항용 인용하는 민요로서의 『시경(詩經)』은 그 논리를 뒷받침해 주는 중요한 전거였다.

조선 후기 시조 가집을 편찬한 사람들 역시 조선 전기부터 꾸준히 확산되어 온 위의 논리를 그대로 이용한다.

> 대저 시(詩)에서 풍(風)이란 주나라의 가요(歌謠)이다. 주나라가 쇠망한 뒤에 정나라와 위나라의 소리가 나타나 시도(詩道)가 이로 말미암아 없어지게 되었다. 진(秦)나라 시대에 이르러 사람의 성정에 감발되고 성률에 쟁쟁한 것이 고악부(古樂府)가 되었는데 지금에 가요라고 일컫는 것이 그것이다. 음곡(音曲)이 있으면 가(歌)라 하고 그것이 없으면 요(謠)라고 한다. 청탁고하(淸濁高下)와 음향절주(音響節奏)를 음양(陰陽)에서 취하고 손익(損益)에서 상생(相生)하는데 세상에서 가요를 짓는 자로 어떤 이는 그 소리를 잘 할 수는 있으나 그 소리의 뜻을 모르는데 매양 근심이 있다. 그러므로 나는 일러 더불어 시를 말할 수 없는 자와는 더불어 가(歌)를 말하기도 어렵다고 하였더니, 천택이 또한 꿈에서 깨어난 듯 탄식해 마지 않았다.(花史子, 「靑丘永言序」)

노래의 시원을 고대에서 찾는 것은 인간의 순수한 성정의 시원을 탐색하는 일이다. 노래는 시대와 인간을 반영하는 형식이므로 고대 국가에는 그것을 채록하여 백성들의 마음을 파악하고 정치의 득실을 살폈다. 이는 조선에도 그대로 받아들여져서, 조선 말기까지도 꾸준히 사용되던 논리이기도 했다.[10] 이 시기 가요를 채록한 것이 시의 출

발이라고 생각했기 때문에, 시와 노래는 늘 하나였다. 노래의 시원을
『시경』까지 끌어올림으로써 화사자는 시조의 전통을 고대 가요까지
이을 수 있는 근거를 마련하였고, 이렇게 연결되는 순간 시조는 (한)시
와 동렬에서 논의할 수 있는 지위를 마련하게 된다. 그렇다면 시와 노
래로서의 시조가 같은 차원에서 목표로 하는 지점은 어디인가.

공자는 산시(刪詩)하면서 정풍과 위풍을 버리지 않았으니, 이로써 선과
악을 갖추어 권계를 하려 한 까닭이다. 시가 어찌 반드시 「주남(周南)」
「관저(關雎)」라야 할 것이며, 노래가 어찌 반드시 순임금 조정에서 주고
받았던 「갱재(賡載)」라야 하겠는가? 다만 성정을 떠나지 않는다면 거의
된 것이다. 시는 풍아(風雅) 이래로 시대를 내려오면서 나날이 옛것과 멀
어졌고, 한위(漢魏) 이후로는 시를 배우는 자들이 다만 말 꾸미는 데에만
몰두하는 것을 해박하다고 여기고 경물을 아름다이 수놓는 것을 공교롭
다고 여겼다. 심지어 성률(聲律)을 까다롭게 따지고 자구(字句)를 단련하
는 법이 나오기 이르자 성정(性情)은 숨어 버렸다. 우리나라에 와서 이러
한 폐단은 더욱 심해졌지만, 오직 가요 한 분야만이 우뚝이 풍인(風人)이
남긴 뜻에 거의 가까웠다. 정(情)을 이끌어 발현하고 그것을 우리말[俚語]
로 표현하니, 읊조리는 사이에 유연히 사람을 감동시킨다. 길거리의 노래
의 경우에는 곡조들이 비록 바르게 다듬어지지 못하였지만 무릇 그 기뻐
하고 원망하고 거리낌 없고 솔직한 모습과 때깔은 제각각 자연의 진기(眞
機)로부터 나온 것이다. 가령 옛날 백성들의 풍속을 살피던 사람으로 하

---

10 "歌雖一藝, 乃盛世太平氣像之源流也."(朴孝寬·安玟英, 〈歌曲源流〉); 김흥규 등 공
편, 『고시조대전』, 고려대학교 민족문화연구원, 2012, 1240쪽. "歌者, 卽人性之和氣,
國風之脈祥."(김수장, 『海東歌謠序』, 『海東歌謠(周氏本)』), 같은 책, 1235쪽 ; 이 논문
에서 인용하는 시조 가집의 서발(序跋) 및 작품의 서발은 이 책에 수록된 원문을 사용하
면서 해당 부분의 쪽수를 밝힌다.

여금 그 노래를 채록하게 한다면 나는 그가 시(詩)에서 채집하지 않고 노래에서 채집하리라는 것을 알겠다. 그러니 노래를 어찌 소홀히 여길 수 있겠는가?[11]

이정섭(李廷燮)의 글에서도 시조의 권위를 『시경』에서 끌어온다. 그런데 여기서는 시조를 최고의 단계로 가져가지 않는다. 공자가 『시경』을 산정(刪定)할 때 주남이나 소남처럼 뛰어난 노래만을 수록하지 않고 정풍이나 위풍처럼 음삽(淫澁)한 노래도 수록했다는 점을 전제로 세움으로써 우리말(俚語)로 쓴 시조가 정풍이나 위풍 수준은 된다는 점을 은밀히 드러낸다. 물론 노골적으로 시조와 정풍 및 위풍을 동등한 위치에 놓은 것은 아니지만, 적어도 『시경』의 주남이나 소남 수준에 비교하는 것 같지는 않다. 그렇지만 우리말로 된 노래를 통해서 인성(人性)의 청탁(清濁)과 정치의 득실을 살피는 문제를 꾸준히 거론함으로써 '시가 동도론(詩歌同道論)'을 전면으로 부상하도록 만든다. 김득신(金得臣)에게서 볼 수 있듯이 '노래와 시는 진실로 하나의 도리'[12]라고 확언하기도 한다.

『시경』에 수록되어 있는 노래들을 수집한 취지와 공자가 정리한 의도가 인성과 정치에 연결시키지만, 역시 핵심어는 '진기(眞機)'라 하겠

---

11 孔子刪詩, 不遺鄭衛, 所以備善惡, 而存勸戒也. 詩何必「周南」「關雎」, 歌何必虞廷「賡載」? 惟不離乎性情則幾矣. 詩自風雅以降, 日與古背馳, 而漢魏以後, 學詩者, 徒馳騁事辭以爲博, 藻繢景物以爲工, 甚至於較聲病鍊字句之法出而性情隱矣. 下逮吾東, 其弊滋甚, 獨有歌謠一路, 差近風人之遺旨, 牽情而發, 緣以俚語, 吟諷之間, 油然感人. 至於俚巷謳謠之音, 腔調雖不雅馴, 凡其愉佚怨歎, 猖狂粗莽之情狀態色, 各出於自然之眞機. 使古觀民風者采之, 吾知不于詩而于歌, 歌其可少乎哉? (李廷燮, 「靑丘永言後跋」, 1223쪽.)

12 歌與詩, 固一道也. (金得臣, 청구영언서, 『靑丘永言(가람본)』, 1234쪽.)

다. 인간 마음 중에서 가장 진실한 요소인 '진기'는 그동안 하찮게 취급
되던 우리말 노래를 새롭게 보도록 만드는 핵심어다. 우리의 언어적
환경 때문에 한자–한문을 통해서 표현하는 것보다는 우리말로 표현하
는 것이 우리의 정서를 적확하고 아름답게 드러낼 수 있다. 이 점은
누구나 알고 있지만 조선 사회의 문화적 환경 속에서는 자신의 중요한
논리로 삼아 주장하기 어려운 것도 현실이었다. 이정섭은 '진기'를 통
해서 우리말 노래의 의의를 주장하고 있다. 나아가 『시경』의 본래 취지
에 맞추어 작품을 뽑는다면 조선의 한시보다는 시조와 같은 우리말
노래가 그 기준에 부합하리라는 결론에 이르게 된다.

흔히 조선 후기 천기론(天機論)의 전개와 연관시키는 것이기도 한 이
정섭이나 김천택 등과 같은 인물들의 진술은 조선 전기 성리학자들이
이야기하는 '성정지정(性情之正)'에서 허균이나 김만중과 같은 17세기
문인들의 글을 거쳐서 조선 후기 천기론자들에게서 보이는 '성정지진
(性情之眞)'으로의 변화가 어디까지 변화하여 도달하고 있는지를 잘 보
여주는 예이기도 하다. 중요한 것은 시와 노래를 동등한 위치에 놓기
위해 이들이 활용하는 개념이 바로 진기(眞機)였고, 그것을 전제로 했을
때 비로소 시가동도론이 힘을 받을 수 있었다.

시가동도론을 주장하기 위한 또 하나의 근거는 바로 한시 창작 계층
이 노래 창작 계층과 다를 바 없다는 점이었다. 예컨대 다음과 같은
글을 보자.

대저 문장시율(文章詩律)은 세상에 간행되어 오랫동안 전해져서 천 년
을 지나도록 사라지지 않는 것이 있다. 영언(永言)과 같은 것에 이르면
한 때 입으로 불리다가 자연히 잠잠해져 뒷날 없어짐을 면치 못하니 어찌

안타깝지 않겠는가. 고려 말에서 조선에 이르기까지 명공석사(名公碩士)
와 여정규수(閭井閨秀)의 작품을 하나하나 모아 틀린 것을 고치고 잘 써서
한 권의 책을 만들어 『청구영언』이라 이름하였다. 무릇 당세의 호사자들
이 입으로 읊조리고 마음으로 생각하게 하며 손으로 펼쳐 눈으로 보게
하여 널리 전하기를 꾀하는 바이다.[13]

　김천택의 주장은 한자로 기록되는 문장시율은 간행된 덕분에 오래도
록 전승이 되지만 노래는 일회적 발화에 의해 연행되므로 전승되지
못한다는 것이다. 한문을 활용하는 계층이 그것만을 가지고 자신의 생
각을 표현한 것이 아니라 노래로도 표현하였는데, 일회성을 지닌 노래
는 사라지는 바람에 남아있지 않다는 것이다. '명공석사'에서 '여정규
수'에 이르기까지 모든 계층이 노래를 연행하고 전승하는 것에 참여했
으니, 이야말로 한문학에 부럽지 않다.[14]

　시와 노래가 하나라는 것은 결국 인성의 교화와 국가의 태평을 드러
낸다는 점에서 같기 때문이다. 한자를 표현 매체로 하는 시와 발화를
표현 매체로 하는 노래가 그 효용 면에서 같은 것이라고 한다면, 결국
이들의 우열을 만들어내는 것은 노래를 표기하는 수단인 언문이 문제
가 된다. 이와 관련하여 김천택의 발언은 흥미롭다.

---

13 夫文章詩律, 刊行于世, 傳之永久, 歷千載而猶有所未泯者. 至若永言, 則一時諷詠於
　口頭, 自然沈晦, 未免湮沒于後, 不慨惜哉? 自麗季至國朝以來, 名公碩士及閭井閨秀
　之作, 一一蒐輯, 正訛善寫, 釐爲一卷, 名之曰『靑丘永言』, 使凡當世之好事者, 口誦心
　惟, 手披目覽, 而圖廣傳焉. (金天澤, 「靑丘永言後跋」, 『靑丘永言(珍本)』, 1233쪽.)
14 이 외에도 다음과 같은 부분에서 같은 취지의 주장을 볼 수 있다. "원부(怨夫), 과부(寡
　婦), 공자(公子), 왕손(王孫), 소인(騷人), 호사(豪士) 등."(花史子, 靑丘永言跋); "盖東
　國歌謠, 自勝朝以來, 名臣碩輔騷人逸士靜女才子之所寓興寫情, 得志失志, 感於中而
　發於咨嗟詠歎, 隨其所感."(續小樂府幷序, 〈三家樂府〉)

우리나라 사람들이 지은 가곡(歌曲)은 전적으로 방언(方言)만을 사용한
다. 간간이 문자(文字)를 섞기는 하지만 대체로 언서(諺書)를 써서 세상에
전하여 유포된다. 대개 방언의 사용은 그 나라 풍속에 달려있는 것이어서
그렇게 하지 않을 수 없다. 가곡이 비록 중국의 악보와 비견하여 나란히
두더라도 또한 볼 만한 것이면서 들을 만한 것이 있다. 중국에서 이른
바 가(歌)라고 하는 것은 곧 고악부(高樂府) 및 새로운 소리를 관현(管絃)
에 얹은 것 등이 모두 이것이다. 우리나라는 번방(藩邦)의 소리로 발화하
고 문어(文語)로 돕는다. 이는 비록 중국과 다르기는 하지만 그 정서와
경계(境界)는 모두 실려 있으며 궁음(宮音)과 상음(商音)이 조화롭게 섞여
서 사람들로 하여금 영탄해 마지않으면서 손발로 춤을 추니 그들이 최종
적으로 돌아가는 곳은 한 가지다. 마침내 세상에 전하는 것 중에서 빼어난
것을 모아서 따로 아래와 같이 기록하는 바이다.[15]

노래가 시의 반열에 올라도 충분하다는 점을 누차 강조했는데, 그
노래를 한자로 옮기기는 불가능하다는 점이 문제였다. 우리의 노래는
'언서(諺書)'로 표기해야 하는데, 언서의 문화적 권력은 한문에 비해 낮
고 미약했다. 물론 언문 역시 문맹인 사람들에게는 커다란 문화 권력이
었지만, 한문에 비해서는 소수 언어에 속했다. '방언'으로 언급된 우리
말은 우리 풍속에 맞추어서 형성되고 발전되어 온 것이므로 그것을
중국말이나 한문으로 발화할 수는 없다. 그렇지만 그것을 언문으로 적
어놓은 것을 보면 표기 문자의 차이만 있을 뿐 볼 만한 것도 있고 들을

---

15 我東人所作歌曲, 專用方言, 間雜文字, 率以諺書, 傳行於世. 蓋方言之用, 在其國俗,
不得不然也. 其歌曲, 雖不能與中國樂譜比竝, 亦有可觀而可聽者. 中國之所謂歌, 卽
古樂府暨新聲被之管絃者, 俱是也. 我國則發之藩音, 協以文語. 此雖與中國異, 而若
其情境咸載, 宮商和諧, 使人詠歎淫佚, 手舞足蹈, 則其歸一也. 遂取其盛行於世者, 別
爲記之如左. (金天澤, 蔓橫淸類序, 『청구영언(진본)』, 1233쪽)

만한 것도 있다고 했다. 이는 시와 마찬가지로 내용이나 형식(혹은 연행 결과)에서도 뒤떨어지지 않는다는 것이다. 정서와 경계 및 음의 조화를 통해서 사람들을 감동시키는 것은 인성의 교화와 태평성대를 반영하는 노래로 발현되므로, 우리 노래가 시에 비해 뒤떨어질 이유가 없다는 것이다. 이렇게 해서 시와 노래가 돌아가는 최종 지점은 같다는 논리로 연결된다.

노래의 발생이 조선이라는 지역이므로 내용의 충실한 표현과 음의 조화는 당연히 조선의 언어로 구성되었을 것이고, 그것을 한문으로 번역하는 순간 음악의 조화로움은 파괴된다. 바로 여기에 언문이 끼어들수 있는 공간을 확보하게 된다. 이들은 우리말로 된 노래를 전면에 세우면서 그 아래쪽에 언문이라고 하는 표기 수단을 배치한다. 이렇게되면 언문은 소수 언어로서의 표기 문자가 아니라 내용과 음악적 형식에서 시를 표기하는 한자와 대등한 위치를 가진 표현 수단이 된다. 지역마다 그 나름의 언어 형식이 있기 때문에 '그렇게 하지 않을 수 없다.' 이미 허균이나 김만중에서 분명하게 그 모습을 드러낸 바, 문학과 같은 예술이 중요하게 여겨야 하는 것은 참된 성정을 표현하는 것이라는 문학론이 시조 가집의 서발을 쓴 사람들에게는 시조를 평가하는 기준을 확정하는 근거가 된다. 기존의 연구자들이 언급한 바와 같이, 그것이 바로 앞서 언급한 '진기(眞機)'라는 개념으로 제시된 것이다. 김천택이 말하는 '자연의 진기'라는 것이 일체의 인위적인 장식이나 조작이 가해지지 않은, 사람의 본원적 심성—성정(性情)을 뜻한다[16]고 할 때 시조는 『시경』의 시를 포함하여 중국과 조선의 모든 노래를 평가하는

---

16 김흥규, 『조선 후기 시경론과 시의식』, 고려대학교 민족문화연구소, 1982, 161쪽.

기준으로서의 '진기'를 전면에 배치하고 있는 것을 발견할 수 있다. 이러한 주장을 통해서 우리는 더 이상 언문으로 자신의 사상과 감정을 드러내는 것이 부끄러운 일이 아니라는 점을 자신도 모르게 인식한다. 그것은 중국과 조선의 독자성을 강조하는 것이고, 풍토에 따라 말이 다른 것을 인정하는 것이다. 조선의 노래를 조선의 말로 만들어 부르는 것은 당연한 일이고, 그것을 조선의 문자인 언문으로 표기하는 것 역시 당연한 것이다. 이렇게 되면서 언문은 새롭게 자신의 문화적 지형도를 만들어가고 있었다.

4. 공존에서 독립으로

지배 언어의 강한 자장 안에서 소수 언어의 생존은 늘 위협 받는다. 생존을 위해 자신만의 공간을 만들고 거기에 새로운 언어 문화적 지형도를 만든다. 어떤 언어든 자신을 중심으로 문화적 지형도를 만들려고 애를 쓴다. 그러나 사회적, 정치적, 경제적 혹은 문화적 환경 때문에 그러한 노력은 대부분 무위로 끝난다. 앞에서 언급한 것처럼, 언어들 사이에서 만들어지는 관계는 그 전략에 따라 크게 세 가지로 구분된다. 하나의 언어가 소멸되거나, 다른 언어를 흡수하여 동화시키거나, 혹은 공존을 선택한다.[17]

---

17 언어 사이의 관계에 따라 취할 수 있는 전략에 대해 미우라 노부타카는 네 가지로 제시한 바 있다. ① 자신의 언어를 버리고 지배 언어에 동화한다(종속적 동화) ② 지배 언어를 거부하고 민족어에 의해서 저항한다(저항에 의한 독립) ③ 公私의 장면에 따라 지배 언어와 모어를 나누어 사용한다(소극적 공존) ④ 소수 언어를 정비하여 지배 언어와

필자가 논의한 내용을 토대로 조선 후기 가집에서 보이는 언문의 노력을 정리해 보면 이렇다. 한시를 포함한 한문은 오랜 전통을 가지고 있다는 점을 인정한다. 그런데 그 시원을 찾아 올라가보면 『시경』과 같은 노래에 연결이 된다. 노래는 애초에 일회적 발화에 근간을 둔 구비문학이다. 그것을 한자라는 표기 수단으로 기록하여 시공간을 넘어서 후대로 전승될 수 있었던 것이다. 그렇다면 우리의 노래 역시 오랜 역사를 가지고 있는 것이 아니겠는가. 모든 노래의 근원에는 인간의 순수한 마음이 표현되어 있고, 그 시대와 그 지역에서 불리는 노래를 잘 살피면 당대의 정치를 살필 수 있는 실마리를 발견할 수 있다. 거기에 담긴 인간 본연의 순수한 마음을 '진기(眞機)'라고 한다면, 그 진기는 시조 작품에도 그대로 담겨있다. 게다가 시조는 평민 이하 하층민들의 노래가 아니라 명공석사(名公碩士)로부터 여정규수(閻井閨秀)에 이르기까지 모든 조선인들이 짓고 부르며 즐기는 양식이다. 이런 점에서 보면 결국 한시와 시조는 같은 반열에서 논의할 수 있다. 다만 그것을 표기하는 문자에서 차이가 난다. 그 한자(한문)의 차이는 최만리 등의 갑자 상소에서 볼 수 있듯이, 중세 사회로 진입한 조선의 입장에서는 한 걸음 앞선 문명의 상징과도 같은 것이었다. 그렇게 한문과 언문 사이의 우열이 고착화되어 가는 동안 인간의 순수한 마음을 중시하는 문학론이 발전하였고, 이에 따라 시조를 주목하는 사람들 사이에서 언문의 사회적 장애는 큰 문제가 될 것이 없다는 인식을 키워가게 되었다. 이

나란히 공용어로 한다(직극직 공존)이 그것이다. 이에 관해서는 미우리 노부티키, 「식민지 시대와 포스트식민지 시대의 언어 지배」(이연숙 등 공역, 『언어 제국주의란 무엇인가』, 돌베개, 2005), 22쪽을 참조하라.

런 과정을 거쳐서 시가(詩歌) 분야에서 언문은 한문과 대등한 내용과 형식을 갖춘 시조를 표기하는 문자로 인정을 받게 되었다. 이를 위한 하나의 전략으로서 내세운 것이 바로 '시가동도론(詩歌同道論)'이라 할 수 있다.

그렇다면 여기에서 보이는 전략은 무엇일까? 표면적으로는 당연히 공존이라 할 수 있다. 그것은 훈민정음이 창제된 이래 계속 되어왔던 전략이다. 어쩌면 전략이라고 하기도 어려울 정도의 당연한 전략이다. 다만 한문을 소유하고 있는 계층들에 의해 언문은 늘 비공식적이고 사적인 공간에서만 사용되는 언어로 밀려나고, 심지어 언문을 아예 사용하지 않는 인물이 많을 정도로 언어적 권력의 지형도 내에서 주변부 쪽으로 배제되었다. 이러한 현상이 조선 시대 문학에서 흔히 보이는 언어 층위의 분리로 나타난 것이다. 공식어로서의 한문과 비공식어로서의 언문이 두 개의 층위를 이루어 문화적 지형도를 만들어오는 동안 언문은 자신만의 새로운 활로를 찾기 시작했다.

공식어로서의 한문이 주도적 권력을 쥐고 있었지만, 문제는 한문을 통해서 조선 사람들의 개인적 감정과 사상을 섬세하게 표현하는 것은 어려웠다. 조선인들의 사상 감정을 한문으로 번역하는 순간 구체적이고 살아있는 듯한 표현과 생각의 흐름은 사라지고 그 위에 한문이 구축해 놓은 보편성만 남는 것이었다. 중세 공통 문어의 특징이기도 하지만, 구체적이고 특수한 부분을 소거하고 보편성만 남은 세계는 관념적 권력이 구축될 가능성이 높아지고 그 밑바탕에 한문이 구축한 세계가 자리하고 있었다.

이러한 세계에 작은 균열을 내기 시작한 것이 바로 노래로서의 시조였다. 노래는 일회성이라는 불리한 조건 아래 있기는 했지만, 봄으로 구현하는 구체적이고 살아있는 양식이었다. 시조 작품을 한문으로 번역할 수 없는 이유가 바로 거기에 있었다. 그 구체성과 생생함을 유지하기 위해서는 시조를 만들어낸 언어와의 결합은 포기할 수 없었다. 시조 담당층은 시조가 어떻게 『시경』의 시와 같은가를 드러냄으로써 시조라는 노래를 부각시키고자 했지만, 자신도 모르는 사이에 그것은 당시의 조선 문화 지형도 안에서 한문이 구축한 문화에 균열을 내는 표기 수단으로서의 언문을 강조하게 된 것이다. 그들이 시(詩)와 노래의 담당층이 같다는 점을 강조할 때도, 시와 노래가 표현하는 인간의 정서가 같다는 점을 주장할 때도, 나아가 시와 노래가 당시의 정치적 득실을 똑같이 반영한다는 점을 강조할 때도, 노래로서의 시조와 함께 표기 수단으로서의 언문은 자신의 언어 문화적 권력을 새롭게 구축하면서 새로운 문화 지형도를 그릴 준비를 하고 있었던 것이다. 조선에서 일제 강점기로 바뀌는 동안 언문은 민족어로서의 이미지를 획득하게 되고, 드디어 한문에서 언문으로 언어 권력의 주도권이 넘어가는 결과를 가져온다.

이 글은 지난 2015년 전남대학교 인문학연구소에서 발간한 『용봉인문논총』 46집에 게재된 것이다.

참고문헌

김흥규 등 공편, 『고시조대전』, 고려대학교 민족문화연구원, 2012, 1223~1235쪽.

김흥규, 『조선 후기 시경론과 시의식』, 고려대학교 민족문화연구소, 1982, 161쪽.

마이클 김, 「서양선교사 출판운동으로 본 조선 후기와 일제 초기의 상업 출판과 언문의 위상」, 『열상고전연구』 제31집, 열상고전연구회, 2010년 6월.

미우라 노부타카·이연숙 등 공역, 「식민지 시대와 포스트식민지 시대의 언어 지배」, 『언어 제국주의란 무엇인가』, 돌베개, 2005, 22쪽.

민현식, 「갑자 상소문의 텍스트언어학적 분석 연구」, 『어문연구』 제39권 제3호, 2011년 가을.

이황, 『퇴계집』; 『한국문집총간』 30권, 한국고전번역원 영인.

정병설, 「조선 시대 한문과 한글의 위상과 성격에 대한 일고」, 『한국문화』 제48집, 서울대학교 규장각 한국학연구원, 2009.

조동일, 『공동문어문학과 민족어문학』, 지식산업사, 1999, 14쪽.

关于东亚语言的认同性与方言的地域性之考察

权 宇

【국문초록】

동아시아에서의 언어의 정체성과 방언의 지역성에 관한 고찰

중국 명청(明淸)시기는 중한일 문인들의 교류가 매우 빈번한 시기였다. 교류와 상호왕래를 위해, 한일 두 언어는 "한음(漢音)", "당음(唐音)", "당화(唐話)"에서 대량의 한자독음(讀音)과 한자어휘를 차용하였다. 이러한 언어문화배경아래, 동아시아 3국간에는 비슷한 "방음(方音)"정체성과 "동음(同音)"관계가 형성되었다. 또한 중국어의 불균형적인 발전으로 인해, 부동한 지역 간에는 비슷한 방언정체성과 "공동어"관계가 형성되었다. 이로 인해 한어음이 가지고 있는 일종의 독특한 문화맥락과 초지역성언어라는 이중성을 띠게 되었다. 본문에서는 언어의 정체성과 방언의 지역성 관계에 대해 정리, 고찰하여 동아시아 언어공동체문제를 합리적으로 논술하기 위해 필자의 관점을 제시하고자 한다.

본문은 주로 아래와 같은 몇 개 측면에서 구체적으로 논술하고자 한다. 첫째, 한자독음(讀音)변에서, "한음(漢音)"은 중국 한당(漢唐)시기로부터 명(明)조시기에 조선시대에 유입된 고대한어발음을 가리키는

데, 한국인들은 글을 읽을 때, 먼저 "음독(音讀)"을 하여 "그 국음(國音)으로 직독(直讀)"하여 왔다. 일본어에서는 아직도 "오음(吳音)", "한음(漢音)", "당음(唐音)" 또는 송음(宋音)"으로 구분하는데, 그 중 "당음(唐音) 또는 송음(宋音)"은 에도(江戸)시대에 유입된 중국 명말청초(明末淸初)시기의 발음이며, 일본사람들이 글을 읽을 때 "당음을 차용하여 훈독(訓讀)"을 하였다. 둘째, 중국어구두어 방면에서, 한국에서는 조선시대(중국의 원말명청시기)에 이미 당시의 북경말을 표준음으로 하여 편찬한『로걸대』,『박통사』등이 한국 사람들이 중국어를 배우는 중국어 교과서로 유행되었다. 그러나 "한어(漢語)"의 지위는 무역에 쓰이는 공구언어에만 국한되었으며, 경적전장(經籍典章)의 한문학의 학문적 지위에는 따를 수가 없었다. 일본어에서도 "한어(漢語)"와 "당어(唐語)"로 나뉘는데, 그 중 "당어(唐語)"는 에도시대에 대량적으로 유입된 명청(明淸)시기의 통속소설 중의 어휘, 즉 중국의 속어를 가리킨다. 그러나『당화찬요(唐話纂要)』등 "당화(唐話)" 교과서가 편찬되고 출판됨에 따라 "당화학(唐話學)"이라 불리는 일종의 신흥학과도 나타나기 시작하였다. 셋째, 이역방언면에서, "방언(方言)", 즉 "방언(邦言)"을 가리키는데, 이는 동일한 한어문화권에서의 다른 지역의 특색 있는 어휘를 가리키는 것이다. 많은 한국인들의 관점으로 볼 때, 한어는 인정하는 표준어이지만, 모국어는 일종의 "방언(方言)"에 지나지 않았다. 일본에서도 마찬가지였는데, "방언(方言)"은 "화어(和語)"나 "방어(邦語)"를 가리키는 말로써, "당화(唐話)"와 비교되는 말이었다. 이로부터 한일 두 나라의 "방언(方言)"은 비록 서로 다르지만, 그들이 가리키는 "천하(天下)"와 유교는 서로 같다고 볼 수 있다.

一、"汉音"、"唐音"的局限性与"音训法"的差异性

韩国汉字音，指的是朝鲜语中汉字的读音。其中15世纪使用的汉字音是朝鲜时期流入的汉唐到明朝时期的古汉语发音。早在朝鲜世宗(1418~1450)时期，包括其本人在内的许多朝鲜"集贤殿"的优秀学者，在创制朝鲜文字期间，曾十几次前来中国明朝进行关于音律学的研究。

至于创制自己文字的动机，诚如在『训民正音』序言中所说："国之语音，异乎中国，与文字不相流通。"他们认为，当时的一部分汉字语音不同于中国语音，所以需要用自己的文字弥补当下语音之差距。为了便于相互"流通"，他们同时学到了当时标准的广东话和福建话。『朝鲜李朝实录』载："世宗'命直集贤殿成三问，应教申叔舟，奉礼郎孙寿山，问韵书于使臣。郑麟趾曰：'小邦远在海外，欲质正音，无师可学。本国之音，初学于双冀学士，冀亦福建人也。'使臣曰：'福建之音，正与本国同，良以此也。'三问等将『洪武韵』讲论良久。"[1]

从以上史料中我们可以了解其"福建之音"与"本国之音"之间的亲缘关系。而明『洪武正韵』曾引起了成三问等学者的极大关注，他们还受世宗之命翻译『洪武正韵』，并完成了有助于训练朝鲜人的汉语发音用的韵书『洪武正韵译训』。成俔(1439~1504)『庸斋丛话』卷七云："世宗设谚文厅，命申高灵、成三问等制谚文。初终声八字，初声八字，中声十二字，其字体依梵字为之。本国及诸国语音文字所不能记者，悉通无碍。『洪武正韵』诸字亦皆以谚文书之。……无知妇人无不瞭然晓之。圣人创物之智，有非凡之所及也。"[2]。可见，用谚文注音的『洪武

1　吴晗『明代朝鲜人的汉语学习』，『朝鲜李朝实录中的中国史料』，中华书局，1980，第459页。
2　成俔『庸斋丛话』卷七，『韩国诗话全编校注』一，第291页。

正韵』就可以依中国音韵，书写"本国及诸国语音文字"。正因为这样，所以在历史上，韩国语在使用汉字的时候保留了大量的汉字的读音。比如"人间"二字，韩国语念"音干"，广东话念"养干"，福州话念"音干"，普通话念"任尖"；"街"字，韩国语念"该"，粤语念"该"，福建话念"gei"，普通话念"接"等，此类读音和南方方言基本一致。

朝鲜中宗(1506~1544)时期，国王非常重视汉语汉文化在朝鲜的传播，曾打算向明朝派遣留学生，但从未受到邀请，却遭到了拒绝。据鱼叔权『稗官杂记』记载：

> 自永乐以来，本国屡请遣子弟入学，辄不许。天顺庚辰，光庙又遣官奏请，英宗皇帝降敕谕曰："今得王奏称，国在海外，文学未精，兼又吏文汉音不得通晓，欲照历代旧例，遣子弟入学等，仍具悉……矧今王国诗书礼义之教，传习为有素，表笺章奏与夫行移吏文，悉遵礼式。虽未能尽通汉音，而通事传译，未尝不谕，又何必子弟来学，然后为无误哉？朕遵祖宗之制，不欲慕袭虚美。王亦当恪守旧规，率励国中子弟，笃志经籍，则自有余师，人才不患其难成，而事大不患其有碍也。王其体朕此意，毋忽。"余按，英皇此敕，不许儒学，其意甚坚，今虽恳请，礼部必查例固拒也决矣。[3]

就这样，尽管"屡请遣子弟"入明的愿望未得到满足，但朝鲜为了更多的培养通晓"汉音"的人才，始终不渝地付出了巨大的努力。加之由于当时诸多韩国学者学习经史书籍，研究儒家义理，所以朝鲜每年派使节前往北京，与中国始终保持密切关系。为此，识新音律、学新儒学，成为朝鲜始终一贯的现实需求。高丽王朝末期的文臣、诗人李益斋(1288~1367)曾入元朝，他与元朝当时诸多文人进行过广泛的沟通

---

3 『韩国诗话全编校注』一，人民文学出版社，第760页。

和交流，并在传播程朱理学的过程中作出了重要贡献。徐居正『东人诗话』云："吾东方语音与中国不同，李相国、李大谏、猊山、牧隐，皆以雄文大手未尝措手，惟益斋备述众体，法度森严。先生北学中原，师友渊源必有所得者。"[4]文中所谓"语音"，指的是"音律"。我们从洪万宗『小华诗评』中可以得到证实："我东人不解音律，自古不能作乐府歌词。世传李益斋(斋贤)随王在燕邸，与学士姚遂诸人游，其『菩萨蛮』诸作为华人所赏云。岂北学中国，深有所得而然耶?"[5]语音的不同就体现在文学元素的"音律"上，可这都与韩国人特有的"异域方音"或"藩音"密切相关。洪万宗『旬五志』云："按『象村集』，其书『芝峰朝天录』歌词曰：'中国之所谓「歌词」，即古乐府暨新声被之管弦者俱是也。我国则发之藩音，协以文语，此虽与中国异，而若其情境咸载，宫商谐和，使人咏叹淫佚，手舞足蹈，则其归一也云。"信哉言乎![6]朝鲜诗人申钦(1566~1628)号象村。他在『书芝峰朝天录歌词』中认同"与中国异"的东国之"藩音"的同时充分肯定了"东人"歌词的存在价值，表达了作者对民族文学的清醒的认识。

　　反观日本，在17世纪的锁国体制下，日本人通过长崎舶来的商品、书籍间接地接触中国文化。中国的通俗读物与常用之书不少是明末、清初东渡到日本的中国遗民传到日本的。东渡日本的中国人当中，以隐元隆崎(1592—1673年)为首的应邀去日本的弟子们渡日后以明音读法弘传黄檗教义。宽文元年(1661)，在宇治兴建了黄檗山万福寺。除黄檗派的寺院外，在宗门的教义和日常生活中都保持"唐风"，甚至在

4　『韩国诗话全编校注』一，第183页。

5　『韩国诗话全编校注』三，第2321页。

6　『韩国诗话全编校注』四，第2538~2539页。

念经的时候也用了"唐音"。即"唐音"是江户时期通过黄檗宗传入日本的中国明末清初的"汉字音"。如：椅子(イス)、蒲团(フトン)、行灯(アンドン)、行脚(アンギャ)、馅(アン)、明(ミン)、清(シン)、普请(フシン)、白汤(パイタン)、石灰(シックイ)、馒头(マンジュウ)等。

此外，在长崎的唐通事及其同事们的作用也非常巨大。所谓的唐通事就是根据幕府的任命从事中国贸易的那些翻译官，幕初大多是由侨居的中国人或他们的后裔担任。然而实行锁国政策以来，长崎的"唐音"作为一种职业性的语言逐步成为一种学问[7]，荻生徂徕则把它称作"崎阳之学"。荻生徂徕门生宇野士郎用详细的理论来说明了有关"唐音"的问题，并提出了读破"唐本"的良策："字者华之物也，持华音读之，亦何疑？而音者之音，曰华音捷径也。华音既通，览书无倭读之累，载笔无倭习之病。"但在当时的历史条件下，日本人所学的唐音，往往是从中国渡海而来的几经变化了的黄檗宗的中国音，会话里也夹杂者已经日本化了的口音，听起来犹如诵经。如何采用原文原音的学习方法，排除唐话习得过程中的日本汉字音的障碍，是要亟待解决的问题。对此，雨森芳洲在『橘窗茶话』谈到：

（一）以干者为师，一传之后，变为国音，黄檗宗诵经可见矣。辗转至久，全然不相似。

（二）我国人学唐音，到底止得个干，如萨奥人学京音，何曾免乎干。

（三）今之所谓汉音，即唐音，昔谓之汉音，今谓之唐音。干唐音可半年三个月都了…，节奏不在此例。读书有节奏，必须学于唐人而得。

7　中村幸彦著『中村幸彦著述集·唐話の流行と白話文学書の輸入』昭和五十九年三月二十日発行，第14页。

如上所述，"以干者为师"就意味着"隔靴搔痒"，很难弥补语言上的缺陷。雨森芳洲所谓的"干"就是枯燥无味之意；"干唐音"就是指受到日语汉字音的干扰而变调了的，僵硬而干燥的华音。三浦梅园在『诗辙』中反映当时日语音韵的实况时说："今之文字虽源于中国，但其吴音、汉音也并非中国之本来面目，因和音又如同隔墙见物，故字义句法等误者不鲜。"[8]可见，当时一部分汉字语音之差距。不过，为了解决欲学唐话者这一难题，雨森芳洲提倡首先以唐人为师，亲近唐人记熟唐话就可以收到事半功倍的效果。又如他在其『橘窓茶话』中所说：

> 今井小四郎从幼亲炙朱之瑜，后为水户府文学，神通唐音，做文敏捷。余少年时问其弟子曰：四郎读书专用唐音耶。答曰：固用唐音，训读亦不废，意者，此乃学唐人中之杰然者也，韩人亦是如此"（『橘窓茶话』卷之下）。

由此看来，今井小四郎因少时与当时流亡日本的明朝遗民朱舜水有很深的交往，所以学到了如此地道的唐音唐话，且不废训读，在他看来这一切却都顺理成章。广濑淡窗在『淡窗诗话』中也指出："邦人不通唐音，故不能知音节之异同，故唯选汉人用法之多且正者以从之。"[9]又如原田东岳『诗学新论』引用荻生徂徕的话："本邦之人不识华音，读书作诗，一唯和训是凭，故其弊也，视'丽'若'华'，则裴颐倡陋"。[10]也正因为日本人几乎皆不谙华音，阅读和创作汉诗文"常以和训而通用文字，故诗文之语误者不鲜。"[11]所以当时之人读书作诗，强调学习"华音"，提倡摒弃"和训"陋习。诚如中井竹山『诗律兆』卷之十一"论五"所云："近时

8　『日本詩話叢書』第七卷 卷之五 第107页。

9　『日本诗话丛书』第四卷『淡窗诗话』卜卷，第261页。

10　『日本诗话丛书』第三卷，第295页。

11　卢玄淳『诗语考附录』，『日本诗话丛书』第一卷，第125页。

一二儒先言诗, 以学华音为主。其意盖谓诗原乎讽咏, 华音既同, 则声律偕否, 古人风调, 求之讽咏, 皆自然而得焉。苟不之知, 所作皆是邦习, 令华人见之, 不免匿笑矣。"[12]

然而, 学习唐音至少需要花费很长的时间和精力, 相比之下、学习朝鲜(韩国)语却由于汉字、语法等特点, 学起来快捷、方便, 可以说一年可成。这无疑激发了日本人学习朝鲜语的极大的兴趣。按此推理, 雨森芳洲通过近三年的在釜山倭馆学朝鲜语的经历, 对掌握中朝日三国不同语言的难易程度, 有了亲身的感受。他深有体会地说:"正因为是反音, 所以朝鲜语非常近似于我国的语言, 我下了前后三年的工夫, 就可以不用通事(翻译), 用简单的语言处理眼下的事情, 可我虽然用心学了六十年的唐话, 却很难达到朝鲜语一半的水平"。韩国人运用的直读法毕竟跟日本人有着很大的不同。换句话说, 日本人操唐音比起韩国人更显得有些费力。基于这种认识, 雨森芳洲从比较语言学的角度, 深层地剖析了韩日两国语中的汉字音读和训读的本质特征。仅就『芳洲先生文抄·音读要诀抄』中可以找到如下详细纪录:

(四) 书莫善于音读, 否则字义之精粗, 词路之逆顺, 何由乎得知, 譬如一助语字, 我国人则目记耳, 韩人则兼之以口诵, 音读故也, 较之于我国人太差。

(五) 韩人教人读书, 先以音读, 此一层也。待稍熟后以反言教之, 如我国人训读, 上下成读, 是知文义, 此二层也。已熟又教以音读, 至于背诵而后已, 此三层也。故初学者卒业之书, 未尝不背诵。比我国人, 大学一篇或不能诵, 相去远矣。

(六) 凡读书, 韩国人皆用国音, 平仄自分, 而节奏存焉。非我国人

---

12 中井竹山『诗律兆』卷之十一,『日本诗话丛书』第十卷, 第315页。

假用唐音，难以记熟。此一便也。凡字译以国语谓之，释皆用肠炎，虽幼稚者亦得知之，非如我国所谓训者，动非常言，待讲解而后明，此二便也。每遇句读处，各有一吐(助词)，如我国天仁於搏(テ－ニ－オ〈を〉－ハ)，此三便也。

（七）凡会音读者，积勤烂熟则不反不直之间，自可解晓文意。或有问者，余必答之曰："我今不暇上下成读，非诳也。然平居默思书意，则不免乎仍旧以反言求之。是未成变为唐人也。然此非所病也。韩人亦如此耳。"(『芳洲先生文抄』〈音读要诀抄)

类似音读与训读法，并非韩国语独有，然而如前所述，荻生祖徕也曾主张废止训读，并采用类似音读直读法，然而日本人用的是"假用唐音"，加上音律节奏难分，难免存在着相当的局限性，而终止得个"干"的程度。尽管如此"我等学唐之人，不能如韩人之用其国音而直读之也。究竟韩人亦不能变为唐人，何况我人乎"(『橘窗茶话』卷之下)。遗憾的是，日韩学唐之人在语言体系上都存在着相似性，但在读法上却多高处一筹，然而有趣的是韩国人还是难以改变自己的民族身份，把自己变成唐人。

二、"汉语"习得与"唐话学"的兴起

韩国李朝时期，十分重视对华关系，为保证对华外交，李朝非常关注汉语人才培养。而当时的汉语学习者当中也不乏精通汉语的赴明使臣。成俔『慵斋丛话』记载："太祖开国，以赵宰臣胖生长中原，为使而遣之。高帝引见诘责。胖曰：'历代创业之主，类皆顺天革命。非独我国也。'微指大明之事。语用汉人之语，皇帝曰：'汝何知中国语？'胖曰：'臣生长中原，曾见陛下于脱脱军中。'皇帝问当时之事，

胖一一言之。皇帝下榻执胖手曰：'脱脱军若在，朕不至此。卿实朕之交友。'仍以客礼待之，书「朝鲜」二字而送之。"[13]朝鲜使臣用中文与皇帝进行接触交流，却享受到高皇帝的"客礼"待遇，并成功得到了"朝鲜"国号，足见其使臣的汉语水平之高。

与此相对照，明朝皇帝却曾表达了对朝鲜使臣汉语水平的不满。在『朝鲜李朝实录中的中国史料』中有如下记载："你那里使臣再来时，汉儿话省的著他来，一发不省的不要来。"[14]明朝对朝鲜官方使节的要求，使李朝政府充分认识到普及和提高汉语水平的必要性和紧迫性。因此设立了"掌译诸方言语"的"司译院"，编写了很多汉语教材，进一步促进了汉语在本土的教学与传播，所以在汉语研究方面取得了丰硕的研究成果。鱼叔权『稗官杂记』较真实地反映了当时朝鲜的基本情况。其中说道："崔同知世珍，精于华语，兼通吏文，屡赴燕质习，凡中朝制度物名，靡不通晓。尝撰『四声通解』、『训蒙字会』以进，又奉教谚解『老乞大』、『朴通事』等书，至今学译者，如指诸掌，不烦寻师。自中庙中年，凡事大文书皆出公手。"[15]可见，十五至十六世纪的朝鲜学者崔世珍(1473~1542)曾屡次赴燕学习华语，又在承文院担任过汉语教师。他对音韵学造诣颇深，编纂了不少供汉语学习的教材和汉、朝对译的谚解书籍。其中『四声通解』是一部用韩文给汉字注音的韵书。此外，李朝时期流行的『老乞大』和『朴通事』是以当时的北京话为标准音而编写的两种汉语会话书。而崔世珍所撰『老乞大谚解』和『朴通事谚解』是上述两本书的谚文翻译本。其中在『朴通事谚解』中有

---

13 『韩国诗话全编校注』一，第270页。

14 吴晗『朝鲜李朝实录中的中国史料』中华书局，1980，第140页。

15 鱼叔权『稗官杂记』二，蔡美花·赵季主编『韩国诗话全编校注』一，第786~787页。

以下一段对话：

"我两个部前买文书去来。""买什么文书去？""买『赵太祖飞龙记』、『唐三藏西游记』去。""买时买『四书』『六经』也好，既读孔圣之书，必达周公之礼，要怎么那一等平话？""『西游记』热闹，闷时节好看。有唐三藏引孙行者，到车迟国，和伯眼大仙斗圣的，你知道么？"根据上述对话内容，我们可以看出，时人除了读"孔圣之书"之外，"闷时节"还读一些用白话文写的『西游记』等通俗小说，而以西游故事为内容的元代"平话"也用到汉语会话内容的教科书上。

然而，如同江户时期"唐话"的中文地位一样，这种"译学"远不及经籍典章的汉学，而仅纯粹出自于贸易使用的工具语言。这就表明了韩日两国语言观的趋同性。就通俗小说而言，虽然通过使臣或者译官携带进来的中国的文学作品在社会上广泛流传，曾风行一时，但在传统观念上，朝鲜的儒学家们把小说看成是伤风败俗的妄诞杂书，否定了小说的价值和意义。显然这很像将小说文学看成是"雕虫小技"、"丈夫不为"的中国古代传统观念。通过一些资料可以考证，当时的李朝时代是如何对待这一问题的。尤其是如何摆正唐话与小说的位置关系上，至少与江户时代的情况是有所不同的。

与此对照，元禄、享保年间(1688~1735年)日本随着用白话(口语体)写的明律注释以及明清通俗小说大量传入，日本各地广泛流行白话，即"唐话"。至于"唐话"太宰春台(1680~1747年)『和读要领』云："所谓华语就是中华的俗语，现在的唐话。因此，有志于文学者必习得唐话。"这对急于熟练唐话的文人来说，有很大的启发和帮助，而这种语言上的选择，无疑反映了日本文人心理上的认同。

如果说东亚三国古代语言交流史的角度来考察三种语言体系中的相互关联的话，那么，作为主流民族语言，习得唐话显得尤为突出。然而日本文人当中真正懂得唐话的人并不多见。因白话小说中杂有俗语，所以"非精通俗语者"或"身份低贱者"要是没有坚实的根底，就不能读懂唐船"新舶来之书"，通常需要渡来唐人或精通"唐语"者出面解释疑难问题。毋庸置疑，汉民族语言和周边其他民族语言之间，确实存在着相当的差异，唐音唐话对于日本人来讲毕竟是不同体系的外国语，这就必然会给日本文人直接阅读和理解唐话小说带来不少困难。

的确，对当时的日本人来讲，习得唐话并不是一件容易的事。江户中期的儒者荻生徂徕(1666~1728年)从学习唐话的角度考虑，否定传统的汉文训读法。推崇用中国读音直读汉文，并主张"习得唐话，首先以当今的中国读音来欣赏汉诗"，即所谓"汉文直读论"。他在『译文筌蹄题言十则』中说道：

> 此方自有此方言语，中华自有中华言语，体质本殊，有何吻合，是以和训回环之读，虽若可通，实为牵强。而世人不省，读书作文唯和训是靠，即其识称淹通学极宏博，尚访其所以解古人之语者，皆似隔鞋瘙痒。

他根据中日语言结构上的悬殊差异，点出了和训回环颠倒方法的弊端，阐明了"只有学得崎阳之学，才能成为中华之人"(『译文筌蹄』)的学问之道。但当他初次与黄檗宗的中国僧悦峰道章进行笔谈时，谈到了自己学习唐话的经历，他说："小的前年学学唐话几话，却像鸟言一般。写是写，待开口的时节，实是讲不得。"[16]其实，他不擅长于实用口语会话，开口就像"鸟言一般"，显而易见，欲求达到相当熟练的程度，只凭借汉文直读法，恐怕并非简单之事。用芳洲的话来说，"此国之人要读中文，本来就很难的事"，因为"我东人不识四声"(『橘

---

16 石崎又造『近世日本支那俗语文学史』58、昭和 15年、弘文堂。

窗茶话』卷之上)，"言语差而风俗殊"(『甘雨亭丛书』〈芳洲口述〉五)，所以，读起来"太费力了"(『甘雨亭丛书』〈芳洲口述〉五)。[17]换言之，从头到尾通读的汉文直读法，需要掌握汉字的发音上的声调，又要顾及语言形态上的助词的区别使用法等，所以付出的代价是可想而知的。

雨森芳洲长期活跃于对朝外交和对中通商的要塞地带对马。他谈到自己开始接受唐话教育的学习经历时说："始则捕风捉影，茫乎无下手处。少焉一如搏沙，放手则散"，他操起半生不熟的唐话，只学得了一点皮毛的学问，但经过多年的努力总算达到了"大致与本国语相近的唐音唐话，眼前的事情可以跟汉人当面进行交流"的程度。后来他"用心唐话五十余年，自朝至夕不少废歇，一如搏沙难可把握。七十岁以上略觉有些意思，也是毡上之毛了。"[18]可以看出，芳洲确实孜孜不倦地为熟通唐话，通晓唐音而倾注了一生的心血。他又在『橘窗茶话』谈到：

(八)我东人欲学唐话除小说无下手处，然小说还是笔头话，不如传奇直截平话，只恨淫言亵语不可把玩，又且不免竟隔一重鞋，总不如亲近唐人耳提面命之为切矣。

(九)或曰：学唐话须读小说可乎，曰：可也。然笔头者文字，口头者说话，依平家物语，以成话人肯听乎。

为了解决欲学唐话者这一难题，他提倡首先不分俗语和方言，要读懂白话文的传奇，即"嘴上话"或者读些传奇小说之类的通俗读物。因为，文学作品既是对象国文化的精髓又是口语的精华，所以有必要多

17　板倉勝明著『甘雨亭叢書·芳洲口授』五，1845～1856年，安中城主板倉勝明印刊，第4页。

18　雨森芳洲著『橘窓茶話』日本随筆大成第二期第七卷，吉川弘文館，昭和四十九年三月二十日発行，第349页。

读些如以三国故事为题材的平话小说。而以唐人为师，亲近唐人记熟唐话就可以收到事半功倍的效果。关于习得唐话，他曾在『橘窗茶话』中写道：

> 汉土人，以无穷之词，吐无穷之情，谓之诗，人人可以能之。我国人以有穷之词，欲吐无穷之情，何以能得。朝鲜人亦复如此。但彼去汉土不远，国音顺便，加以文学联系振古相寻故，有时或仿佛之诗。盖以我国人比朝鲜人，彼富而此乏，他壮而我弱也。

如此看来，他是从中朝日三国的地理环境、语言体系以及诗作功底等诸方面客观地进行了评价，并用事实说明了"彼富此乏、他壮我弱"的不利因素。同时阐明了三国文化交流史上的汉字汉文的"同文"关系，以及在寻找出输出和接受的流动方向前提下，认定出地域间的语言之差异。

冈岛冠山(1675~1728年)的汉文功底很深。18世纪初他曾编纂『唐话纂要』等一系列唐话教科书。释大潮在其序文中指出："崎阳学，一华音足矣。学兴冠山子唐话纂要出，而学者好之不啻玄酒粱肉也。后有赓译便览及唐音雅俗语类，学者谓天实生才哉!即道崎阳以为标帜矣。"他出生在长崎，"尝在崎阳，与诸唐人，相聚谭论"，接触异文化，少时已通晓唐语。他的"一时一起一坐一咲一嗽，无不肖唐"(『唐话纂要』序文)。而后唐人和日本人"无不伸舌以称叹之"(『唐话纂要』跋文)。他的唐话是熟读稗官小说，如从清代『肉蒲团』之类的艳情小说作品而习得的。诚如雨森芳洲在『橘窗茶话』中所说："冈岛援之(冠山)只有肉蒲团一本，朝夕念诵，不顷刻歇。他一生唐话从一本肉蒲团中来。"[19]这正说明了稗官小说给"唐语"学习者带来的积极影响。如此看

---

19 雨森芳洲著『橘窗茶話』日本随筆大成第二期第七卷, 吉川弘文館, 昭和四十九年三

来，荻生徂徕、雨森芳洲、冈岛冠山等从事唐通事的语言学者都做了大量的工作。此外，在柳泽吉保的宅邸，或在将军德川纲吉出席的场合曾用"唐话"讲解『大学』。在将军德川纲吉就近的场所如此盛行"唐话学"[20]，可以充分说明17世纪日本对中国新舶来文化的认同程度。

三、地域别方言的地位与母语的关系

对韩国来说，在儒家文化的观照下，大多数韩国文人一向追随中国文化，头脑里有一种摸不掉的"小中华"意识。『明史』记载："朝鲜在明虽称属国，而无异域内。"在中朝关系日益密切的当时，这种认识在明朝得到了普遍认同。朝鲜文人也有类似的看法，崔溥认为："盖我朝鲜，地虽海外，衣冠文物，悉同中国，则不可以外国视也。"也就是说，朝鲜人并不认为自己是外邦，甚至很多文人都视明朝和朝鲜无内外。然而，就文字而言，朝鲜国民很难使用从中国引入的汉字来表达其韩语所特有的语境和情感。基于这种现实，在世宗大王的积极倡导之下，创制出了一种"以记其国之方言"的朝鲜谚文。但是当时却很难得到一些儒臣们的认同。崔万理等朝鲜文人曾批评朝鲜世宗命令使用谚文时说："自古九州之内，风土虽异，未有因方言而别为文字者。唯蒙古、西夏、女真、日本、西蕃之类，各有其字。是皆夷狄事耳。"他们认为，世上虽然"方言"不同，却使用相同的文字，而不同地域的人有各自口音，但为了仰慕和追随汉文化，而不应创制自己的文字，成为夷狄之邦。此外，北学派先驱洪大容(1731~1783年)直言不讳地

月二十日发行，第414页。
20 上垣外宪一 『锁国的比较文明论』讲谈社 1994，第196页。

指出："朝鲜固东方之夷也，风气褊浅，方言侏离，诗律之工，固已远不及中华，而词操之体益无闻焉。"[21]在很多韩国人看来，汉语是认可的标准语，而母语只不过是一种"方言"而已。正因为这样，从字里行间里隐约地透露出对自国朝鲜实非中国之所及的现状的不满。

然而，从另一个角度来讲，朝鲜文人对中国方言一直抱着浓厚的兴趣，并且有很深的造诣。如鱼叔权的『稗官杂记』云："'不分'二字，中国方言也。分与喷同。不分即怒也。犹言未喷其怒而含蓄其怒也。老杜诗，'不分桃花红胜锦，生憎柳絮白于锦。'生憎即憎也，亦方言也。不分即方言，故以生憎对之。东坡诗，'不分东君专节物'亦此意也。成苗朝，谚解杜诗者，误以不分之分，为分内之分，遂使东人承误而用之，竟不知不分之意。"[22]朝鲜文人对汉学与"方言"问题的关注由来已久。就"方言"而言，随着谚文的推广和普及，更在一定程度上促进了汉学的发展。朝鲜前期『四贤文庙从祀之建议』一文中说："如崔致远、薛聪、安裕，或以文章倡一时，或以方言解九经，或以有功于学校……。"[23]就是说，用"异域方言"解读其儒家经典。

在这样一种心理认同之下，身为"东方之夷人"，他们在肯定中国诗歌的同时，也认定了以"方言"诗歌的语言来发出的自己的声音。朝鲜朝洪万宗在肃宗四年(1678)『旬五志』中说道："以中华之人，其词或不入腔，或不叶音，况我偏邦，宁望其能为词曲耶？湖阴之字字强究，希合音律者，不亦劳哉？我东人所作歌曲，专用方言，间杂文字，率

21 洪大容『大东风谣序』，『韩国文集丛刊』248，民族文化推进会，2000年，第73页。

22 『韩国诗话全编校注』一，第754~755页。

23 韩右劤、李泰镇编『四贤文庙从祀之建议』朝鲜前期篇『韩国文化史』一志社，首尔：1984年 第333页。

以谚书传行于世。盖方言之用，在其国俗，不得不然也。其『歌曲』，虽不能与中国乐谱比，并亦有可观而可听者。"[24]他对母语的诗歌音律有很深的理解。并对其盛行于世的『歌曲』给予充分肯定。又洪万宗『小华诗评』卷之上云："世谓中国地名皆入文字，诗更佳。如'九江春艸外，三峡暮帆前'，'气蒸云梦泽，波撼岳阳城'等句，只加数字而能生色。我东方皆以方言成地名，不合于诗云。余以为不然，李容斋『天磨録』诗'细雨灵通寺，斜阳满月台'。苏斋『汉江』诗'春深楮子岛，月出济州亭'，诗岂不佳？惟在炉锤之妙而已。[25]而有关方言的地名属对的认识问题，柳梦寅『於于野谈』云：

> 或曰中国地名皆用文字，诗人用以属对，如不夜城、赤甲山……皆青白为配，触地而得之。我国方音成地名，不合于诗云云。难之者曰："是不然。我国地号到处多偶，…以方言称之，老奴项、背岩洞、高嶺寺、求理街、唐坡巷、汉井洞、弥助项、愁里嶺类，随地而在。只以我国少诗人罕有是对。"或者语塞。[26]

至于"方言"地名入诗，有些人看来多少有些难以接受，甚至会引起一系列的争论。然而，如何摆正"方言"地名和中国地名的位置关系，摆平正常的民族文化心态，仍成为一个无法回避的重要课题。

相对而言，江户时代，日本通过与"明末流亡者们"以及与朝鲜通信使节的广泛接触和交流，加快了各国文化相互吸收和融合，促进了江户时代新的学问的形成。

首先，『元元唱和集』是1663年在日本刊行的一部中日诗人合著的诗

---

24 『韩国诗话全编校注』四，『旬五志』第2538~2539页。

25 『韩国诗话全编校注』三，第2337页。

26 『韩国诗话全编校注』二，第1040页。

集。集内有明陈元赟(1587~1671)与日僧元政诗各一卷，其中元政『送元赟老人之尾阳诗』中说道："人无世事交常淡，客惯方言谈每谐，又君能言和语，乡音舌尚在，久狎十知九，旁人犹未解。"元赟和诗："方言不须译，却有颖舌在。坐久笑相视，眉语神自解。"原公道『先哲丛谈』卷二谈到："元能娴此邦语，故常不用唐语。"由此观之，文中"客惯方言谈每谐"、"方言不须译"的"方言"指的是"和语"或"邦语"，是相对"唐语"说的话。正因为陈元赟"能言和语"、"能娴此邦语"，所以不需译其"方言"。木下顺庵向朝鲜通信使成翠虚的一首赠送诗云："相逢何恨方言异，四海斯文自一家。"他明确表明，虽然日韩两国的"方言"各异，但这个世界和儒学是一家的观点。

其次，17世纪前后，首先在长崎发展起来的"唐通事"的活动在与中国商船交涉当中起到了不可估量的积极作用。当时"唐通事"所使用的"唐话"不少是中国的方言，分别有"南京口"、"福州口"、"漳州口"等三个方言口音，并以南京话为主。然而，江户儒者元瑜主张，当下接触唐人，为当翻译而学的"唐音"，与眼前为学问而学用声韵的趣向大不相同。即欲要学诗赋的声韵之学，首先就要习得"唐音"，辨知雅俗之别，操其纯粹的"正音"。[27]从儒家"学问"的角度来讲，"正音"指的是雅正之诗什，泛指诗篇、诗作。然而，比起操"唐音"的来说，日语无疑是"异域方音"。如祇园南海『诗诀』云："即使汉土也很难掌握的词语，生在假名之国，日夜所言所闻不过是方俗之词语，一旦乍发出风雅之声音，好比楚人学齐语还要难。"[28]可以说，日本文人非常重视诗作能力，出于易见功效的心理，克服"方言口音"上的悬殊差异，面向不同

---

27 元瑜『过庭纪谈』，『日本随笔大成』第五卷。吉川弘文馆1974年复刊。
28 『日本诗话丛书』第一卷，第28页。

层次的学者诗人，力求学诗要先除"方俗之词语"，但是，因为出生环境的原因要发出"风雅之声音"并不是一件很容易的事情。

　　而就习得中华言语而言，荻生徂徕主张应该采用音读法来解读汉诗文。他在其『译文筌蹄·题言十则』中指出："此方学者，以方言读书，号曰和训，取诸训诂之义，其实译也，而人不知其为译矣。古人曰：读书千遍，其义自见。余幼时，切怪古人方其义未见时，如何能读。殊不知中华读书，从头直下，一如此方人念佛经陀罗尼。故虽未解其义，亦能读之耳。若此方读法，顺逆回环，必移中华文字以就方言者，一读便解，不解不可读。"[29]所谓"和训"是日文所用汉字的一种发音方式，其实是以相应的和语"方言"词翻译。荻生徂徕认为，只要按照从头到下的"汉文直读法"来解读汉文，就亦能不假"方言"，直学华言。

　　荻生徂徕弟子服部元乔(1683~1759)在『文筌小言』中也曾说道："此方学者间或国字所拘，一诵诗书方言，颠倒未始问句读脉络如何。所谓焉、哉、乎、也，助以为章者，顽然为长物，则虽颇通其义，亦即隔靴。"[30]由此得知，日本人诵诗书带"国字"，操方言，未免有些隔靴搔痒。至于作诗之趣，源孝衡『诗学还丹』卷之下"诗思"云："诗其意同于和歌连歌，言其志无别于唐与倭……若同此国人易以方言咏歌一样，作诗亦是自成易事。"[31]又云："诗为中土之文字也，而歌因连接方言，故作和歌容易作汉诗难。然其意无异。"[32]他认为，和歌与诗同其意，只要掌握与方言和语相关的诗语，初学者作诗入门会变得很容易。

---

29 参见马歌东『日本汉诗溯源比较研究』，中国社会科学出版社，2014，第44页。
30 服部元乔『文筌小言』，安永九年(1780)京都須原屋平助、須原屋平左衛門刻本，4a。
31 『日本诗话丛书』第二卷，第195页。
32 『日本诗话丛书』第二卷，第198页。

　　总而言之，所谓"方言"指的是一种语言(口音)，其实也就是"四方之言"。以中原为中心的华夏民族视自己为"中"，视周边民族为"外"，则"方言"也就是"外语"。从这个意义上讲，"方言"即指"邦言"，是同一汉文化圈里的异域之特色语词。在东亚，韩日两国在"言语差而风俗殊"的文化背景下，接受和认同了来自"汉唐音"、"汉语"、"唐话"文化的强大影响力，以及弱势语言上的悬殊差异。然而更值得注目的是韩日两国曾经保留了大量的汉字的读音和词汇，且享有了汉语方言的地位。的确，这种视角是与地域别各语言的相似性和亲缘性相联系的。

参考文献

1、中村幸彦著『中村幸彦著述集·唐話の流行と白話文学書の輸入』昭和59，第14页。

2、权宇『日中诗话比较研究』延边大学出版社，2010．第370页。

3、石崎又造『近世日本支那俗语文学史』，第58页

4、板倉勝明著『甘雨亭叢書·芳洲口授』五，1845～1856年，安中城主板倉勝明印刊。

5、上垣外宪一『锁国的比较文明论』讲谈社 1994，第196页。

6、雨森芳洲著『橘窓茶話』日本随筆大成第二期第七卷，吉川弘文館，昭和49年，第414页。

7、元瑜『过庭纪谈』，『日本随笔大成』第五卷。

8、服部元喬 『文筌小言』，安永九年(1780)，京都須原屋平助、須原屋平左衛門刻本，4a。

9、韩右劤、李泰镇编『四贤文庙从祀之建议』朝鲜前期篇『韩国文化史』一志社，1984，第333页。

10、『韩国诗话全编校注』四，『旬五志』第2538～2539页。

11、洪万宗『小华诗评』卷之上(『韩国诗话全编校注』三，第2337页)。

한국어 강조표현에 대한 인지언어학적 해석

강보유

1. 서론

강조표현은 언어 보편성을 띠지만 언어에 따라 특수성이 강하게 비치는 언어표현이다. 한국어는 강조표현이 돋보이는 언어로서 그 표현이 다양하다.

강조표현은 그간 독자적인 형태소를 가지고 있지 않다는 약점 때문에 독립된 문법범주 설정이 문제되고 있다. 그럼에도 불구하고 강조표현은 감정 표현의 변화법으로 처리하거나 서법의 하나로 처리하면서 논의는 계속되고 있다.

권재일(2012:412)에서는 현대 한국어에서 문법범주로 강조법을 설정하면서 일정한 문법형태소에 의해 실현되는 범주는 아니지만 음운적, 어휘적, 파생적, 형태적, 통사적인 여러 가지 방법으로 실현된다고 하였다.

강조표현이란 화자의 주관적 태도에 의해, 지시 내용을 대조적으로 강화하여 표현하는 것을 말한다. 강조표현은 대개 형태 기능 표지의 유표항으로 나타나게 되는데, 한국어에서는 강조표현을 위해 흔히 일반 표현구조에 강조기능 표지를 첨가하는 방식을 취한다.

이 글에서는 인지언어학적 측면에서 유표성과 도상성 원리로 주관적 표현으로서의 강조표현이 어떻게 실현되고 있는지를 분포와 기능을 중심으로 살피기 때문에 강조표현의 문법범주 설정에 대한 논의는 피하려고 한다.

먼저 강조표현의 분포와 기능에 대해 살펴본 다음 그에 대한 인지언어학적 해석을 시도하기로 한다.

2. 강조표현의 분포와 기능

한국어에서 강조표현은 어휘구조, 통사구조, 문법형태에 분포되어 강조적 기능을 수행하는데 구체적으로 보면 아래와 같다.

1) 어휘구조에서의 강조표현

어휘구조에서의 강조표현은 흔히 동어 반복 혹은 동의어 반복에 의한 완전 '동의중복(tautology)'으로 나타나는데, 주로 형용사와 형용사, 부사와 부사의 반복으로 강조의미를 나타낸다.

  (1) 붉디붉다, 푸르디푸르다, 누르디누르다, 희디희다, 검디검다, 맑디맑다, 넓디넓다, 차디차다, 달디달다, 쓰디쓰다
  (2) 크나크다, 기나길다, 머나멀다
  (3) 넓고넓다, 맑고맑다, 하고많다(하많다)

(4) 너무너무, 아주아주, 빨리빨리, 어서어서, 끝끝내, 곧바로

이런 어휘구조에서의 강조표현은 극치에 대한 강조기능을 한다. 동의중복이라 해서 모든 것이 강조표현으로 쓰이는 것은 아니다. '가다가다', '하나하나', '반짝반짝'은 동작이나 상태의 반복일 뿐, 강조는 아니다.

2) 통사구조에서의 강조표현

통사구조에 의한 강조표현은 비슷한 의미를 가진 문장성분의 반복에 의한 부분 '동의중복'으로 나타난다. 구체적으로 보면 강조표현은 관형구조, 수식구조, 보충구조, 부정구조, 조응구조에서 나타난다.

(1) 관형구조에서의 강조표현

(5) 名山＜이름난 名山; 靑年＜젊은 靑年; 老人＜늙은 老人; 空間＜빈 空間; 廣場＜넓은 廣場; 同甲＜같은 同甲; 白髮＜허연 白髮; 少女＜어린 少女; 好人＜맘씨 좋은 好人; 不死身＜죽지 않는 不死身; 長대＜긴 長대; 大門 ＜큰 大門; 丹楓＜빨간 丹楓; 沃土＜기름진 沃土; 難題＜해결하기 어려운 難題; 과거＜지나간 과거; 햅쌀＜올해 나온 햅쌀

(6) 예비신부＜결혼을 준비하고 있는 예비신부

(7) 문맹자＜읽을 줄도, 쓸 줄 도 모르는 문맹자

(8) 신제품＜새로 개발한 신제품

(9) 불가피한 상황＜어찌할 수가 없는 불가피한 상황

이와 같이 관형구조에서 많은 강조표현들을 찾아볼 수 있다. (5)의

'이름난 名山'은 '名山'에 대한 강조표현이다. (6)의 '예비신부'는 '결혼을 준비하는 신부'이고 (8)의 '신제품'은 '새로 만든 물건'이다. 여기서 강조표현으로 쓰인 관형어는 잉여적인 것이어서 생략해도 의미전달에는 아무런 지장이 없다. 관형어는 새로운 정보 제공 기능이 아닌, 객관적 사건 서술에 대한 강조기능을 하고 있을 뿐이다.

(2) 수식구조에서의 강조표현

(10) 兩分하다<둘로 兩分하다; 相議하다<서로 相議하다; 自覺하다<스스로 自覺하다; 圖解하다<그림으로 圖解하다. 着席하다<자리에 着席하다,; 乘船하다<배에 乘船하다; 豫習하다<미리 豫習하다

(11) 청결하십시오<깨끗이 청결하십시오.

(12) 세계는 축구열기로 달아오르다<세계는 축구열기로 뜨겁게 달아오르다

(13) 검디검은 머리칼<칠흑같이 검디검은 머리칼

(14) 희디흰 속살<눈처럼 희디흰 속살

(15) "그런 사람만이 살아남을 수 있도록 여러 부조리한 정책과 제도를 만들어 아무런 소통도 없이 강력히 집행"하는 점이야말로 가장 가장 큰 문제라는 비판이다. (한겨레 : 2011.4.15.)
(큰 문제 <가장 큰 문제<가장 가장 큰 문제)

수식구조에서의 강조표현도 관형구조에서의 강조표현과 같은 원리로 해석될 수 있는데, 인접성분 간 상호 동의중복 해석을 통해 강조기능을 하는 것으로 볼 수 있다.

(3) 보충구조에서의 강조표현

(16) 대기업의 부도는 하청 업체에게 엄청난 **피해를 입힌다**.
    (고려대 한국어대사전)

(17) 그는 **타자를** 아주 잘 **친다**. (고려대 한국어대사전)

(18) 위원회는 김 과장을 징계하기로 **결론을 맺었다**. (고려대 한국어대사전)

(19) 그녀는 교통사고로 심한 **부상을 입고** 병원으로 후송되었다.
    (고려대 한국어대사전)

(20) 사람들은 **박수를 쳐서** 용감한 그의 행동에 찬사를 보냈다.
    (고려대 한국어대사전)

(16)은 '피해를 입히다'는 동의중복에 의한 강조표현으로 '피해를 주다'보다 정도성이 더 강조된 표현으로 볼 만하다. (17~20)에서 밑줄을 친 부분은 동의중복으로 된 보충구조를 이루고 있지만 강조의 기능이 미약하여 기능상의 정도성 차이를 보여준다.

(4) 부정구조에서의 강조표현

부정표현은 긍정표현에 대한 부정 표지로써 실현되는데, 아래와 같은 잉여 부정(redundant negation) 표현에서는 부정사 '못'과 '안'은 부정 의미가 아닌, 화자의 주관성을 강하게 나타낸다.

(21) ㄱ. 너를 **못** 본 지가 참 오래구나.

　　 ㄴ. 너를 본 지가 참 오래구나.

(22) ㄱ. 영화관에 **안** 가본 지가 20년 넘는다.

　　 ㄴ. 영화관에 가본 지가 20년 넘는다.

잉여 부정표현 (21 ㄱ)과 (22 ㄱ)에서는 부정사 '못'과 '안'에 초첨이 놓이면서 화자의 강한 주관성을 나타냄으로써 긍정표현인 (21 ㄴ)과 (22 ㄴ)에 대한 강조표현으로 서로 대응된다고 볼 수 있다.

(5) 조응구조에서의 강조표현

(23) 야구장은 **매** 경기**마다** 사람들로 꽉 찼다. (고려대 한국어대사전)

(24) **비록** 사소한 것일**지라도** 묵과하지 않다. (조선말대사전, 사회과학출판사)

(25) 이 계획이 **만약** 성공한**다면** 우리는 큰돈을 벌 수 있을 것이다.
(고려대 한국어대사전)

(26) **나도 역시** 반대다.

조응구조에서의 강조표현은 관형사, 부사와 조사, 어미의 조응에서 나타난다. 이때 강조표지로 쓰이는 관형사, 부사는 잉여적인 것으로 무표항으로 처리해도 의미전달에는 아무런 지장이 없을 것이지만 유표항으로 처리됨으로써 정보전달의 기능 강화 역할을 하게 된다. 그래서 동의중복에 의한 강조표현은 화자의 주관적 의도에 따른 '의미 강화' 표현이라고 할 수 있다.

3) 문법형태에 의한 강조표현

리근영(1985:283~292)과 김용구(1989:176~182)에서는 문법적의미의 강조형으로 '강조토'를 설정하고 있는데, 한국어에서의 교착어 특성을 살렸다는 점에서 돋보인다.

리근영(1985:286~290)에서의 몇 예를 인용하면 다음과 같다.

(27) 꽃에 물을 준다 < 꽃**에다(다가)** 물을 준다.

(28) 글로 표현하다 < 글**로써** 표현하다.

(29) 책을 마저 다 읽고 떠났다 < 책을 마저 다 읽**고서** 떠났다.

(30) 듣자니 최우등했다며 < 듣자**니까** 최우등했다며.

이상의 소위 '강조토'들은 단어의 문법적 형태를 직접 조성하는 것이 아니라 일정한 문법적 형태에 붙어서 그 형태의 문법적 의미를 정밀화하고 강조하는 기능표지로 쓰임을 알 수 있다.

(31) ㄱ. 중국에서 시작된 차 문화는 유럽으로까지 건너갔다.

　　 ㄴ. 중국**에서부터** 시작된 차 문화는 유럽으로까지 건너갔다.
　　　　 (고려대 한국어대사전)

(32) ㄱ. 재윤이는 학교에서 집까지 쉬지 않고 뛰었다.
　　　　 (이희자·이종희, 한국어 학습용 어미·조사 사전)

　　 ㄴ. 그는 학교**에서부터** 집까지 쉬지 않고 뛰었다.
　　　　 (고려대 한국어대사전)

(31 ㄴ)과 (32 ㄴ)은 다 같이 출발점을 나타내는 부사격조사 '-에서'와 보조사 '-부터'가 겹쳐 쓰임으로써 출발점을 강조·확인시켜 주는 기능을 하고 있다.

격조사의 기본 기능은 문법적 관계를 나타내는 것이라는 것은 주지의 사실이다. 그런데 격조사는 항상 통사적 격 표지 기능만 하는 것은 아니다. '위치 이동'으로 화자의 주관성이 투사되면서 양태 의미로의 변화를 가져오는데, 강보유(2014:107)에서는 이를 〈격조사의 주관화〉라고 한다.

격조사는 문법적인 격기능 외에도 주관화된 의미기능을 하게 되는

데, 아래와 같이 주격조사와 목적격조사는 위치 이동을 할 경우에는
강조적인 의미기능을 하게 된다.

(33) 꽃이 예쁘지 않다. < 꽃이 예쁘지**가/를** 않다.
(34) 보고 싶지 않다. < 보고 싶지**가/를** 않다.
(35) 말이 멀리 뛴다. < 말이 멀리**를** 뛴다.
(36) 도대체 집에 가게 해야 말이지. < 도대체 집에**를** 가게**를** 해야 말
이지.

(33~36)에서 주격 '-가'와 목적격 '-를'이 쓰인 위치가 문법적으로
어떤 격 자리인지를 알 수 없지만 그것이 첨가됨으로써 그 유표항이
강조적인 의미기능을 한다는 것만은 명확하다. 주격조사와 목적격조
사가 전형적인 원형의미로 쓰일 때에는 주격과 목적격의 기능을 나타
내지만 그렇지 않은 경우에는 선행하는 성분을 강조하는 의미기능을
나타냄을 알 수 있다(김제욱 2003:135).

(37) 나는 비빔밥을 먹고 싶어요. < 나는 비빔밥**이** 먹고 싶어요.
(38) 저는 어머니를 보고 싶어요. < 저는 어머니**가** 보고 싶어요.

(37,38)에서는 목적격의 자리에 주격 '-이/-가'가 쓰임으로써 주격
의 기능이 아닌 강조기능을 하고 있다. 한국어 모어 화자들은 '어머니
를 보고 싶어요.'보다 '어머니가 보고 싶어요.'라는 강조표현을 더 선호
하고 있는 점으로 미루어 〈격조사의 주관화〉가 현재진행형으로 생산
적으로 진행되고 있음이 예상된다.

이상에서 주격조사와 목적격조사는 문법적인 격기능만이 아닌 강조

기능 표지로도 쓰이고 있었는데, 결론적으로 주격과 목적격은 전형적인 원형의미로 문법적인 격기능을 나타내고, 주변적인 의미로는 화용론적인 강조 의미기능을 나타내고 있음을 알 수 있다.

3. 강조표현에 대한 인지언어학적 해석

인지언어학에서는 '원형효과'의 보기로 유표성을 들고 있다. 유표성은 무표항과 유표항 사이의 비대칭성을 말하는데, 무표항은 기본적이고 유표항은 파생적이다. 구조적으로는 유표항이 무표항보다 더 복잡하거나 크다. 빈도상으로는 유표항이 무표항보다 빈도가 낮다. 인지적으로는 유표항이 무표항보다 주의력, 정신적 노력, 처리 시간에 있어서 더 복잡하다는 것이다(임지룡 1997:418~419).

도상성은 '모방적 도상성'과 '구조적 도상성'으로 하위 분류할 수 있는데, 모방적 도상성은 자연 상태에 바탕을 둔 것으로서 기호의 주변적 성격을 띤다. 구조적 도상성은 언어형태의 어떤 특징들이 의미구조의 양상과 대응되는 것으로서 도상성의 핵심 영역이 된다. 구조적 도상성은 양적 도상성, 순서적 도상성, 거리적 도상성으로 갈라 볼 수 있다. 양적 도상성의 원리는 개념의 복잡성 정도가 언어적 재료의 양과 비례하는 경우를 말한다. 즉 형태적 복잡성은 개념적 복잡성과 일치하고 더 긴 언어표현이 더 많은 양의 개념적 정보를 반영함으로써 언어적 재료의 양은 처리되는 정보의 중요성 및 예측 가능성의 정도와 일치한다는 것이다(임지룡 2008:329).

양적 도상성과 관련하여 Haiman(1985:147~148)에서는 형태적 복잡성은 개념적 복잡성과 일치한다고 하였으며, Givón(1990:968~973)에서는 더 긴 언어 표현이 더 많은 양의 개념적 정보를 반영한다고 하면서 언어적 재료의 양은 처리되는 정보의 중요성 및 예측 가능성의 정도와 일치한다고 하였다.

지금까지 살펴본 강조표현들은 인지언어학적 시각에서 볼 때, 유표성과 양적 도상성과 관련되는데, 결과적으로 주관적 표현으로서의 강조표현은 유표항으로 제시되면서 형태상 유표적이고 구조상 반복되고 보다 복잡함을 보여주고 있다.

어휘구조와 통사구조에서의 강조표현은 흔히 완전 혹은 부분 동의중복으로 나타나는데, 여기서 중복된 부분이 객관적 기능으로 보면 잉여적이지만 주관적인 강조기능을 위해 유표성을 띠게 됨을 알 수 있다.

문법적인 관용표현에서 나타난 강조표현을 유표성과 도상성 원리로 해석하면 다음과 같다(강보유 2014:111).

(39) ㄱ. 아직까지는 잘 모르**기에** 좀더 지켜보겠다.
　　 ㄴ. 아직까지는 잘 모르**기 때문에** 좀더 지켜보겠다.
　　　　(고려대 한국어대사전)

(40) ㄱ. 자동차 배기까스**로** 대기가 오염되고 있다.
　　 ㄴ. 자동차 배기까스**로 하여** 대기가 오염되고 있다.
　　 ㄷ. 자동차 배기까스**로 인하여** 대기가 오염되고 있다.
　　　　(고려대 한국어대사전)

(39 ㄴ), (40 ㄴ), (40 ㄷ)은 문법형태에 어휘가 붙고 거기에 또 문법형태가 붙어서 이루어진 문법적 관용표현들로서 양적 도상성에 따른

강조표현으로 볼 만하다.

관용형 '-기 때문에'는 까닭이나 원인을 나타내는 불완전명사 '때문' 과 원인을 나타내는 조사 '-에'가 합성되어 이루어진 것이다. 동의중복 으로 이루어진 '-기 때문에'는 접속어미 '-기에'보다 원인에 대한 강조 가 더 강하게 나타난다고 할 수 있다.

관용형 '-로 인하여'는 원인을 나타내는 부사격 '-로'와 원인을 나타 내는 동사 '인하다' 그리고 원인을 나타내는 접속어미 '-여'가 삼중으로 겹쳐 이루어진 것이다. 그러므로 삼중의 '-로 인하여'는 이중의 '-로 하여'보다 강조의미가 더 강하고 이중의 '-로 하여'는 단일형의 '-로'보 다 더 강하게 나타난다. 즉 단일형보다 복잡형이 더 강한 강조의미 기 능을 하고 강조에 대한 강도 순위가 높아갈 수록 언어표현은 길어지고 있다는 데로부터 강조표현의 정도성 차이를 보아낼 수 있다. 결과적으 로 형태적 복잡성은 개념적 복잡성과 일치하고 더 긴 언어표현이 더 많은 양의 개념적 정보를 반영한다는 양적 도상성의 원리로 해석할 수 있다.

격조사의 '위치 이동'으로 인한 강조표현도 유표성과 도상성 원리로 해석이 가능해진다. 앞의 (34)와 (36)의 강조표현을 다시 해석하면 다 음과 같다.

(41) 보고 싶지**가**/**를** 않다.
(42) 도대체 집에**를** 가게**를** 해야 말이지.

(41)과 (42)는 통상적으로 격조사가 쓰이지 않거나 쓰일 수 없는 자 리에 주격과 목적격이 자체의 원형의미를 떠나 쓰임으로써 강조 의미

기능을 나타낸다. 즉 통사적 파격으로 형태상 유표적이고 구조상 보다
복잡함으로써 그것이 강조표현이라는 예측이 가능해진다.

　어순 전환에 따른 강조표현도 성분의 위치 이동으로 인한 어순도치
에서 찾아볼 수 있다.

　　(43) 밥을 어서 먹어.
　　(44) 어서 밥을 먹어.
　　(45) 먹어, 밥을 어서.

　(43)이 정상어순으로 된 일반표현이라면 (44)와 (45)는 강조하고자
하는 성분을 이동시킴으로써 강조기능을 나타내고 있음을 알 수 있다.

　이런 성분의 위치 이동으로 인한 어순 전환은 모두 화자의 주관성
투사에 의해 실현되는 강조표현의 유표성으로 해석이 가능해진다.

4. 결론

　한국어 강조표현은 결국 '의미중복' 현상으로서 일반표현보다 대조
적인 강화의 기능이 더 강하게 나타나고 있다. 이런 의미중복에 의한
강조표현을 혹자는 비표준적인 '잉여적 표현'으로 규정할지도 모르지
만 인지언어학적 시각에서 볼 때, 실제 언어생활에서 피할 수 없는 언
어표현으로서 화자의 주관적 태도를 반영하는 주관적 표현으로 볼 수
있다.

　인지언어학적 시각에서 유표성 개념으로 보면, 한국어 강조표현은

형태상 유표항으로 나타나고 도상성 개념으로 보면, 구조상 반복되거나 복잡함을 알 수 있다. 다시 말해 화자의 주관적 의도를 나타내는 강조표현은 유표적이고 객관적인 일반표현 구조보다 확장적이어서 유표성과 도상성이 항상 동반되고 있음을 알 수 있다.

한국어 강조표현은 일반표현에 강조 표지를 더해줌으로써 이루어진다. 어휘구조에서의 강조표현은 동의중복을 통해 극치에 대한 강조기능을 하고 통사구조에서의 강조표현은 동의중복 해석을 통해 강조기능을 하고 있다. 문법형태에서의 강조표현은 무표항에 대한 유표항의 대응으로 실현되거나 격조사의 위치 이동으로 인한 통사적 파격으로 실현되고 있었다. 문법적 관용표현에서는 유표항이 많을수록 강조기능이 더 강했다. 이로써 인지언어학적 시각에서 형태와 기능 간의 '도상적 사상(iconic mapping)'으로 한국어 강조표현을 효율적으로 해석함으로써 설명력을 갖게 되었다. 결과적으로 한국어 강조표현은 개념의 복잡성 정도가 언어적 재료의 양과 비례한다는 양적 도상성의 원리를 대변해 주고 있었다.

이 글에서는 강조표현의 분포를 중심으로 논의하면서 초분절음에 의해 실현되는 강조표현에 대해서는 논의에서 제외시켰다. 하지만 소리의 길이, 높이, 세기에 따른 강조표현도 음성학적 유표성 원리로 얼마든지 해석이 가능하다고 판단하면서 이 글을 마무리한다.

참고문헌

〈단행본〉

고영근·구본관, 『우리말 문법론』, 집문당, 2008.

권재일, 『한국어 문법론』, 태학사, 2012.

김용구, 『조선어문법』, 사회과학출판사, 1989.

김재욱, 『한국어 문법형태 연구』, 한국문화사, 2003.

리근영, 『조선어리론문법(형태론)』, 과학, 백과사전출판사, 1985

임지룡, 『인지의미론』, 탑출판사, 1997.

임지룡, 『의미의 인지언어학적 탐색』, 한국문화사, 2008

홍종선 외, 『국어 문장의 확대와 조사의 실현』, 박문사, 2009.

〈논문〉

강보유, 「인지언어학과 한국어 교육」, 『한국(조선)어교육연구』 제9호, 중국한국
(조선)어교육연구학회, 2014.

성기철, 「주격조사 '가'의 의미」, 『선청어문』 22 서울대 국어교육과, 1994.

임성규, 「강조법의 문법적 위상과 변별 기준」, 『한글』 제206호, 1989.

임지룡, 「국어에 내재한 도상성의 양상과 의미 특성」, 『한글』 제266호, 2004.

〈외국논저〉

罗澄 著, 『语言强调结构研究』, 武汉大学出版社, 2009.

Givón, T. Syntax: A Functional-typological Introduction, vol. 2. Amsterdam·
Philadelphia: John Benjamins Publishing Company, 1990.

Haiman, J. Natural Syntax: Iconicity and Erosion. Cambridge: Cambridge
University Press, 1985.

Littlemore Jeannette. Applying Cognitive Linguistics to Second Language
Learning and Teaching: Palgrave Macmillan, 2009. 김주식·김동환
옮김, 『인지언어학과 외국어교수법』, 소통, 2012.

『남송선생실기(南松先生實記)』 소재 가사 연구

박세인

1. 머리말

19세기 말부터 20세기 초 한반도는 동학을 시작으로 유례없이 여러 신종교[1]들이 등장하였다. 이 시기는 조선 왕조가 급격히 쇠락한 시기이자, 국력이 신장된 서구 열강들이 본격적으로 한반도에 제 모습을 드러낸 때이기도 하다. 당시 조선은 이러한 이중적 위기 상황을 타개하기 위해서 기존의 질서를 대체할 수 있는 새로운 세계관이 필요했으며, 서구 열강의 일방적 강압에 대해서 맞설 수 있는 힘이 요청되었다. 다양한 신종교의 탄생은 이러한 혼란한 사회적 분위기에 대한 민중들의 이른바 '문명적 응답'이라고 할 수 있다.[2] 본 논문에서 연구하고자 하는

---

[1] 이 시기에 태동된 우리나라의 토착 종교는 '신흥종교', '민족종교', '민중종교', '자생종교', '신종교' 등 다양한 명칭이 사용되고 있는데, 이중 가치중립적 성격이 강한 '신종교'라는 용어를 종교학계에서 많이 사용하고 있으므로 이를 준용한다.(이길용, 「수양론으로 본 한국 신종교의 구조적 특징-동학과 증산교를 중심으로」, 『동학학보』 제25호, 2012, 153쪽.)

『남송선생실기(南松先生實記)』[3] 또한 이러한 사회적·문화적 맥락에서
이루어진 문헌이다.

『남송』은 20세기 초에 등장한 신종교 중 가장 다양한 분화를 보이고
있는 증산교계(甑山敎系) 종교인 삼덕교(三德敎)를 창설한 허욱(許昱,
1887~1939)의 생애와 그의 유문(遺文)을 정리한 문집으로, '남송(南松)'은
바로 허욱의 호(號)이다. 『남송』은 허욱의 종교적 활동을 중심으로 생
애를 기술하고, 아울러 그의 종교적 교리를 담은 글이 덧붙여져 있다.
종교적 성향이 강한 『남송』을 주목한 까닭은 여기에 국문가사 32편이
수록되어 있기 때문이다. 이중 실기 권1에 수록된 23편의 가사는 2004
년에 한국가사문학관에 의해 해제 작업이 이루어졌으나, 부록에 실린
9편은 아직 한 번도 소개된 적이 없어 그 면모가 거의 알려지지 않았다.
이런 형편이기 때문에 아직까지 『남송』의 가사에 대한 학계의 연구
또한 이루어진 것이 없다.

이에 따라 본 논문은 『남송』과 여기에 수록된 가사를 소개하는 데
1차적인 목적을 두고자 한다. 이를 위해 먼저 가사가 소재한 『남송』의
구성 체재와 허욱의 생애에 대해 살피려고 한다. 이어 가사 32편의
수록 현황을 전체적으로 개관한 다음, 『남송』의 가사가 지향하는 내용
적 특질을 탐색해 보고자 한다.

『남송』의 가사들은 대부분 1920년대에 지어졌다. 앞에서 언급했듯
이 이 시기는 우리나라의 신종교들이 다양한 분파를 형성해 가던 때로
삼덕교 또한 그러한 배경 하에 창설되었으며, 『남송』 가사들은 삼덕교

---

2 이길용, 위의 논문, 150~151쪽 참조.

3 이하 『남송선생실기(南松先生實記)』는 '남송'이라 약칭한다.

의 포교가사로 불러진 것으로 보인다. 따라서『남송』가사에 대한 연구는 당시 다채로웠던 종교가사 지형도의 일면을 살피는 계기가 될 수 있을 것으로 여겨진다. 또한 가사가 사회적으로 어떠한 방식으로 소통하고 있는지 그 문화적 효용성까지도 들여다 볼 수 있을 것이다.

2.『남송선생실기』의 구성과 허욱의 생애

1)『남송선생실기』의 구성 체재

『남송』은 허욱의 제자인 서상범(徐相范)이 그의 사후에 쇠락해진 도방(道房)⁴을 재건하면서 1948년에 발간한 문집이다. 서상범은 경상남도 하동 출신으로 스승인 허욱을 3년간 보좌한 애제자이다.⁵ 그는 허욱이 평소 설교한 법문(法文)과 법언(法言)이 기록으로 온전히 보전되지 못하고 구전되면서 그 도가 올바로 전해지지 못하는 것을 안타깝게 여겼다. 그리하여 여러 제자들이 단편적으로 보관하는 기록과 기억에 의지하여 『남송』을 엮게 된 것이다.⁶

현재『남송』을 소장하고 있는 곳은 한국가사문학관과 전남대학교 도서관이다. 그런데 당시 문헌이 인쇄 출판되었을 뿐만 아니라, 삼덕교 창립자인 허욱을 흠모하는 사람이 많았고 현재까지 교단이 명맥을 유

---

4 '도방(道房)'은 삼덕교 신도들의 집회장소 또는 지방의 교구를 말한다.(홍범초,「증산계 삼덕교」,『한국종교』제11-12집, 원광대학교 종교문제연구소, 1987, 188쪽.)

5 서상범은 허욱 사후에 삼덕교의 경전인『생화정경(生化正經)』을 저술하였다.(홍범초, 위의 논문, 199쪽.)

6 서상범, '서언(叙言)',『남송선생실기』, 서울공인사, 1948.

지하고 있기 때문에 문헌 소장자는 더 많을 수도 있다. 현재 한국가사 문학관은 홈페이지를 통해 『남송』의 권1에 수록된 가사 원문 및 해제, 그에 따른 원전을 온라인으로 제공하고 있다.[7] 본 논문에서도 한국가사 문학관에서 제공하는 원전 자료를 연구 대상으로 삼았다.

『남송』은 국한문혼용체의 세로쓰기로 표기되어 있는데, 한글에 비해 한자의 비율이 훨씬 더 많으며 띄어쓰기나 문장부호를 전혀 사용하지 않고 있다. 『남송』은 서상범이 1947년에 쓴 서언, '실기 권1', 부록 '생화지남(生化指南)'[8] 순으로 이루어져 있다. '권1'이 있으면 '권2'가 이어져야 하는데 권2는 따로 없고, 부록인 '생화지남'이 바로 나온다.

'실기 권1'은 10장으로 구성되어 있는데, 1장부터 9장은 허욱의 생애에 대해 주요 종교 활동을 중심으로 연대순으로 기술하였다. 각 장별 제목을 살펴보면, 1장 선생 보계(譜系), 2장 선생 유년시대, 3장 선생 결혼과 성년, 4장 선생 수도와 성효(誠孝), 5장 선생 체험과 해마(解魔), 6장 신도법방(神道法方)과 음기사(陰起事), 7장 음변체험(陰變體驗), 8장 양변위음(陽變爲陰), 9장 음변위양(陰變爲陽)과 양기사(陽起事) 등이다. 1장부터 3장까지는 증산도를 접하기 전의 삶을 간략히 기술하고 있고, 4장 이후부터가 입도(入道) 이후의 생애를 저술한 부분이다. 결국 1장부터 9장은 편저자인 서상범이 종교 지도자로서 허욱의 위상을 부각시키기 위해서 종교적 체험과 변화의 변곡점에 따라 그의 생애를 정리하였음을 알 수 있다. 실기의 마지막 장인 10장은 '잡저(雜著)'인데 허욱의

---

7 한국가사문학관 홈페이지 http://www.gasa.go.kr
8 '생화(生化)'는 삼덕교의 교리에서 중요한 개념으로, 천지 자연이 만물을 거듭해서 낳고 기르는 이치를 의미한다.(홍범초, 앞의 논문, 199~200쪽.)

한시 몇 편, 교리 강론과 관련된 글, 그리고 가사 23편이 이곳에 실려 있다.

'생화지남'은 이정립(李正立)이 쓴 서문이 붙어 있고, 〈미륵대성생화도덕요령(彌勒大聖生化道德要領)〉을 시작으로 허욱의 교리를 설명하는 다양한 글과 가사 9편이 수록되어 있다. 여기에 수록된 가사들은 '잡저'의 가사들이 한데 모아진 것과 달리 교리와 관련된 글들 사이에 산재해 있다.

이와 같은 구성을 볼 때『남송』은 체재가 잘 갖춰진 문집으로 보기는 어렵다. 서상범이 서문에서 언급한 것처럼 허욱의 교리나 포교활동에 대한 자세한 기록이 남아 있지 않고, 도방 운영이 어려워졌을 때 관련 자료가 유실되어『남송』의 많은 내용들을 여러 제자나 교인들에게 의탁한 데서 기인한 것 같다. 옛 문인들의 문집과 같은 체재를 갖추어 그 위상을 갖추고 싶은 듯하나 모아진 글의 면모가 이에 미치지 못하고 있다.

2) 삼덕교 교조(敎祖) 허욱의 생애

앞에서 살펴본 것처럼『남송』은 총 10장 중 9장을 허욱의 종교적 삶과 활동을 기술하는 데 할애하고 있다. 따라서『남송』의 문헌적 고찰에서 그의 생애를 살피는 일은 무엇보다 중요하다. 아울러『남송』의 가사 대부분은 허욱이 종교 활동을 펼치면서 불렀던 노래이기 때문에 이들 가사를 충분히 이해하기 위해서도 종교 지도자로서 그의 삶에 관심을 가질 수밖에 없다.

허욱은 1887년 12월 9일 전라남도 보성군 득량면 오봉리에서 태어났다. 그의 모친은 40세가 될 때까지 오랫동안 아들이 없어 근심했는데 현몽에 따라 오봉산에 있는 선대의 묘를 찾은 후에 잉태하여 허욱을 낳았다.

비교적 이른 나이인 15세 때 결혼을 한 허욱은 청소년기라 할 수 있는 16세 때 이미 세상의 변화 추이와 자신의 미래에 대해 깊이 있는 성찰을 보였다.

> 先生이 壬寅 以後로 自然 胸襟이 洞瀾하고 卓越하야 世道의 變易과 人事에 推移를 瞭然 自覺하시고 向進할 路線을 推覓하신 結果 一은 革天命改造化할 東洋化學을 學修할 것, 一은 革舊終新할 西洋科學을 硏究하여야 할 兩路뿐이라…….[9]

당시 혼란한 사회와 도래할 세상에 대처하기 위해 무엇으로 어떻게 살아야 하는지에 대해 매우 성숙한 사고를 하고 있음을 알 수 있다. 구습을 개혁하고 새로운 문명의 수용을 위해서는 동서양 학문의 조화가 필요함을 스스로 깨닫고 있다.

이와 같은 허욱의 원대한 포부는 한미한 시골의 빈한한 살림살이로는 이루기 어려운 것이었다. 그런데 28세(1914)가 되던 해에 그의 삶에 큰 전기가 될 만한 만남을 가지게 된다. 그해 12월 강증산(姜甑山)의

---

9 『남송』, 2쪽.(『남송』은 장의 구분과 분량이 일정하지 않아 장을 따로 밝히지 않고 인용 쪽수만 표기한다. 아울러 허욱의 생애는 대부분 『남송』에서 관련 내용을 정리한 것이므로 다른 문헌을 참고한 내용이나 인용문을 제외하고는 따로 인용 출처와 쪽수를 표기하지 않는다. 한편, 본문에서 언급했듯이 『남송』은 띄어쓰기나 문장부호 사용을 전혀 하지 않고 있기 때문에 인용문의 띄어쓰기와 문장부호 표기는 가독성을 위해 필자가 한 것임을 밝힌다.)

문인인 이치복(李治福, 字 石城)과 김요관(金堯觀, 字 月岩)이[10] 포교를 위해 허욱의 마을을 방문한 것이다. 당시 그의 모친이 지병이 있었는데 자식의 지극한 치성만으로도 부모의 병을 나을 수 있다는 말을 듣고 도(道)를 받기로 결심하고, 두 사람의 지도를 받아 바로 수련에 들어갔다. 삼덕교에서 가족의 화목을 강조하고 부모에 대한 효를 중시하는 내력을 짐작할 수 있는 대목이다.

이 만남을 계기로 이치복과 김요관은 허욱의 신앙생활에서 정신적 지주 역할을 하며 삼덕교의 창설과 포교에도 깊이 관여하게 된다. 1차 수련으로 증산 신앙에 확신을 얻은 허욱은 두 사람이 떠난 후에 스스로 21일 간의 재수련에 들어가서 신묘한 영적 체험을 경험한 후 득도에 이르렀다. 특히 이 수련 과정에서 노자, 석가, 공자를 만나는 체험을 하고는 다음과 같은 말을 남긴다.

儒佛仙 三道를 兼修치 못하고 道德을 知한다 하는 者는 道門之賊이오. 儒道를 誹謗하는 者는 人事之亂이라 하셨슴으로 每 教訓時에 仙佛의 造化를 使用하여도 儒道의 權衡을 失하면 術客의 譏를 未免하리라 하시더라.[11]

신이한 이적은 선도와 불도에 의지하였지만 자칫 허랑해 보일 수 있는 행위를 유도의 윤리와 질서를 통해 규제함으로써 일상의 도덕에서 어긋나지 않으려 했음을 알 수 있다. 이는 훗날 선(仙)·불(佛)·유(儒)

---

10 홍범초의 앞의 논문에 따르면 서상범의 『생화정경』에서는 '김요관(金堯觀)'을 '김형국(金亨國)'으로 표기하고 있으나 본 논문에서는 『남송』의 표기를 따른다.

11 『남송』, 5쪽.

와 선령(先靈)의 조화를 근간으로 하는 삼덕교의 교리에도 그대로 반영
되어 드러난다.

두 차례의 수련과 득도를 통해 영적 지도자로서 허욱의 이름이 높아
지면서 전라, 충청, 경상, 강원 등 여러 지역에서 그를 따르는 신도들이
생겨났다. 이를 기반으로 허욱은 1920년(34세)에 도방 조직에 착수하고
이른바 경북 지역을 상동(上棟), 하동 지역을 중동(中棟), 전남 지역을
하동(下棟)으로 하는 '삼동도방(三棟道房)'을 열고 교조로서의 활동을 본
격적으로 시작하였다. 삼동도방 선포 후에 불렀다고 하는 가사 〈사사
가(四師歌)〉를 보면 도방 조직은 지로사(指路師), 이회사(理會師), 예회사
(禮會師), 연회사(緣會師) 등 '네 명의 스승'이 이끌어가는 체제로 운영되
었다.

체계적인 도방 운영으로 교세가 확산되어가면서 허욱은 1922년(36
세)에 '무극신대도덕강성상제(無極神大道德姜聖上帝)' 곧, 강증산을 신앙
의 대상으로 모시고 '삼덕교'라는 교명(敎名)을 천명하였다. 이때 '삼덕'
은 '효덕(孝德)-존조애친(尊祖愛親), 민덕(敏德)-숭상광업(崇尙廣業), 지
덕(至德)-단본청원(端本淸源)'의 세 가지 덕을 의미한다.[12] 이후 삼덕교
는 다시 한 번 조직을 정교하게 재편하는데, 1924년(38세) 3월에 삼동도
방을 '구곡도방(九曲道房)'으로 개편 확대한다. '구곡'은 주자(朱子)의 무
이구곡(武夷九曲)의 정신을 존숭하여 이름한 것이다. 구곡도방은 4명의
지로사 아래에 각 곡의 곡주(曲主)를 한 명씩 세움으로써 포교와 전도를
더욱 활발히 전개할 수 있었다.

그러나 1930년 '유사종교 해산령' 등으로 한국의 자생적 신종교에

---

12 홍범초, 앞의 논문, 195쪽.

대한 탄압이 극심해지는[13] 사회적 분위기에, 1935년(49세) 이치복과 함께 도방 운영을 전적으로 담당했던 채봉묵(蔡奉默)의 죽음으로 구곡도방 운영은 크게 위축되었다. 설상가상으로 1937년(51세)에 허욱이 중풍에 걸려 건강이 악화되면서 도방 운영은 더욱 어려워질 수밖에 없었다. 이러한 교단의 현실을 타개하기 위한 돌파구가 필요하였다. 그리하여 그 계책의 일환으로 전쟁에 참전한 군인들을 격려하기 위한 위문단을 조직해서 중국에 들어간 후, 전사한 장병들을 위한 위령제를 가장한 '신명초혼제(神明招魂際)'를 올리기로 은밀히 계획하였다. 그러나 1938년(52세)에 모의가 발각되고 이 계획이 새로운 민간 독립운동으로 의심을 받게 되었다. 이로 인해 병환 중이었던 허욱은 물론 그와 관련된 많은 신도들이 일본 경찰에 구속되고 수개월에 걸쳐 조사를 받았다. 이후 광주형무소에서 수감 중이던 허욱은 병세가 심해져서 보석으로 석방되었으나 1939년 1월에 53세를 일기로 사망하였다. 신앙의 지도자인 허욱을 잃은 구곡도방이 깊은 침체기에 들어간 것은 자명한 일이었다.

3. 『남송선생실기』 소재 가사의 개관

1) 가사의 수록 현황

『남송』에는 실기 '잡저'편에 23편, 부록인 '생화지남'에 9편 등 총

---

13 박광수, 「한국 신종교의 지형과 종교문화연구 서설」, 『한국종교』 제37집, 원광대학교 종교문제연구소, 2014, 19쪽.

32편의 가사가 전한다. 이 가사들은 허욱이 직접 지어 부른 것으로 보인다.

> 선생이 三台七星弁을 諸學生에게 分冠하고 親이 調子를 먹여 引陽歌를 唱하시고 慶北으로 上棟, 河東으로 中棟, 全南으로 下棟을 定하시고 四師歌를 唱하시고, 庚申 十月로 初變을 始作하야 九變度數를 分定하시고 五合歌를 唱하시니라.[14]

'親이 調子를 먹여 〈인양가〉를 唱'했다는 부분에서 허욱이 직접 가사의 노랫말에 가락을 붙였다는 것을 짐작해 볼 수 있다. 『남송』의 가사가 허욱의 창작이라는 것은 다음의 인용문에서 좀 더 확실해진다.

> 徐相范은 그가 저술한 生化正經의 序文에서 말하기를 "이 正經 가운데 있는 圖式과 歌詞는 先師의 煉工結唱으로 靈性心機에 幻現된 玄諦秘音이니 先師가 아니면 어찌 만들었으리오." 하였다.[15]

『생화정경』은 서상범이 저술한 삼덕교 경전인데, 여기에 수록된 허욱의 도식이나 가사는 그가 수련 과정에서 얻은 비밀스러운 것들로 보통 사람들이 이해하기 어렵다는 말이다. 이는 곧 허욱이 도법 수련 과정에서 가사를 지어 불렀다는 의미로 볼 수 있다.

먼저 '잡저'편의 가사를 수록 순서에 따라 정리하면 다음 〈표 1〉과 같다.

---

14 『남송』, 12쪽.
15 홍범초, 앞의 논문, 204쪽.

〈표 1〉『남송』'잡저' 소재 가사 목록

연번	작품명	제작 및 가창 시기	비고
1	아송가(兒松歌)	1922년 4월	
2	사사가(四師歌)	1920년 10월	
3	인양가(引陽歌)	1920년 10월	
4	기초동량가(基礎棟樑歌)	1921년 6월	
5	반월가(半月歌)		'잡저'에만 수록
6	망월가(望月歌)	1921년 6월	
7	초부가(樵夫歌)	1921년 6월	
8	매화가(梅花歌)	1921년 6월	
9	척사가(斥邪歌)	1921년 6월	
10	보신가(保身歌)	1921년 6월	
11	호가(虎歌)	1921년 9월	
12	행룡가(行龍歌)		'잡저'에만 수록
13	출옥가(出獄歌)	1923년 3월	
14	도강가(渡江歌)	1922년 9월	
15	선기가(旋璣歌)	1923년 3월	
16	생명도덕가(生命道德歌)	1923년 4월	
17	부모가(父母歌)		'잡저'에만 수록
18	춘양가(春陽歌)	1924년 4월	
19	음작성가(陰作成歌)		'잡저'에만 수록
20	황극기침가(皇極起寢歌)	1926년 11월	
21	풍토가(風土歌)		'잡저'에만 수록
22	인자가(忍字歌)	1929년 3월	
23	도성가(道成歌)		

'잡저' 소재 23편의 가사는 한데 모아져 있는데, 5번 〈반월가〉, 12번 〈행룡가〉, 19번 〈음작성가〉, 21번 〈풍토가〉를 제외하면 대체로 제작 및 가창 연도를 비교적 정확히 알 수 있다. 그 이유는 『남송』에서 허욱의 생애를 기술하면서 그의 종교적 체험이나 강론과 관련된 가사를 해당 항목에서 밝혀주고 있기 때문이다. 『남송』의 이러한 기술 태도는

가사의 제작 시기뿐만 아니라 종교적 특성 때문에 다소 모호한 내용을 이해하는 데도 도움이 되고 있다.

그러나 '생화지남'의 가사들은 실기 본문에서 언급된 〈행수가〉, 〈자축생화가〉 2편을 제외하고는 그 제작 연대나 가창 시기를 알 수 있는 표지가 없다. 다음 〈표 2〉는 '생화지남' 소재 가사 9편을 수록 순서에 따라 정리한 것이다.

〈표 2〉『남송』 부록 '생화지남' 소재 가사

연번	작품명	비고
1	구곡가(九曲歌)	
2	우주가(宇宙歌)	
3	안정가(安靜歌)	
4	유산가(遊山歌)	
5	행수가(行數歌)	1922년 9월
6	자축생화가(子丑生化歌)	1933년 10월, 1937년 10월
7	선령선왕합덕가(先靈先王合德歌)	
8	양기사인기가(陽起事引氣歌)	
9	팔덕가(八德歌)	

〈자축생화가〉는 1933년 10월조와 1937년 10월조에 두 번 언급되어 있다. 이렇게 실기 본문에서 중복되어 나타난 경우는 이 작품과 '잡저' 8번 작품인 〈매화가〉 등 두 편이다. 이 경우에 시대적으로 뒤에 나타난 가명의 표기가 그 시기에 가창되었다는 의미인지에 대해서는 정확치 않아서 세밀한 연구가 필요해 보인다.

한편, 『남송』 1장~9장의 본문에서 제목이 드러난 가사는 총 23편이다. 그런데 이 중에는 '잡저'나 '생화지남'에 그 노랫말이 보이지 않으면서 제목만 언급된 가사 작품이 아래와 같이 4편 있다.

〈표 3〉『남송』 본문에서 가명(歌名)만 언급된 가사

연번	작품명	제작 및 가창 시기
1	오합가(五合歌)	1920년 10월
2	토반가(土盤歌)	1922년 4월
3	월가(月歌)	1922년 6월
4	작성가(作成歌)	1925년 4월

현재로서는 〈표 3〉 작품들의 내용을 확인하기 어려운 형편이다. 비록 가사 내용의 전모를 알 수는 없지만 본문에 언급된 다른 가사들처럼 이 4편 또한 허욱이 지은 가사일 것이다. 이를 인정한다면 허욱이 창작한 가사는 총 36편이라 할 수 있다.[16]

2) 가사의 표현적 특성

『남송』의 가사가 제작된 시기를 살펴보면 1920년 10월 이후부터 1923년 사이에 집중적으로 창작되었음을 알 수 있다. 이때는 허욱이 삼동도방을 조직하고 삼덕교를 표방하면서 광범위한 포교활동과 함께 교세를 확장해 가던 시기이다. 전도와 교세 확산을 위해서는 무엇보다 교리의 설파와 영적인 설득이 중요했을 것이다. 허욱 자신도 향촌의 빈한한 농부였듯이 그가 포교 대상으로 삼은 사람들도 대체로 가난하고 학식이 짧은 사람들이 많았다. 따라서 허욱은 누구나 따라 할 수 있고, 쉽게 이해할 수 있으며, 흥이 나서 반복을 통해 신앙심을 기를 수 있는 포교 수단이 필요했던 것으로 보인다.

---

16 한편으로는 이 4편의 가사가 다른 가사와 동일한 내용일 가능성도 배제할 수 없다.

이러한 이유에서인지 『남송』의 가사들은 대체로 일상에서 접할 수 있는 쉬운 시어를 많이 사용하면서 같은 어구의 반복을 잘 활용하고 있다.

> 달아달아 발근달아 朝鮮의 地德에 발근달아
> 너 어대갓다 이제왓나
> 西天西域 求景갓다 이제왓나
> 달아달아 발근달아 너 어대갓다 이제왓나
> 西洋各國 遊覽갓다 이제왓나
> 달아달아 발근달아 발칙에뜨는 발근달아
> 陽氣木德을 길여보세 　　　　　　　　　　　－〈망월가〉, '잡저' 6번[17]

위의 〈망월가〉는 짧은 노래인데 '달아달아 발근달아', '어대갓다 이제왓나'와 같은 어구들이 반복되고 있다. 이러한 동일 어구의 반복은 리듬감을 형성하고 흥을 돋우는 역할을 한다. 이와 같은 반복법은 『남송』 가사 대부분에서 발견된다.

한편, 『남송』의 가사들은 대체로 4음보 율격이 우세하나, 내용에 따라서는 2음보나 6음보도 부분적으로 삽입되어 있다. 여기에 '생화지남'의 가사들은 4·4조 음수율을 기조로 하는 작품이 많다. 이에 반해 '잡저'의 가사는 4·4조에서 벗어난 가사가 상대적으로 눈에 많이 띈다. 〈우주가〉와 〈인양가〉를 통해 이러한 특성을 확인해 볼 수 있다.

---

[17] 이후 인용된 가사 원문의 출처는 소재한 곳의 수록 번호로 밝힌다.

압房에 侍女들 뒷房에 宮女들
童子불러 술부어라
一盃一盃 復一盃에 讀書聲이 놉파구나
어미주신 땅을밟고 아비주신 靑藜杖집고
求景가세 求景가세 天下江山 求景가세
(중략)
四官를 通하야 四海八方 도라드니
地氣機發陽 조흘시고 地氣發陽 조흘시구   – 〈우주가〉, '생화지남' 2번

우겨라 우겨라
西쪽줄넘겨 東쪽에매고 北쪽줄넘겨 南쪽에매여
中央黃氣 소사쓰니 大同世界 이안인가
더디도다 더디도다 千秋萬歲 발근道德
어이그리 더디던고
오고가는 저少年아
가기는 가소만는 情誼나두고 가소
가기는 가소만는 義理나두고 가소
…〈생략〉…   – 〈인양가〉, '잡저' 3번

〈우주가〉는 2구가 2음보인 것을 제외하면 비교적 4·4조의 4음보가
잘 지켜지고 있는 편이다. 이에 비해 〈인양가〉는 일정한 음수와 음보를
말하기 어렵다.

이상으로 『남송』에 수록된 가사들의 표현적 특징을 대략적으로 살펴
보았다. 1920년대 교세 확장기에 집중 창작된 『남송』의 가사 32편은
대체로 쉬운 어휘를 반복적으로 사용하고 있으며, 이를 통해 흥을 고조
시키면서도 의미 강조의 효과를 얻고 있음을 알 수 있었다. 아울러 4·4

조 4음보의 율격이 두드러짐이 발견되었다.

4. 『남송선생실기』소재 가사의 지향

『남송』가사는 허욱이 그의 신이한 종교적 체험을 드러내거나 제자와 신도들에게 강론 시에 불리진 것이 대부분이다. 이러한 점을 생각한다면 수록된 가사 전체를 종교적 교리를 담고 있는 종교가사로 보아도 무방할 것이다. 그러나『남송』가사를 보면 종교적 함의를 전달하고 있는 가사의 내용이 매우 다채롭다는 점을 발견할 수 있다. 요컨대노골적으로 종교적 수련을 권면하거나 교리를 내세우는 작품이 있는가 하면, 신앙의 숭배 대상을 찬양하는 가사도 있다. 또 어떤 가사는인간의 윤리와 도덕을 노래하거나, 허욱의 내면을 술회하기도 한다.따라서 여기에서는『남송』의 가사들이 그 종교적 속성을 기반으로 하면서도 어떠한 측면을 지향하며 내용의 변주가 일어나고 있는지를 살펴보겠다.

1) 신실한 종교적 수련의 권면

다음은 허욱이 삼동도방을 설립하면서 도방을 지도할 '네 명의 스승[四師]'을 세우고 그들의 종교적 역할을 노래한 〈사사가〉이다.

姜姜姜 巡禮巡禮 暫間 노라보세
指路師의 敎訓바더 물줄잡고 도라드니
淵源道通이 이아닌가

姜姜姜 巡禮巡禮 暫間 노라보세
理會師의 敎訓바더 理致줄을 通해보니
開闢時代 的實하세
姜姜姜 巡禮巡禮 暫間 노라보세
禮會師의 敎訓바더 中和門를 열고보니
義理床 道德이 分明하세
姜姜姜 巡禮巡禮 暫間 노라보세
緣會師의 緣를바더 地德밟고 오나서니
天命地德이 이안닌가
姜姜姜 巡禮巡禮 暫間 노라보세　　　　　　　 －〈사사가〉, '잡저' 2번

　〈사사가〉는 『남송』의 본문에서 〈인양가〉, 〈오합가〉와 더불어 가장 먼저 가명이 등장하는 작품이다. 이들 노래는 허욱이 독자적인 도방을 설립하고 대중적 포교활동을 본격화 하던 시기에 지어진 것이기 때문에 다른 가사들에 비해 종교적 성향이 강하게 드러난다. 〈인양가〉 또한 비슷한 경향을 보이며, 〈오합가〉는 가사가 전하지 않으나 이와 크게 다르지 않으리라 여겨진다.

　'지로사'는 도통(道通)의 연원을, '이회사'는 개벽의 이치를, '예회사'는 인륜의 도덕을, '연회사'는 천지인의 연줄에 대해 지도를 한다는 내용이다. 특히 〈사사가〉는 '姜姜姜 巡禮巡禮 暫間 노라보세'라는 구절을 반복하면서 대상에 대한 관심을 자연스럽게 전환시키고 있는데, 이를 따라가다 보면 네 지도자의 지위와 역할에 대한 정보를 자연스럽게 습득할 수 있다. 특히 '姜姜姜'은 삼덕교의 신앙적 존숭 대상인 강증산을 연상시키는 한편, 유음의 반복으로 노래에 경쾌한 느낌을 불러일으키는 등 이중적 효과를 얻고 있다.

다음 노래는 신실한 신앙생활을 권면하는 〈기초동량가〉이다.

地德水로 바탕짓고 月光珠로 柱礎놋코
四師로 기동세워 天德水로 뚜겅하고
五行水로 띠를매여 金闕玉房을 지어보세   – 〈기초동량가〉, '잡저' 4번

지덕수, 천덕수, 오행수 등은 수련을 위해 갖추어야 할 용구들이다.
이들을 기반 삼아 네 스승의 지도를 받아 '금궐옥방'에 이를 수 있도록
신앙에 정진하자는 내용으로 보인다. 이처럼 성실한 수련을 통해 도를
체득한 후의 기쁨은 형언키 어려울 것이다. '잡저'의 마지막 작품인 〈도
성가〉는 이러한 성도(成道)의 기꺼움을 노래하고 있다.

道成이야 道成이야 우리집안 道成이야
謝恩이야 謝恩이야 聖師님前 謝恩이야
功德이야 功德이야 發覺天地 神明功德이야
發覺이야 發覺이야 天地陰陽 發覺이야
道成일네 道成일네 우리道房 道成일네   – 〈도성가〉, '잡저' 23번

'道成이야 道成이야'라고 외치는 첫구와 마지막구에서 간절히 원하
던 도를 이룬[道成] 순수한 흥겨움이 그대로 드러난다. 성도 후에 가장
먼저 한 일은 하늘의 '성사(聖師)'에게 감사의 기도를 올리는 일이다.
또한 천지음양의 이치를 깨우치게 해준 신명에 대한 찬양도 빼놓을
수 없다. 이렇게 한 사람의 각성은 한 집안의 성도를 이끌고, 도를 이룬
각 집안들은 그 지역 도방이 성장하는 데 중요한 밑거름이 되었을 것이
다. 〈도성가〉는 뽀교의 이러한 원리를 5구의 짧은 노래 안에 압축적으

로 잘 표현하고 있다.

2) 신앙적 숭배자에 대한 칭송

허욱은 28세 때 이치복과 김요관을 통해 처음 증산의 도를 접한 이후 강증산을 신적인 존재로 인정하고 존숭하였다. 그를 종교적 지도자로 부각시킨 도방을 결성하게 된 것도 선대조의 신명을 통해 "大聖師命令이라 하시고 神道門을 開하고 人道를 救濟하라"는[18] 말을 들은 체험에서 비롯한 것이다. 허욱은 평소 강증산에 대한 흠모의 마음을 종종 드러내곤 했다. 이러한 마음이 잘 드러난 노래가 〈매화가〉이다.

어로화 梅花로구나 넘엇다네 넘엇다네
山도山도 八萬四千 잔등을 다넘엇다네
어로화 梅花로구나 건넛다네 건넛다네
江도江도 일흔두 江을 다건넛다네
어로화 梅花로구나 왓다데야 왓다데야
雪裏梅 한가지에 봄消息이 왓다데야
어로화 梅花로구나 놉프도다 놉프도다
大聖師의 道德 놉프도다
어로화 梅花로구나 두텁도다 두텁도다
地德功德 두텁도다 어로화 梅花로구나

- 〈매화가〉, '잡저' 8번

제8구의 '大聖師의 道德 놉프도다'를 제외하면 종교가사적 성격이

---

18 『남송』, 10쪽.

그다지 드러나지 않는다. 매화가 꽃을 피려면 혹독한 추위의 겨울을 이겨내야 한다. '山도山도 八萬四千', '江도江도 일흔두 江'에서 매화가 보냈어야 할 기나긴 시간을 짐작해 볼 수 있다. 그래서 봄소식을 전하는 매화를 보고 '어로화 梅花로구나 왔다데야 왔다데야'라는 말에는 반가움과 대견함이 짙게 배어 있다. 냉혹한 추위에도 굴하지 않고 마침내 꽃을 피운 매화의 고상한 품격이 마치 '大聖師의 道德'과 같다고 한다. 오랜 시간 부조리했던 선천(先天)의 도수를 뜯어 고쳐서 후천(後天)의 무궁한 선운(仙運)을 열어 민생의 낙원을 세우려고 온 증산의 도덕적 인품에 대해 '차가운 눈 속에서 어여쁜 꽃을 피운 매화[雪裏梅]'를 들어 표현한 것이다.

〈호가〉에서는 증산의 도덕적 품성을 넘어 그의 영생에 대한 찬양이 이어진다.

> 범갓든 저靈物은 玉童子를 둘너태우고
> 오르고보니 泰山이오 넘고보니 平地로다
> 건네고보니 大江水라
> 그물일홈이 무어시던고 渭水─ㄹ넌가 沘水넌가
> 太公갓흔 先生만나 道德君子가 되여보세
> 太公도 姜太公이오 大帝님도 姜聖大帝시라
> 先千年에도 有之시고 後千年에도 有之실네   ─〈호가〉, '잡저' 11번

태산을 거침없이 오르고, 큰 강을 건너는 범[虎]의 기세가 대단하다. 그런데 그렇게 거침없이 산을 넘고 물을 건너 먼 길을 떠난 이유가 무엇인가. 바로 '위수(渭水)'에서 기나긴 기다림 끝에 천하를 평정한 주나라 강태공을 만나려는 속내가 있었기 때문이다. 강태공은 도가 무너

진 상(商)나라의 폭군 주(紂)를 무너뜨렸으니 세상의 도덕을 바로 세운 인물이라 할 만하다. 그런데 허욱은 이러한 강태공에게서 증산을 연상한다. 이와 같은 생각이 강태공의 성(姓)에서 기인한 듯 노래하고 있지만, 아마도 후천 개벽을 주재하는 증산이 어떤 도덕군자보다 고귀한 품성을 가졌다는 믿음도 연상 작용에 일조했을 듯하다. 여기서 더 나아가 증산이 선천은 물론이요 후천에도 사라지지 않는 영원불멸의 대성인[大聖師]이라고 찬양한다. 증산에 대해 시공을 초월해서 어느 곳에나 어느 때나 임재하는 신으로 여기고 있음을 알 수 있다.

3) 선(仙)·불(佛)·유(儒)와 선령(先靈)의 융합

허욱은 독자적 첫 수련을 시작하고 노자, 장자, 공자의 환영과 만나는 체험을 한 이래 세 종교의 수용에 매우 적극적이었다. 이는 선도(仙道)에서는 조화를, 불도(佛道)에서는 형체를, 유도(儒道)에서는 범절을 취하는 증산의 태도[19]와 그 궤를 같이 한다고 볼 수 있다. 그리하여 허욱은 선도와 불도의 신이함을 활용하여 신도들의 신심을 모으면서도, 그의 신앙을 한갓 술사의 도술로 격하시키지 않고 종교로서 자리매김하기 위해 유도를 적절히 이용하였다. 이는 과거 500여 년이라는 오랜 시간 동안 민중들의 생활 규범으로 자리 잡은 유교적 윤리와 질서를 무시할 수 없기 때문일 것이다. 허욱이 도방을 확대 개편하면서 주자의 '무이구곡'의 정신을 내세우며 그 이름을 '삼동'에서 '구곡'으로 바꾸었음은 이미 Ⅱ장에서 말한 바 있다. 이 외에도 『중용(中庸)』이나

---

19 염미양, 「증산의 신비체험과 천지공사」, 대진대학교 박사학위논문, 2012, 117쪽.

『대학(大學)』 등의 경구를 강론에 활용하는 것도 심심찮게 볼 수 있다.

다음에 보이는 〈유산가〉에서는 이들 세 종교가 자연스럽게 어우러지면 소통하고 있다.

> 金剛山 도라들어 金剛山上 올나보니
> 景槪絶勝 조흘시고
> 處處에 소슨峯은 仙風道骨이 分明하세
> 이리저리 바래보니 彌勒峯이 놉파고나
> 彌勒峯前 當到하야 合拿拜禮 問安하니
> 道德도 놉프건이와 壽命福祿 갈맛스니
> 어질仁字 이아닌가
> 智異山 도라들어 智異山上 올나보니
> 景槪絶勝 조흘시고 萬古忠節 不服山
> 道德門前에 服從햇네 올을義字 이아닌가
> 雲車隨風 漢拏山 漢拏山上 올나보니
> 景槪絶勝 조흘시고
> 四面春風 溫和之德 례도禮字 이아닌가
> 木浦라 儒達山 儒達山上 올나보니
> 千里萬里 내린龍 開港되기 윈일인가
> 耳目口鼻 깨엿스니 智慧智字 分明하세
> 蓬萊方丈 瀛洲山 瀛洲山上 올나보니
> 仙世界가 分明하세 미들信字 이아닌가　　　　－〈유산가〉, '생화지남' 4번

허욱은 전국의 유명산을 지목하고 그 각각의 산에 산세의 특성과 어울리는 윤리적 자질을 부여하고 있다. 호명되는 산들은 불교적 속성이 드러나기도 히고, 선적(仙的) 속성을 보이기도 한다. 그러나 이들은

유교와 반목하며 상극(相剋)이 되는 것이 아니라 상생(相生)하는 조화로
움을 보여준다. 금강산의 미륵불 앞에서 만인의 복록을 기원하며 합장
하는 마음이 바로 어짊[仁]이다. 바람에 몸을 싣고 운거(雲車)를 타고
가는 한라산은 신선이 사는 산인 것 같지만, 사람을 편안하게 하는 온
화한 바람은 상대를 배려하는 예(禮)의 다름 아니다. 신선이 산다고 하
는 영주산은 또 어떠한가. 선계인 것은 분명하지만 신실하게 신을 믿는
다는 점에서는 믿음[信]의 또 다른 모습일 수도 있는 것이다. 이처럼
허욱은 선·불과 유도의 융합을 통해 세상의 화해를 노래하고 있다.

다음 노래는 〈도강가〉인데, 이 가사에 대해 허욱은 '上古神明을 越江
迎來'하고자[20] 불렀다고 했다. 강을 건너서 맞이해야 할 '신명'은 선령
의 의미를 갖고 있다. 선령은 하늘과 땅의 경계를 넘나드는 초월적 존
재이자 삶에 현신해서 지혜를 주는 예지자이기도 하다. 『남송』에 의하
면 허욱의 출생도 선대의 선령에 빚지고 있고, 그에게 개도(開道)라는
증산의 명령을 전달한 이도 7대조 선령이었다. 따라서 그에게 선령과
의 소통은 무엇보다 중요하다.

> 孤立懸空 危殆한中 仙道江은 건넛구나
> 것너보세 것너보세 佛道江을 것너보세
> 佛道江을 것너랴니 色世界라 못가것네
> 건너보세 건너보세 건너보세 人道江을 것너보세
> 人道江을 건너랴니 人情줄에 못가것네
> 兩大江을 다건너서 天地靈神 모서보세   － 〈도강가〉, '잡저' 14번

---

20 『남송』, 20쪽.

이 노래에서 선령을 맞이하는 곳은 선도와 불도, 유도의 경계를 넘어선 무극의 공간이다. 선령은 이처럼 거침도 없고 막힘도 없이 천지인을 두루 부유할 수 있는 존재인 것이다. 따라서 허욱에게 선령은 유이든, 불이든 혹은 선이든 그 대상에 따라 제어되는 것이 아니라 이들 큰 강을 '다 건너서' 모두 포용하는 큰 존재인 것이다.

4) 인간적 심사의 진솔한 술회

『남송』의 가사 속에는 교단을 이끄는 종교 지도자로서의 허욱이 아닌, 한 인간으로서 느끼는 감정이 오롯이 드러나는 작품들이 있다. 당시는 삼덕교 외에도 많은 신종교들이 교조의 득도로 변혁을 통해 출현하여 이들이 현세를 혁신하겠다고 나서는 형국이었다.[21] 그러나 평범했던 한 사람이 갑자기 전혀 다른 인격적 존재가 된다는 일은 그리 녹록지 않았을 것이다.

다음에 보이는 작품은 〈부모가〉와 〈인자가〉이다. 『남송』 가사 중 종교적 색채가 가장 드러나지 않은 작품들이다.

> 愛恤하시든 우리父母 날바리고 어디가섯난고
> 寂寂無人 밤中世界 뉘를밋고 사단말가
> 南天을 바라보니 발고발근 저새별이
> 날오라고 손을치네
> 닭이울고 개지신뒤 넌출넌출 도라오면
> 우리父母 다시볼가
> — 〈부모가〉, '잡저' 17번

---

21 조동일, 『한국문학통사』 4권, 제4판, 지식산업사, 2008, 10~11쪽.

　　한번두번 지고보니 숨은精氣 소사난다
　　한번두번 참고보니 家中和氣 절로난다
　　一勤天下 無難事오 百忍堂中 有太和를
　　네 어이 이즐소냐
　　　　　　　　　　　　　　　　　　　－〈인자가〉, '잡저' 22번

　〈부모가〉는 현세에서 이별한 부모에 대한 간절한 그리움이 잘 드러
난 작품이다. 허욱은 효성이 매우 지극했다. 처음 증산도를 접하게 된
연유도 오랜 병고를 앓은 모친의 치병 때문이었고, 부친이 별세했을
때는 너무 애통해 해서 몸에 기이한 증세가 나타날 정도였다.[22] 부모에
대한 그리움은 사회적 지위와는 무관한 인간의 본원적 감정인 것이다.

　〈인자가〉는 참는 것이 지는 것 같지만, 참는 것이 이기는 것이라는
경구가 떠오르는 가사이다. 이 작품은 현대 사회에도 잠언적 역할을
할 수 있는 노래이다. 무슨 일이든지 바삐 하고, 아무리 작은 것일지라
도 내 것이 훼손될 것 같으면 불같이 성을 내는 요즘 사람들에게 건네줄
법한 교훈적인 가사이다.

　다음에 살펴볼 〈출옥가〉는 짧은 노래 속에 허욱의 종교 활동을 집약
해 놓은 것 같은 서사적 특성이 강한 노래이다. 전체적인 내용을 보자
면 도를 접한 내력을 밝히고 마음을 정결히 하여 새로운 마음으로 신앙
생활을 하자는 권면적인 가사라 할 수 있다. 그러나 한편으로는 허욱이
득도에 이르기까지의 과정을 생동감 있게 술회하고 있어 그의 인간적
두려움과 외로움이 잘 드러난다.

---

22 『남송』, 7쪽.

여보게 벗님네야 내말을 들어보소
天地道房 行動할때 하던일 밀처놋코
父母주신 家産田庄 다버리고 越他道移他官에
압길이 (悤悤)하야 直先祖는 뒤를밀고
天地神明은 압을당겨 江을건너 안젓스니
無面渡江 내의心思 뉘를보고 물을손가
午正時間 지내노니 西山落照 거의된다
집을잡어 들어안저 晝夜不忘 비는말이
우리陽板 살여주소 가이업시 비는때에
현심돗타 우리陽板 이리저리 틀닌氣運
億萬고가 맷첫구나
天地敵軍 合勢하야 나의집을 掩襲하니
蒼惶罔措 防禦할때 뉘가나의 保身인가
庭前 一叢愛를 敵軍의게 일허꾸나
赤手空拳 逃亡할때 江水는 눈물이오
山川는 槇火로다 압길이 (茫茫)하야
還故鄕도 無顔이오 移他官도 無望이라
中坂에 들어누어 寂寂한 空堂안에
忽然이 生覺하니 뉘가내의 말벗인가
天地運數 다맛타서 三千마되 알라낼때
덥고덥은 火毒氣勢 뉘가내의 保身인가
저의돗타 自由行動 言約도 쓸대업네
눈물씻고 生覺하니 나의身勢 可憐쿠나
壁을등저 도라누어 (忽然)이 조으더니
中天에 불름소래 神明줄이 通해꾸나
北天에 陽氣물줄 一線陽脉 恍惚하세
놉흐도다 놉흐도다

우리聖師님 天使를 命令하사 石門쇠때 끌너노니
積鬱之心 간대업고 八萬四千 어진神明
물줄잡고 行動한다
어미주신 젓줄인가 아비주신 心中인가
불과물이 合勢하야 天地道房 도라드니
우리七代 도라드네 七代九代 사는精神
千年古木 입히피고 萬年붓체 우슴윗네
사랏도다 사랏도다 우리天地 사랏도다
여보소 벗님네야 金章줄에 걸인慾心
萬物줄에 빠진食神 淨潔이 回心식혀
새마음을 차저보세   — 〈출옥가〉, '잡저' 13번

　허욱은 도업(道業)을 시작했을 때의 곤란함으로 이야기를 시작한다.
도업을 열기 위해 부모가 주신 가업도 버리고 터전을 떠나 낯선 타향에
서의 삶은 결코 쉬운 일이 아니다. 불철주야 간절히 기도하고 앙망하지
만 도통을 이루기가 만만치 않다. 기도를 하는 중에도 천지의 적군들이
마치 나를 공격하는 것만 같을 때는 당황해서 어찌할 바를 모르겠다.[蒼
惶罔措] 나를 보신(保身)해 줄 사람도 없이 홀로 이겨내려 하니 강물 같
은 눈물만 흐르고, 적막한 방 안에서 도를 닦을 때는 외로움이 엄습해
스스로가 가련키만 하다. 외롭고 곤한 마음에 깜빡 잠이 들었는데 기도
에 응답해 준 신명 덕분에 그 인고의 시간이 끝나게 된 것이다.
　〈출옥가〉에 드러난 허욱의 이런 고백은 실제 그의 쓸쓸한 경험이
반영된 것이다. 이 가사는 1923년(37세)에 하동에서 전라남도 순천으로
이거하고 이치복의 도움을 받아 수련 법석을 연 후에 만들어진 것이다.
그런데 허욱이 삼동도방을 개창한 후로 그때까지 3년여 동안 이치복과

의 관계는 매우 소원한 상태였다.

> 李石城 先生이 庚申年 法席에 旺臨하섯다가 나를 虛靈人으로 認하시고
> 至今까지 消息이 杜絕되니 前鑑으로 보면 容或無怪라. 내 亦 三年間 餘暇
> 가 無함으로 道禮를 失하엿스나 致事 專人하야 期於侍奉하라.[23]

이치복은 삼동도방 조직을 썩 마땅찮게 생각한 듯하다. 위의 글에서 허욱이 자신의 잘못도 있었노라고 말하고 있지만 자신에게 도법을 처음으로 전수해 준 신앙적 지주의 의심은 그에게 자못 큰 아픔이었을 것이다. 이 일로 그가 얼마나 상심했는지 구곡도방으로 개편한 다음해 (1924년) 단오절 때 이치복 앞에서 이 일을 다시 한 번 언급하기도 했다. 평소 영적으로 많은 부분을 의지했던 이였기에 다른 어느 누구의 비난보다도 서운함이 컸던 것으로 보인다.

여기에서는 『남송』의 가사를 그 내용적 특성에 따라 살펴보았다. 기본적으로는 종교적인 성격이 강한 노래들이라고 할 수 있으나, 종교적 함의를 어떠한 방식으로 지향하느냐에 따라 내용의 변용이 다채롭게 일어나고 있음을 알 수 있었다.

5. 맺음말

지금까지 『남송』에 소재한 32편의 가사에 대해 수록 문헌의 구성

---

[23] 『남송』, 23쪽.

체재와 허욱의 생애를 검토해 보고, 가사 작품의 전체적 규모를 살핀 후, 그 내용적 지향성을 고찰하였다. 앞에서 논의한 내용들을 정리해 보면 다음과 같다.

첫째, 『남송』은 허욱의 제자 서상범이 삼덕교의 창립자인 스승의 생애와 유문을 정리한 문헌이다. 『남송』은 국한문혼용체의 세로쓰기로 표기되어 있으며, 그 구성은 서상범의 서언, 실기 권1, 부록 '생화지남'으로 이루어져 있다. 이중 허욱의 가사는 권1의 '잡저' 편에 23편, '생화지남'에 9편 등 총 32편이 전한다.

둘째, 허욱은 1887년 보성군 오봉리에서 태어났다. 28세 때 증산의 도를 처음으로 접하게 된 이후 독자적인 재수련을 통해 득도에 이르렀다. 34세 때 삼동도방을 조직하여 종교 지도자로서 본격적인 활동을 시작하였고, 38세 때 더욱 체계적인 조직을 갖춘 구곡도방으로 확대 개편하였다. 1930년대에 들어 일제의 신종교에 대한 탄압이 거세지는 와중에 허욱이 병을 얻게 되면서 도방이 크게 위축되었다. 이를 타개하기 위해 중국에서 신명을 모시는 초혼제를 모의하였다가 일본 경찰에 적발되어 그의 신도들과 함께 옥고를 치렀다. 이로 인해 허욱은 병이 더욱 깊어져 53세를 일기로 사망하였다.

셋째, 『남송』 가사 중 '잡저'편에 수록된 23편은 가사가 한데 모아져 실려 있는데, 실기 본문에서 대부분 언급되고 있어 그 제작 시기와 배경을 짐작할 수 있다. 그러나 '생화지남'의 가사 9편은 교리문들 사이에 산재해 있고, 제작 연대를 알려주는 표지가 없어 창작 시기나 배경을 알기 어려운 형편이다. 이 외에 『남송』에는 노래의 내용은 전하지 않으나 가명만 전하는 가사가 4편이 있어, 이를 허욱의 작품으로 인정한다면 그의 가사는 총 36편이 된다. 한편, 『남송』의 가사는 허욱의 종교적 활동이 활발하던 1920년대에 지어진 것이 대부분이다. 쉬운 어휘로 이루어진 어구를 반복하는 반복법이 주로 쓰이고 있으며, 4·4조와 4음 보가 우세하게 나타난다.

넷째, 『남송』의 가사는 허욱의 종교적 체험 중에나 또는 강론 시에 부른 노래들이 대부분이다. 따라서 대체로 종교가사로 보아도 무방하나 종교적 함의를 전달하면서도 어떤 내용을 부각하느냐에 따라 가사의 내용이 다채로워지고 있다. 이를 크게 대별해 보면 신실한 종교적 수련의 권면, 신앙적 숭배자에 대한 칭송, 선·불·유와 선령의 융합, 인간적 심사의 진솔한 술회 등이다.

이 글은 지난 2014년 택민국학연구원에서 발간한
『국학연구론총』 14집에 게재된 것이다.

참고문헌

서상범 편, 『남송선생실기』, 서울공인사, 1948.

박광수, 「한국 신종교의 지형과 종교문화연구 서설」, 『한국종교』 제37집, 원광대학교 종교문제연구소, 2014.

염미양, 「증산의 신비체험과 천지공사」, 대진대학교 박사학위논문, 2012.

이길용, 「수양론으로 본 한국 신종교의 구조적 특징-동학과 증산교를 중심으로」, 『동학학보』 제25호, 동학학회, 2012.

조동일, 『한국문학통사』 4권, 제4판, 지식산업사, 2008.

홍범초, 「증산계 삼덕교」, 『한국종교』 제11-12집, 원광대학교 종교문제연구소, 1987.

한국가사문학관 홈페이지 http://www.gasa.go.kr

영광의 전통 소금생산 방식과 문화적 의미 연구

한정훈

1. 머리말

　인간의 문명은 과학의 발달에 따른 고도의 기술축적으로 인해 엄청 난 발전을 해왔다. 문명의 발전 속도는 현대에 이르러 가히 엄청나다고 할 수 있다. 이러한 문명의 발달은 인간생활에 있어서 물질적으로 풍족 함을 주었다. 현대의 물질적 풍족함은 인간생존에 필수적으로 필요한 것들의 소중함을 가벼움으로 전환하게 만들었다.

　고래로부터 인간은 생존을 위해서 삶의 터전이라 할 수 있는 땅을 확보하였으며, 그곳에서 동물을 사냥하고 곡식을 경작하였다. 인간은 땅을 확보하고 거주 지역을 결정함에 있어서 많은 조건들을 고려하게 된다. 이러한 고려대상 중의 하나가 소금확보 여부였다. 소금은 인간신 체를 유지·보존시켜주는 중요한 식품으로, 일반 성인의 경우 하루 12~13g 정도의 소금을 섭취해야만 신체를 정상적으로 유지할 수 있다. 만약 소금섭취가 부족할 경우 심신의 기능이 서하되고 탈진을 유발하 게 된다. 소금은 인간의 생존을 위해서 꼭 필요하다.

인간은 다양한 방법으로 염분을 섭취하면서 생명을 유지해 왔다. 가장 원초적인 방법으로는 사냥한 동물이나 경작한 곡물을 먹음으로써 간접적인 염분 섭취가 있다. 염분 섭취의 중요성을 인식한 인간은 정염(井鹽), 지염(池鹽), 애염(崖鹽), 석염(石鹽), 목염(木鹽), 봉염(蓬鹽) 등 다양한 소금생산 방법을 취득하게 된다. 소금취득의 정확한 역사는 알 수 없다. 하지만 인간의 생존에 소금이 꼭 필요했다는 것을 전제한다면, 소금취득의 역사는 문명의 역사와 함께 해왔을 것이란 추측이 가능하다.

소금(salt)을 어원적으로 살펴보면, 로마시대 용병들이 봉급 일부를 소금막대로 지불 받았던 것에서 비롯된 것으로 화폐의 역할을 하기도 하였다.[1] 소금의 소유는 부와 권력을 상징하는 것이었다. 더불어 소금은 국가권력을 유지하고 재정을 운용함에 있어서 중요한 물품 중의 하나였다. 『삼국지』 위서 동이전 동옥저 편[2]에는 고구려가 동옥저를 복속시킨 후 대가(大加)를 시켜서 염을 조세로 받치게 한 기록이 있다. 고려시대에는 국가가 소금과 관련된 생산과 유통을 총괄하였으며, 조선시대에는 관염제와 사염제로 양분해서 염제를 시행하여 거기에서 파생된 세금으로 국가재정을 충당하였다.

국가적으로 소금의 중요성은 역사기록을 살펴보면 쉽게 알 수 있다. 하지만 소금이 어떤 방식으로 생산되었는가는 구체적으로 찾기 힘들다. 한국의 전통적인 소금생산방식에 대해 체계적으로 정리된 것은 19

---

[1] 김준, 「소금과 국가 그리고 어민」, 『도서문화』 제20집, 목포대학교 도서문화연구소, 2002, 118쪽.

[2] 又使大加統責其租賦貂布魚鹽海中食物千里擔負致之.(『삼국지』 위서 동이전 동옥저.)

세기 후반 일제에 의해서이며, 이를 근간으로 많은 연구자들이 근대 이전의 소금생산방식을 연구하기 시작하였다. 이후 소금생산방식에 대해서 많은 연구물들이 축적되고 있는 상황이다.

한반도는 다른 지역과 달리 바위나 나무, 호수 등에서 소금을 채취할 수 있는 자연조건이 형성되지 못하였다. 그래서 소금을 취득할 수 있는 유일한 곳이 바다였다. 이런 이유로 해서 한반도는 과거부터 바닷물을 이용한 소금취득 방법이 발달하였다. 하지만 서해, 남해, 동해의 자연조건이 달라서 지역별로 소금을 생산하는 방식에 있어 차이를 보였다.

한국에서 소금을 생산하는 방식은 크게 해수직자법과 염전식제염법으로 나눌 수 있다. 해수직자법은 해수를 직접 가마솥에 넣고 가열하여 소금을 얻는 방식으로 소금의 순도가 낮다는 단점이 있다. 해수직자법은 함경도와 강원도의 해안가 일부 지역에서 행해졌다. 염전식제염법은 염전을 조성하여 염도가 높은 염수를 얻어 가마를 이용해서 소금을 생산하는 방식이다. 염전식제염법은 염전의 형태에 따라 유제식염전과 무제식염전이 있다. 유제식염전은 조수의 차가 작은 곳에서 주로 이용이 되며, 둑을 만들어 염전에 바닷물이 들어오는 것을 막는 방법으로 소금을 생산해 낸다. 반면에 무제식염전은 둑을 만들지 않고 자연 그대로의 염전을 이용하는 것으로 조수의 차가 큰 곳에서 주로 이용된다.

일제시대에 출판된 자료를 살펴보면, 전남지역은 유제식염전법에 의한 소금생산이 광범위하게 행해졌다. 남해안지역은 서해안지역과 비교해서 조수의 차가 크지 않아서 인공둑을 설치하여 바닷물의 출입을 조절하였던 것이다. 하지만 영광의 경우는 무제식염전법을 이용하여 1950년대까지 소금생산이 이루어졌다. 무제식염전법으로 소금을 생산한 영광은 유제식염전이 광범위하게 분포된 전남 남해안지역과는 해안환경이 다르다는 것을 알 수 있다.

현재 영광은 넓은 천일염 생산지역을 형성하고 있으며, 이를 이용해서 다량의 소금을 생산하고 있다. 과거 영광 법성포는 대규모 파시가 형성되어 많은 양의 조기를 잡아서 집산하였던 곳이며, 이를 이용해서 굴비를 가공해낸 지역이다. 또한 영광은 넓은 들판을 배경으로 많은 양의 미곡이 생산된 지역으로 인구밀집도가 어느 지역보다 높았다.[3] 어업의 전진 기지의 중요성과 많은 인구가 거주하였던 영광은 다량의 소금이 생산되고 소비되었던 지역이다. 이와 같이 어업과 더불어 소금생산에 있어서 중요한 지역인 영광의 경우 소금생산과 관련된 세부적인 조사보고 및 연구논문이 부재한 상황이다. 이에 본 논문은 영광을 대상으로 전통소금 생산방식을 재구해보고자 한다. 나아가 소금생산 공간이 갖는 문화적 의미를 살펴보는 것을 목적으로 한다.

2. 소금생산과 영광의 위상

우리나라는 삼면이 바다로 둘러싸여 있어서 과거부터 해수를 이용한 제염법이 발달하였다. 그 중에서도 염전식제염법을 이용한 소금생산은 몇 가지 자연조건이 충족되어야 가능했다. 우선 소금을 생산하는 시기에는 비가 내리지 않아야 하며, 염전을 조성할 수 있는 간석지가

---

3 영광은 예로부터 쌀과 소금이 많이 생산되었고, 겨울에 눈이 많이 온다. 이런 이유로 三白의 고장이라 불린다.

있어야 한다. 더불어 조석의 차가 커야 소금을 생산하기에 적합한 천혜의 조건을 형성할 수 있다. 다행히 우리나라의 경우는 짧은 우기가 여름에 집중되어 있으며, 동해안을 제외하고는 연안을 따라 갯벌이 넓게 형성되어 있다. 또한 해안의 굴곡이 심하고 조석 간만의 차가 커서 염전을 조성하기에 천혜의 조건을 지닌 곳이 많다.

염전조성의 자연조건과 더불어 전통소금 생산방식에서 가장 중요한 것이 연료이다. 연료를 제때에 구하지 못하면 아무리 좋은 염수가 확보되더라도 소금을 생산할 수 없다. 동해안 일부지역의 경우 염전을 형성할 수 없는 조건임에도 불구하고 해수직자법으로 소량의 소금이나마 생산할 수 있었던 이유는 근거리에서 대량의 연료를 확보할 수 있었기 때문이다. 또한 염전조성에 천혜의 조건을 지닌 서해안이나 남해안의 경우도 연료를 원활히 공급받을 수 있는 환경이 마땅치 않으면 소금을 생산할 수 없었다.

영광은 소금생산에 있어서 연료확보의 제약적 조건을 극복할 수 있는 자연환경이 형성되어 있었다. 과거 영광에서 소금을 생산했던 지역은 홍농면, 진량면, 봉산면, 원산면, 염소면[4]으로 이 일대는 해안선의 굴곡이 심하고 조석 간만의 차가 크며 넓은 갯벌이 발달하였다. 더불어 소금생산지역 주변에는 낮은 산들이 많아서 연료 공급처로서 역할을 했다. 수리봉(350m), 갓봉(343m), 봉덕산(295m) 등 200~300m의 산지가 해안 가까이 접해있어 연료를 쉽게 구할 수 있었다.[5]

4 度支部 臨時財源調査局, 『한국염업조사보고』 제1편-전라남도(영광, 지도, 무안군), 1908, 363쪽.(현재 진량면은 법성면으로, 봉산면은 백수읍으로, 원산면과 염소면은 염산면으로 행정구역이 개편되었다.)
5 김일기, 「전오염 제조방법에 관한 연구」, 『문화역사지리』 제3호, 한국역사문화지리학

자연조건의 충족이 최상의 염전을 조성할 수 있는 조건으로 연결되지 않는다. 염전을 조성함에 있어서 자연조건과 더불어 고려되어야 할 사항이 인문조건이다. 인문조건이란 소금생산과정에 투입되는 노동력 공급문제와 소금의 안정적 수요가 가능한 시장(市場)의 문제이다. 천혜의 자연조건이라도 소금을 생산할 수 있는 인력을 확보하지 못하면 염전을 조성할 수 없다. 더불어 시장의 문제는 염전을 조성하고 유지하는데 있어서 중요하다. 염전과 시장과의 거리는 소금을 생산하는데 있어서 파생된 이익과 관련되어 있다. 생산된 소금을 안정적으로 공급할 수 있는 시장이 근거리에 있을수록 소금생산에 따른 이익은 증대된다.

다음은 정약용의 『경세유표』에 실린 글이다. 정약용은 염세징수 조건으로 몇 가지 사항을 언급한다. 염세징수의 조건은 염전을 조성함에 있어서 어떠한 조건이 충족되어야 하는가를 간접적으로 보여주고 있다.

> 지금 바로잡아서 법을 만들면 가마를 주로 함이 마땅하며, 네 가지로 보는 것을 각각 3등으로 분간하는데, 가마의 크고 작은 것으로 3등으로 분간하고(일곱 아름 이하가 상등 가마, 다섯 아름 이하가 중등 가마, 세 아름에서 두 아름까지 하등가마가 됨), 흙의 기름짐과 메마름으로 3등을 분간하며(상토, 중토, 하토라 이름), 시초의 귀함과 흔함으로 3등을 가르고(흔한 것을 상으로 함), 이(利)의 후함과 박함으로 3등을 분간한다(어장과 시장의 멀고 가까움으로 분간함).**6**

회, 1991, 9쪽.

6 今㘔栝爲法則宜以盆爲主而四觀各分三等盆之大小分三等七抱以下爲上釜五抱以下爲中釜三抱至二抱爲下釜土之膩瘠分三等口上上中上下土栄之貴賤分三等以賤者爲上利之厚薄分三等以漁場市場之遠近。(정약용; 이익성역, 『경세유표』 제14권 균역사

정약용은 염세를 징수함에 있어서 고려사항으로 4가지를 언급한다. 가마의 크기, 염토의 조건, 연료수급 환경, 시장과의 거리문제가 4가지 고려사항에 해당된다. 염세징수의 고려사항을 살펴보면 4가지 조건 중 3가지가 염전의 주변환경에 해당된다. 염토의 조건과 연료수급 환경은 자연조건을, 시장과의 거리문제는 인문조건을 지시하는 것이다. 정약용은 염세를 징수함에 있어서 등급별 징수를 이야기한다. 염세 징수의 4가지 고려사항은 소금의 생산량과 이익을 결정하는 조건들이다. 이와 같은 염세징수의 고려사항은 염전조성의 고려사항과 맥을 같이 한다. 비록 염세징수의 고려사항이기는 하지만 염전의 형성과 유지조건을 간접적으로 보여주는 예라 할 수 있다.

영광은 염토의 조건과 연료수급 환경에 있어서 천혜의 조건을 갖추고 있었다. 정약용은 이(利)의 후함과 박함은 염전과 시장의 거리문제로 결정된다고 하였다. 영광은 다량의 조기를 어획할 수 있는 칠산어장이 근거리에 있었으며, 법성포를 중심으로 대규모 조기파시가 형성되었다. 이곳은 소금이 대량으로 소비될 수 있는 시장이 되었다. 더불어 넓은 곡창지대를 배경으로 많은 인구가 살고 있었기에 소금의 대량 수요가 보장되었다.[7] 영광은 천혜의 자연조건과 최상의 인문조건이 결합하여 우리나라에서 일찍이 중요한 소금생산지역으로 자리를 잡게 되었다.

과거 영광이 중요한 소금생산지역임은 사료(史料)를 통해서도 확인

목추의 제1.)

7 靈光法聖浦海水潮到滙渟於面前湖山婉宕閭閻櫛比人謂小西湖近海列邑皆置倉於此 爲捧米漕轉之所。(이중환, 『택리지』 전라도.)

할 수 있다. 『조선왕조실록』을 살펴보면, 왕조 초기부터 소금과 관련해서 영광에 대해 서술한 부분이 있어 주목을 끈다.

> 왜구가 영광군에 침입하였는데 왜선이 10여 척이었다. 소금 굽는 인부 30여 인이 힘껏 싸워서 세 사람을 목 베이니, 왜구들이 쫓겨 갔다.[8]

> 왜선 11척이 영광의 염소를 도둑질하니, 지군사 조유(趙瑜)가 싸워서 물리치고 2급을 베었다. 임금이 사람을 보내 표리를 가지고 가서 상주게 하였다.[9]

첫 번째 기사는 왜구들이 영광을 침입하였다는 내용이다. 왜구가 영광을 침입한 목적을 구체적으로 알 수 없으나, 그들의 노략질에 대항한 사람들이 소금을 굽는 염부(鹽夫)들이었다는 것이다. 과거 소금을 생산한 사람은 염간, 염한, 염정, 염호 등으로 불렸으며, 관청의 소속 여부에 따라 공간(公干)과 사간(私干)으로 구분되었다. 조선은 소금의 사적 생산을 암묵적으로 허용하였다. 이는 효율적인 염법이 부재한 상황에서 국가가 소금생산 및 유통을 강력하게 규제할 경우, 오히려 재정 수입에 악영향을 줄 수 있기 때문이었다. 소금을 생산하는 사람은 신분상 양인에 속하지만 염역이 워낙 고된 관계로 사회적 지위가 천인과 다름이 없었다. 또한 소금을 굽는 사람이 염적에 등재되면 고된 염역은 자손들에게 세습된다. 이런 상황에서 국가가 소금생산을 강력하게 규

---

8 倭寇靈光郡倭船十餘艘鹽夫三十餘人力戰斬三級寇敗走. (『태조실록』 권6 3년 8월.)

9 倭船十一隻寇靈光鹽所知郡事趙瑜戰却之斬二級上遣人賚表裏以賞之. (『태종실록』 권15 8년 2월.)

제하게 되면 염간들의 이탈이 일어나게 된다. 염간들의 이탈은 장기적으로 국가재정에 큰 타격을 줄 수 있다. 이런 이유로 조선은 사염생산을 허용하였고, 적절한 수준의 염세를 부과하여 국가재정의 안정을 기했다.

위의 기사만으로는 왜적과 대적한 염부들의 정확한 신분을 알 수 없다.[10] 하지만 관에 소속된 군인이 아닌 염부들이 왜구를 피하지 않고 맞서 싸운 것은 나름의 이유가 있을 것으로 생각된다. 왜구의 침입에 맞서 싸운 일은 영광 외에 다른 소금생산지역에서도 종종 있었다. 이와 같은 현상은 당시의 염세제도와 관련해서 설명이 가능하다. 하나의 염분(鹽盆)에 대한 세납액은 세종 초까지 대체로 1년에 20석이었으나 세종 말에는 10석으로, 성종 초에서는 8석으로 감액되었다.[11] 기록상 세납액이 20석이었을 뿐이지 비공식적인 세납액은 더 많았을 것으로 생각된다. 염부들은 염세를 제외한 나머지 이익금을 개인적으로 취할 수 있었다. 국가에 납부할 세금과 자신의 이익이 피탈 당하는 상황은 염부들이 왜적에게 대항할 수밖에 없는 당위성을 부여했다고 할 수 있다.

두 번째 기사는 왜구의 침입 목적을 명확하게 보여주고 있다. 왜구가 배 11척을 몰고 와서 염소(鹽所)를 노략질 하는데, 약탈 대상은 다름 아닌 소금이었다. 염세는 국가재정의 근간이 되는 중요한 수입원이다.

---

10 염부(鹽夫)가 수군일 가능성도 배제할 수 없다. 하지만 『조선왕조실록』의 기사를 살펴보면, 조정은 적의 침입을 물리치고 그에 대한 전과로 왜구의 목을 베어온 경우에 그 전과를 인정하여 포상하였다. 조정의 포상을 받는 주체는 관의 수장이 대부분이었다. 또한 몇몇 기사에서는 수군과 염부를 구분하여 기록하였다(『세종실록지리지』 경기 부평도호부 인천군). 이런 정황에 비추어 보아 첫 번째 기사의 염부(鹽夫)는 수군이 아닐 가능성이 높다.

11 국사편찬위원회, 『한국사』 24, 1994, 375쪽.

더불어 소금은 가뭄이 들어 곤궁한 백성이 발생하면 진휼(賑恤)의 수단
으로 활용되었다. 소금은 여러 방면에서 국가의 근간을 다지는 중요한
물품이었다. 염소(鹽所)는 국가재정 및 민생안정의 근간이 되는 곳으로
왜구의 침입으로부터 반드시 보호해야만 했다. 이러한 측면에서 영광
이 소금생산지로 갖는 의미는 각별하다.

중종 10년 윤 4월 20일에 영광의 지방 아전들이 수령을 농락한 사건
이 발생한다. 당시 영광 군수였던 복희달(卜禧達)은 형장을 사용하면
서까지 호세하는 지방 아전들을 억누르고자 하였다. 하지만 아전들은
억압되지 않고 수령을 모반하게 된다. 아전들이 군졸들을 유인해 자
신들의 집을 돌면서 기생을 불러 연회를 개최하면서 며칠 간 출근하지
않았다. 이 사건이 조정에 보고되었고, 처리문제를 놓고 심각하게 논
의되었다.

조정이 파견한 지방 수령은 왕의 지위를 대리하는 자이다. 왕의 지위
를 대리한 관리가 지방 아전들에게 농락당하는 일은 있을 수 없다. 당
시 조정은 이 사건을 심각하게 인식하고 처리문제를 논의하였다. 그
결과 지방 아전들은 엄벌에 처해졌으며, 조정에서는 관리를 재파견하
게 되었다. 조정은 재파견하는 관리의 조건에 대해서 논의하게 된다.
논의의 내용을 살펴보면, 당시 조정이 어떤 시각으로 영광을 바라보고
있는지를 알 수 있다.

강호하는 경우에는 이제 영광에 대하여 말하면, 영광이 군이 된 것은
땅이 크고 백성이 많기 때문이며, 또 바닷가에 있는 어염이 나는 곳이어서
그 백성이 판매하는 것을 생업으로 삼으므로 다투어 서로 속이니, 모름지
기 경력이 많고 이치에 이숙한 자가 수령이 되어야 잘 다스릴 수 있는데,

이제 이반하게 만든 것은 마침 마땅하지 않은 사람을 수령으로 택하였기 때문입니다. 만약에 또 낮추어 현령으로 한다면, 자품과 경력이 낮고 부족하여 다스리는 방법을 잘 모르는 자가 맡게 되어, 모든 관무를 반드시 아전의 손에 맡기므로 민심이 더욱 복종하지 않고 속이는 것이 날로 늘어나서 마침내 어찌할 수 없게 될 것입니다.[12]

조정에서는 지방 아전들이 수령을 농락한 사건으로 영광을 군(郡)에서 현(縣)으로 강호(降號)하자는 논의가 있었다. 유순(柳洵)[13]은 영광의 강호가 본원적 사건해결에 있어서 능사가 아님을 언급하다. 조정이 영광을 강호하여 관품이 낮은 관리를 파견할 경우 지방민을 다루는데 더 힘들어진다는 것이다. 유순의 주장에 의하면, 과거부터 영광은 바닷가의 어염(魚鹽)판매가 생업이었으며, 지역민의 성정이 이에 기반하고 있다는 것이다. 유순은 영광군민의 성정을 이치에 밝고, 서로 다투어 속이는 것이라고 규정하고 있다. 영광군민들의 성정을 평가함에 있어서 가장 첫 번째 조건으로 언급된 것이 어염이었다. 영광에서 소금이 갖는 경제적, 문화적 가치를 짐작케 하는 대목이라 할 수 있다.

앞서 언급한 자료를 통해서 과거 영광이 소금생산지로서 중요한 지역임을 간접적으로 알 수 있었다. 더불어 소금생산과 관련해서 지역별 통계수치가 『세종실록지리지』에 기록되어 있다. 영광에는 염소가 한 군 데 있으며, 가마 1백 13개, 염간은 1천 1백 29명이 있는 것으로 기록

---

12 其降號者則今就靈光論之靈光爲郡地大民衆且居濱海魚鹽之地其民興販爲業爭相詭詐須以多經歷習吏治者爲之守宰乃克臨制今致離叛適擇守非人耳若又降爲縣令則資歷輕淺不曉政術者爲之凡諸官務必委諸吏手民心益不服變詐日增終至於不可爲。(『중종실록』권23 10년 11월.)
13 조선 전기 문신, 본관은 문화.(세종23-중종12)

되어 있다.[14] 영광의 소금생산규모가 다른 지역[15]과 비교해서 월등했음을 알 수 있다.

일제시대에도 소금생산지로서 영광의 중요성은 유지되었을 것으로 추측된다. 1908년 일제에 의해 발행된 『한국수산지』의 기록에 의하면 "전국의 염소비량은 약 3억 5천만근이고, 그 중 내국 생산량이 2억 5천만근이고 외국 수입염이 1억근"[16]이었다. 국내 소금생산량과 소비량이 약 1억근의 차이를 보이고 있다. 부족분 1억근을 외국 수입소금으로 충당하기는 하였으나, 생산량과 소비량의 불균등은 소금 생산지가 갖는 가치를 보여주는 중요한 지표가 된다.

물론 소금의 생산량과 소비량의 차이에서 발생한 가치가 그대로 국내 소금생산지로 전이되는 것은 아니다. 당시 국내 소금보다 생산비 면에서 훨씬 저렴한 중국산 소금이 대량으로 수입되었다.[17] 국내 소금 생산지역은 외국산 수입소금의 유통에 많은 영향을 받았을 것이다. 하

---

14 盆一百十三皆在郡西波市頭鹽倉在邑城內鹽干一千一百二十九名春秋貢鹽一千二百九十石。(『세종실록지리지』 나주목 영광군.)
15 『세종실록지리지』에 기록된 소금생산에 관한 지역별 현황은 다음과 같다.
　　鹽所一在縣西鹽倉在縣公私干幷一百十三名春秋所納鹽一千一百二十七石有奇。(『세종실록지리지』 전라도 전주부 부안현.)
　　鹽盆十一鹽井十六。(『세종실록지리지』 충청도 홍주목 태안군.)
　　鹽所一鹽井二, 盆三。(『세종실록지리지』 충청도 홍주목 서산군.)
　　鹽所三盆十八。(『세종실록지리지』 충청도 홍주목 보령현.)
16 농상공부 수산국, 『한국수산지』 1권, 1908, 583쪽; 이영학, 「개항기 제염업에 대한 연구」, 『한국문화』 제12집, 서울대학교 한국문화연구소, 1991, 563쪽.
17 당시 기록을 살펴보면 전라남도에는 중국산 수입염 집산지는 없다. 하지만 전라북도의 군산, 강경, 논산, 전주 등이 중국산 수입염의 집산지였다. 영광은 이 지역에서 유통된 중국산 수입염의 영향을 강하게 받았을 것으로 추측된다.(농상공부 수산국, 『한국수산지』 1권, 1908, 586~587쪽.)

지만 소금이 사람들이 살아가는데 중요한 생활필수품의 하나임은 분명
하고, 기존에 국내 소금생산지를 중심으로 소금을 공급받아왔던 사람
들에게는 그 중요성은 계속적으로 인지되었을 것이다.

해방 이후에도 국내 소비량과 생산량의 차이에서 나타나는 소금 공
급의 부족현상은 계속되었다. 해방 후 소금이 부족하여 매년 100만
불을 소비하면서 10만 톤 이상의 외국산 소금을 수입하였으며, 일부지
역에서는 '소금 1홉'과 '백미 1홉'을 물물교환 할 정도로 소금 가격이
급등하였다.[18] 일제시대 값싼 외국산 소금의 수입은 국내 소금생산지
의 위축을 가져왔지만, 해방 이후 소금가격 급등은 과거 소금생산지에
활력을 불어넣는 계기가 되었다.

실제로 해방 이후 천일염을 통한 소금생산량은 기하급수적으로 늘었
다. 천일염 생산량이 1945년에 41,319M/T였던 것이 1950년에는
170,601M/T로 증가하였으며, 한국전쟁 중에 약간의 감소세를 보이기
는 하지만 1955년에는 349,709M/T으로 꾸준한 증가세를 보여준다.
천일염 생산과 더불어 전통소금인 화렴은 1946년 3,643M/T에서 1949
년 14,901M/T로 증가세를 보인다. 이후 소폭의 감소를 보이기는 하지
만 1952년에 7,222M/T로 다시 증가한다. 이후 화렴은 적정수준의 생
산량을 유지하기는 하지만 계속적인 감소세를 보인다.[19] 해방 후 천일
염과 더불어 전통소금 생산방식인 화렴을 통해서 부족한 소금 공급량
을 최대한 끌어올렸을 것이다. 화렴을 생산하기 위해서는 몇 가지 자연
조건들이 충족되어야 한다. 아무리 소금 공급량이 부족하더라도 아무

---

18 김준, 앞의 논문, 134~135쪽.
19 상공부, 『염백서』, 1964; 김준, 앞의 논문, 135쪽 표4 재인용.

곳에서나 화렴을 생산할 수 없다. 화렴생산의 제약적 조건들을 고려한다면, 해방 후까지 영광은 소금생산지역으로 중요한 가치를 보존하였다고 할 수 있다.

전통적인 방식으로 소금을 생산할 경우, 막대한 연료 소비로 인해서 산림의 황폐화가 가속화된다. 이와 같은 폐해를 방지하기 위해 정부는 소금생산에 있어서 석탄 이용과 천일염으로 전환을 장려하였다. 하지만 정부는 전통소금 생산방식을 완전히 철폐하지 못하다가, 1961년 염업임시조치법을 시행함으로 해서 비로소 근절시킬 수 있었다. 이러한 정부조치에 앞서 영광에서는 대략 1956년을 기점으로 전통소금 생산방식이 사라지게 된다. 전통적인 방식으로 소금을 생산하였던 염산면과 백수면 일대는 제방이 설치되고 천일염 생산방식으로 전환하였으며, 일부지역은 간척지를 조성하였다. 과거 소금생산지로 영광의 위상은 현재 큰 규모의 천일염 생산지대가 대신하고 있다.

3. 전통소금 생산방식

(1) 염밭갈기

영광의 소금생산방식은 전남지역의 일반 생산방식과는 차이를 보이고 있다. 이는 조수의 차이에서 나타난 현상으로 보인다. 전남의 해안지역이 무제식염전법을 행하기에는 조수의 차가 심하지 않아서 일찍이 유제식염전으로 전환하였던 것으로 보인다. 17, 8세기에 남해안에서부터 시작된 유제식염전법은 도랑인 구거(溝渠)가 있어 항상 염전에 해수를 뿌릴 수 있어 생산량이 무제식보다 높았다.[20] 반면에 영광은 조수의 차가 심해서 1950년대까지 무제식염전으로 화렴이 생산되었다. 무제식염전에서 소금을 채렴하기까지 가장 중요한 작업이 채함과정이라 할 수 있다.

채함과정은 염밭조성부터 염수를 얻는 것까지의 과정을 일컫는다. 무제식염전에서 채함작업은 한 달에 두 번 정도 시행할 수 있다. 갯벌이 바닷물에 잠기지 않는 조금이 한 달에 두 번 정도 있기에 가능했다. 만조가 되면 바닷물이 육지 가까이 들어차게 되고, 이때 갯벌은 바닷물에 흠뻑 젖게 된다. 바닷물에 젖은 갯벌은 조금 때가 다가오면 밖으로 드러나게 된다. 조금 때가 되어서 바닷물의 들고 나감이 육지에 가까운 갯벌에 영향을 주지 않기 시작하면 마을 사람들은 염전을 갈기 시작한다.

소금은 일반적으로 바다와 밀접한 관계를 맺고 있기에 굳이 산업상 분류를 해본다면 수산업의 일종에 포함되지만, 과거 소금생산방식은 농업과 밀접한 관계를 맺었다고 할 수 있다. 특히 양질의 염수를 얻기 위한 가장 기초적인 작업이라 할 수 있는 염밭갈기의 경우는 작업과정에 동원된 도구들이 모두 농업에 사용되는 것이었다. 소를 몰아 쟁기와 써래를 놀리는 것을 비롯해, 나래·미래·가래·삼태기 등 여러 유형의 전통 농기구가 동원되는 것 하나만으로도 그 점을 확인할 수 있다.[21]

이러한 소금생산 방식에 나타난 특이성으로 인해서 영광의 소금생산 지역은 주변 지역에서 쉽게 노동력 및 생산에 필요한 축력, 농기구 등을 구할 수 있었다. 염밭갈기에는 소금생산에 있어서 가장 많은 인력과

20 김준, 앞의 논문, 127쪽.
21 고광민, 『조선시대 소금생산방식』, 신서원, 2006, 130쪽.

축력이 필요한 단계이다. 바닷물이 들어오지 않은 짧은 기간에 최대한
의 노동력과 축력을 동원하여 염밭을 갈아야 하기 때문이다. 염밭갈기
가 양질의 소금생산 성공여부와 직결되기 때문에 중요하다고 할 수
있다. 특히 영광의 경우, 소금을 생산하는 근접에 넓은 평야가 형성되
어 있어서, 노동력과 축력을 동원하는데 다른 지역에 비해서 수월했다
고 할 수 있다.

일반적으로 바다 주변에 사는 사람들에게는 물때라는 생활 주기표가
있다. 물때는 조석현상을 조류의 강약위주로 파악한 것으로 음력 한
달을 15간법으로 표현한다. 물때는 조류가 가장 강한 시기인 사리가
있고, 조류가 가장 약한 시기인 조금이 있다. 지역별로 사리와 조금의
시기가 약간의 차이를 보인다.

영광에서는 음력 8일과 음력 23일이 조류가 약한 조금이다. 사람들
은 조금이 지난 다음날을 무심이라 불렀으며, 이후의 날을 한무새, 두
무새 등으로 해안가 조류의 흐름을 지칭하였다. 그리고 열무새가 지
난 뒤에는 한께끼와 두께끼로 부르면서 조류의 약함을 표현하였다.
두께끼 다음날을 아침조금이라 하였으며, 여기까지가 물때의 한 주기
가 된다.[22]

아침조금부터 약 4~5일 정도의 시간은 갯벌이 바닷물의 영향을 받

---

22 제보자 박봉기(남, 70세, 2008년 6월 9일 조사)씨의 진술을 토대로 영광지역의 물때
   및 작업일정을 정리함.

음력	8일	9일	10일	11일	12일	13일	14일	15일	16일	17일	18일	19일	20일	21일	22일	23일
물때	조금	무심	한무새	두무새	세무새	네무새	다섯무새	여섯무새	일곱무새	여덟무새	아홉무새	열무새	한께끼	두께끼	아침조금	조금
작업일정	염밭갈기				사리밭										염밭갈기	

지 않아서 사람을 동원해서 염밭을 갈 수 있다. 이 시기가 되면 소금을
생산하는 곳에서는 소와 사람으로 인해서 진풍경이 벌어진다. 소금을
생산하는 사람은 동원할 수 있는 인력과 축력을 최대한 집적하게 된다.

> 하금순 : 소도 멀리서 갖고 일하러 와. 소가지고 들판이 뻬래.
> 박봉기 : 소를 가져갈라고 너도 나도 해.
> 조사자 : 여기로 소가지고 품 팔러 왔어요?
> 장병근 : 백수면이라고 하면 저 논산리 저짝으로 거기 있는 사람들이 소
>   가지고 와.
> 하금순 : 사방천지서 와. 일하러.
> 조사자 : 소를 가지고 와서 여기를 갈기 시작하구만?
> 장병근 : 긍게 일하제. 일해주제.
> 하금순 : 하루에 두 번썩 안 갈았소. 하루 두 번썩 아침절하고 점심절하고.
> 박봉기 : 바다에가 소가 그냥 껌해 버린당게. 사방서 와가지고 소금할라
>   고. 여기가 벅실벅실 한당게.[23]

  인력과 축력을 최대한 집적하여 염밭을 갈기 시작한다. 염밭을 갈
때는 써래를 이용한다. 소와 써래를 이용해서 처음에는 수직으로 간
다음 대각선으로 가로질러서 갈았다고 한다. 간 갯흙은 햇볕과 해풍에
말리고, 말린 것을 다시 소와 써래를 이용해서 간다. 이러한 과정을
4~5일 정도 거듭하게 되며, 이 작업으로 얻은 흙을 사람들은 '가리흙'
이라 부른다. 양질의 가리흙을 얻기 위해서 많은 사람들이 4~5일간
하루 종일 소를 이용해서 갯벌을 간다. 가리흙에서 하얀 소금이 피어오

---

[23] 영광군 백수면 백암리 반암마을(2008년 6월 9일 조사).

르면 '간발 피었다'고 하여 소와 거리판[24]을 이용해 섯등으로 모으는 작업을 한다. 흙을 모으는 작업 또한 염밭을 가는 만큼의 많은 노동력이 필요하다.

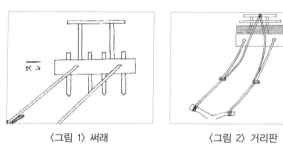

〈그림 1〉 써래   〈그림 2〉 거리판

출전 : 度支部 臨時財源調査局, 『한국염업조사보고』
제1편-전라남도(영광, 지도, 무안군), 1908.

영광은 조수 간만의 차가 커서 갯벌이 넓게 형성되어 있다. 이러한 갯벌은 바로 염밭으로 이용된다. 하지만 서해안 보다 조수 간만의 차가 적은 남해안이나 동해안 지역은 모래가 섞인 염밭을 이용해서 소금을 생산한다. 남해안이나 동해안의 경우 서해안과 비교해서 조수의 차가 적은 관계로 뭍으로 많이 올라와 염밭을 조성해야 했던 것이 조건의 차이를 만들어냈다. 하지만 영광에서도 갯벌의 지력이 떨어져서 소금 소출이 적어진 경우 모래나 황토를 섞어서 지력을 보충했다고 한다.[25]

---

24 며칠 그것은 날씨, 날씨가 있응게. 날이 바람불고, 날이 좋으면 한 일주일 모르면 바싹 몰라. 그러면 또 갈아. 왜? 자꾸 갈아서 잘 말라야만 염도가 높은 물이 나와. 염도가. 자꾸 갈아, 그렇게 그렇게 해가지고 모두면은 모태 그냥. 소 갖고, 써울, 뭬신가 거리판이라고 만들어 가지고 싹. 해 가지고, 소 있는 사람들은 야월리, 두우, 장수, 봉남리 일대 소 수십마리, 수십마리 나와가지고 그렇게 모태.(제보자: 박균연, 남, 80, 2008년 6월 7일 조사)

일반적으로 무제식염전은 기상변화에 많은 영향을 받는다. 일차적인 제약이 물때에 맞춰서 염밭을 갈아야 하고, 두 번째로 우천시에는 소금생산이 전혀 불가능하다는 것이다. 간발이 핀 가리흙을 섯등에 모아놓았다면 상관이 없지만, 염밭을 가는 와중에 비가 내리면 소금을 생산할 수 없다. 그래서 많은 돈을 투자해 인력과 축력을 동원하여 염밭을 갈았지만 비가 내려 소금을 생산하지 못할 경우 금전적인 피해가 크다. 소금을 생산하는 사람들은 만약의 사태에 대비하고 피해를 최소화하기 위해서 최단시간에 최대한의 인력과 축력을 집적해서 염밭을 갈아 놓으려고 했던 것이다.

(2) 염수얻기

염밭을 갈아서 간발이 핀 가리흙이 만들어지면, 일정한 장소로 흙을 모아야 한다. 흙을 모으는 장소는 일종의 정제장치가 설치되어 가리흙을 이용해서 염수를 얻는 곳으로 이용된다. 이곳의 명칭은 지역마다 다르다. 일반적으로 섯등, 갈구덩이, 염등, 염정, 갈통 등으로 불린다. 영광 사람들은 섯등이란 명칭을 주로 사용했다.

영광에서 섯등 만드는 작업을 '섯구친다'고 한다. 섯구치는 작업은 염밭에서 적당한 장소를 골라 구덩이를 파는 것부터 해서 정제장치 설치, 그리고 가리흙을 쌓는 것까지를 이른다. 이 작업 또한 고된 일중

---

25 틀린 것이 뭐시 있냐 하면은. 바다에가 모래가 섞어진 뻘이 있고, 모래가 순전 안 없고, 순 아주 진 뻘바탕이 있고, 진뻘 바탕에서 나온 소금이 더 짜. 그리고 모래가 섞은 물은 염도가 어디가 몰라도 더 유하고 염도가 적어. 소금은 더 그 높이 색낄도 더 좋고. 모래가 섞은 놈이. 좋고.(제보자: 박균연, 남, 80, 2008년 6월 7일 조사, 과거 자신이 화렴을 할 때 염밭의 지력이 떨어져서 모래를 섞었다고 한다.)

의 하나로 많은 인력과 축력이 필요하다. 일반적으로 섯등의 규모는
염밭의 위치와 크기에 따라 달라진다. 바닷가에 가까울수록 물이 나가
고 들어오는 기간이 짧기 때문에 염밭과 섯등의 규모는 작다. 반면 육
지에 가까울수록 염밭과 섯등의 규모는 커진다. 조사과정에서 제보자
들이 섯등의 규모에 대한 증언들을 달리 해서 어느 정도인지 구체적
수치로 가늠하기 힘들다.[26] 하지만 섯등의 깊이는 대략 1m에서 1m
50cm 정도로 파악되었다.

섯등을 만들기 위해 구덩이를 판 다음 염수가 모아질 수 있는 '섯구덩
이'를 판다. '섯구덩이'는 섯등 밑으로 빠진 염수가 배수로를 통해서
모아지는 곳이다. 섯등과 섯구덩이를 잇는 배수로 작업이 끝나면 정제
장치를 설치한다. 정제장치의 재료로 소나무와 솔팽이나무[27], 짚 등이
이용되었다. 구덩이 위로 소나무로 만든 장작 기둥을 촘촘히 놓는다.
그 위로 물과 접촉해도 잘 썩지 않는 솔팽이 나무를 올리고, 다음으로
짚이나 마름을 덮는다. 이와 같은 순서로 정제장치를 해 놓으면 섯등
밑으로 흙이 떨어지지 않고 염수만 통과하게 된다.

정제장치 설치가 완료되면 염밭의 가리흙을 모아서 섯등에 쌓는다.
가리흙을 넓고 평평하게 쌓은 뒤에 섯등 주변으로 둑을 친다. 섯등 주
변의 둑은 이후에 염수를 얻기 위해 쌓아 놓은 가리흙에 해수를 붓는
데, 해수와 가리흙이 주변으로 흐르는 것을 막아준다. 또한 사리에 바

---

[26] 제보자 장병근(남, 85, 2008년 6월 9일 조사)씨는 염밭 400평에 섯등을 두 개정도 만들
수 있다고 증언하였고, 제보자 박균연(남, 80, 2008년 6월 7일 조사)씨는 자신의 염밭
이 1200평 규모였는데 섯등은 중간에 하나 있었다고 증언하였다.
[27] 조사과정에서 솔팽이나무의 공식적 명칭은 알 수 없었다. 마을 사람들은 단지 잘 썩지
않은 나무라고만 진술하였다.

닷물이 들어와서 섯등을 침범하는 것을 막는다. 섯등에 정제장치가 설치되고 가리흙을 쌓은 후에는 해수를 퍼다가 붓는다. 섯등에 부은 해수는 가리흙에 있는 염기를 먹은 다음 정제장치를 통과하여 섯등 밑으로 염수가 되어 떨어진다.

몇몇 지역에서는 섯등을 통과한 염수를 간수와 혼재해서 사용하는 경우가 있다. 하지만 일반적으로 간수와 염수는 성질을 달리하는 용어로, 구별해서 사용해야 할 듯하다. 영광에서는 염수와 간수를 명확히 구별해서 사용했다.

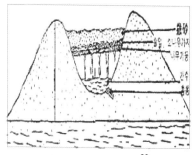

〈그림 3〉 섯등 단면도[28]

염수는 소금을 생산하기 위해서 뽑아낸 물을 지칭하고 있었으며, 간수는 염수를 구워서 생산된 소금에서 나온 염도가 높은 물을 가리킨다.[29] 영광의 소금생산지역에서는 간수가 나오면 이를 다시 사용하지 않고 버린다. 염도가 높은 간수를 재사용할 경우 소금의 질이 현격히 떨어진다고 한다.[30]

---

28 김일기, 『곰소만의 어업과 어촌연구』, 서울대학교 박사논문, 1999, 53쪽.(단면도 필자 편집).

29 간수의 염도는 약 26도에서 27도 사이이다.

30 간수라고 하는 것은 염수가 있고, 간수가 있어. 소금을 맨든 놈은 소금염자 염수 아니 것는가. 염수 가지고 소금을 맨들면 소금에서 모아놓으면 소금에서 찌래기 물이 나오면 간수여. 그것이 써. 그전에는 그것을 전부다 제외했거든. 화렴을 육렴하고 할때는. 그것이 소금이 쓰지도 않고 너무 짜지도 않고 너무 좋았는디. 지금은 창고에다가 소금을 쟁기면 엄청나게 지금은 몇 십가마나 몇 백가마나 쟁기는데. 그것이 밑으로 물이 시나브러 흘러가지고 졸졸 흐르는데 모아. 그것이 있응게 한말도 모으고 닷말도 모아져. 그것을 염전에다 막 품어부러. 요리 도수가 이것저것 28도 안짝으로 다 30도가

염수가 섯구덩이로 모아지면 염도를 측정한다. 염도를 측정하는 방법은 다양하다. 찐밥이나 계란, 콩 등을 염수에 집어넣고, 그것이 뜨면 염도가 높은 것으로 판단하여 바로 벌막으로 나른다. 하지만 집어넣은 물건들이 가라앉을 경우에 염도가 낮은 것으로 판단하여 염수를 빼내서 다시 섯등에 붓는다. 이렇게 해서 적정의 염도에 도달한 염수를 얻게 된다. 화렴을 얻기 위해 적당한 염수의 염도는 약 18도에서 19도 정도이다.

염수의 염도는 화렴을 생산하는데 있어서 상당히 중요하다. 같은 양의 염수로 화렴을 생산할 때, 염도에 따라 소금생산량이 달라지기 때문이다. 염도가 낮은 염수를 가지고 소금을 생산할 경우 높은 염도의 염수를 가지고 굽는 것보다 장작의 소비가 많아지게 된다. 또한 생산된 소금의 양도 현격한 차이를 보인다. 화렴을 생산하는 과정에는 많은 제약이 따른다. 그 중에서도 소금의 이윤창출 문제와 직결되는 것이 연료이다. 소금생산에 따른 이윤을 극대화하기 위해서는 연료비 절감 문제가 최우선 과제이다. 이러한 상황에서 염도가 낮은 염수를 사용할 경우 일정한 연료비 투입 대비 생산량이 줄어들어 이윤을 내기에 어려움이 따른다. 높은 염도의 질 좋은 염수를 얻기 위해서 섯등의 정제장치가 무엇보다도 중요하다고 할 수 있다.

염수가 적정 도수에 이르면 인력을 동원해서 운반하게 된다. 섯구덩이는 섯등보다 더 깊게 파야 하기 때문에 깊이가 상당하다. 그래서 기

넘어. 웬간치 시원한 물도 고것으로 신물이 되아부러. 염도가 그냥 파닥 올라부러. 그렇게 간수는 버려야 한다. 간수가 물에 들어간디 소금이 나쁘다 한 것이 그것이여.(제보자: 박균연, 남, 80, 2008년 6월 7일 조사)

구를 동원해서 물을 퍼 올려야 한다. 대표적으로 물틀을 들 수 있다. 물틀을 이용해 섯구덩이에서 염수를 퍼서 물통[31]과 물지게를 이용해서 벌막의 웅덩이까지 운반한다.

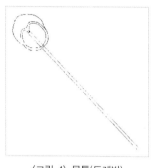 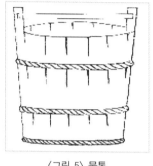

〈그림 4〉 물틀(두레박)   〈그림 5〉 물통

출전 : 度支部 臨時財源調査局, 『한국염업조사보고』
제1편-전라남도(영광, 지도, 무안군), 1908.

(3) 소금굽기

섯구덩이의 염수는 벌막으로 운반된다. 벌막은 소금을 굽는 장소로 염막 등으로 불린다. 벌막의 크기는 일정하지 않다. 일반적으로 벌막은 3~4명 정도가 자본을 공동으로 출자해서 만든다. 벌막의 크기에는 한계가 있기 때문에 자본출자에 4명 이상은 넘지 않는다. 많은 염밭이 이용하는 벌막일수록 규모는 커진다. 벌막은 일반적으로 짚으로 마름을 엮어서 만든다. 원추 형태를 띠고 있으며 소금을 굽는 과정에서 발생한 열을 방출하기 위해서 윗부분은 뚫어 놓는다.

---

31 조사지역에서는 물통을 '질통'이라 하였다.

벌막의 내부구조를 살펴보면, 중앙에 소금을 굽는 가마와 솥이 있으며 주변에는 섯구덩이에서 운반해 온 염수를 임시로 보관하는 구덩이가 있다. 사람들은 이 구덩이를 둠벙, 샘, 해주구덩이 등으로 부른다. 벌막을 지을 때 자본을 출자한 사람의 수만큼 염수를 임시로 보관하는 구덩이를 만든다. 그리고 솥에서 만들어진 소금을 퍼서 임시로 저장하는 장소도 마련해 둔다. 이곳은 나무장작을 괸 다음 가마니를 깔고 뻘흙으로 다진다. 구운 소금을 임시로 보관해 놓은 장소를 '부자리'라 부른다. 부자리에 보관해 놓은 소금에서 나온 간수가 밖으로 빠져 나갈 수 있게 벌막 안에 퇴수로도 갖춰놓는다. 간수는 두부를 만드는데 사용되기도 한다.

소금을 굽는데 있어서 가장 중요한 도구는 솥이다. 솥의 종류에는 흙으로 만든 토부와 철로 만든 철부가 있다. 철부는 토부에 비해서 수명은 오래가나 녹이 잘 슬고 제작비가 많이 들며 열소모율이 높은 단점이 있어서 많이 사용되지 않았다. 반면 토부는 연료소모율이 적은 장점이 있지만 제조과정이 힘들고 수명이 짧은 단점이 있다. 이러한 몇 가지 단점에도 불구하고 토부는 해안에서 쉽게 구할 수 있는 개흙과 조개껍질을 이용하여 만들 수 있어 연료가 풍부한 함경도 지방을 제외하고 많이 이용되었다.[32]

토부를 이용한 화렴생산에 대한 기억은 영광에서도 확인할 수 있었다. 하지만 영광에서 직접 화렴을 생산한 사람들의 증언에 따르면 토부를 이용한 것은 아주 오래전 일이라고 하였다.[33] 조사지역 제보자들의

---

32 고광민, 앞의 책, 18쪽.
33 그것은 상고 때는 흙으로 하잖애. 바낙에 굴쪽이라는 것이 있어. 석화. 석화 껍닥을

증언에 따르면 4~5개의 폐드럼통을 잘라서 편 다음, 그것을 이어서 솥을 만들었다고 한다. 솥의 주재료가 철이기는 하지만 철부라기보다는 '철판솥'[34]이라는 명칭이 적합할 듯하다.

철판으로 만든 솥의 크기는 대략 길이가 5~6m·너비가 4~5m 정도 되었으며, 가장자리를 약 30cm 높이로 구부려서 올렸다고 한다. 폐드럼통을 잘라서 잇댄 솥이어서 많은 양의 염수를 일시에 담을 경우 가운데가 주저앉아 버린다. 이런 사태를 미연에 방지하기 위해서 중간 중간에 철판과 기둥을 잇대어 놓는다. 철판과 잇댄 기둥은 위에 갈거리를 만들어 솥을 걸어놓을 수 있게 했다. 이렇게 갈거리를 이용해서 철판솥을 건 다음 염수를 붓고 아궁이에 불을 지핀다.

화렴 생산비용에 있어서 가장 큰 비율을 차지하는 것이 연료비이다. 천일제염의 경우 소금생산에 있어서 태양열과 해풍을 이용하기에 별도의 연료비가 필요하지 않지만, 화렴의 경우는 장작을 이용해 불을 때서 소금을 생산하기 때문에 생산비에서 연료비가 큰 비중을 차지했다. 다음의 표는 1908년 일제가 정리한 소금생산비에 대한 보고자료이다.

잘 두들려 가지고 어쩌고 친다든가. 그렇게 해가지고 어쩧게 크게는 못하고 그랬는가. 듣기만 했제. 우리는 안 보고.(조사자; 흙으로 만들어서 그 안을 석화로 흙이랑 섞어가지고 구워가지고 불로 떼가지고?) 그렇게 했다고 들었어. 그것을 맨들어 보지는 않았는디. 석화 그것이 석회, 석회 그것을 어찌게 하면 그것이 단단히 굳어. 깡깡해 가지고. 그렇게 해가지고 그 전에는 염소면이라고 이 야월리에가 전적으로 많이 했어.(제보자: 박균연, 남, 80, 2008년 6월 7일 조사)

34 최덕원은 전남지역의 소금생산 방식을 언급하면서 '철판가미'란 용어를 사용하였다.(최덕원, 「소금신앙」, 『월산 임동권박사 송수기념논문집』, 집문당, 1986, 167쪽.)

〈표 1〉 제염수지계산[35]

지역	면적 (町)	제염액 (石)	수입액 (圓)	지출액 (圓)	지출에 대한 비율(%)						손익금 (圓)
					연료비	임금	자본이자	수선비	세금	포장비	
진도 지산면 소포리	0.91	658	656.1	1,113.9	8.5	70.1	14.0	3.3	1.5	2.0	-457.8
해남 장서면 잉박리	0.35	430	567	674.4	21.0	54	14.1	5.4	2.4	1.8	-107.4
무안 해제면	0.62	444.7	343.3	325.1	36.9	33.3	16.3	5.7	1.4	4.9	18.2
영광 염소면	1.81	589.7	756.0	766.3	70.5	10.6	8.8	4.7	0.6	3.6	-10.3
지도 현내면	1.21	448.8	581.6	488.1	49.2	25.2	11.0	3.9	1.0	7.7	93.5

위 자료를 살펴보면 지역별로 소금을 생산하는데 있어서 연료비가 차지하는 비율을 구체적으로 확인할 수 있다. 그 중에서도 영광은 소금 생산비에서 연료가 차지하는 비율이 70.5%이다. 오래전부터 화렴을 생산해온 영광의 경우, 주변 산에서 나무를 벌목하여 연료로 사용하였기 때문에 민둥산으로 변한지 오래였다. 그래서 타 지역에서 연료용 장작을 공급받았다. 염산면 두우리의 경우, 주로 함평군 일대와 영광군 낙월면 송이도에서 장작을 구입했으며, 백수면 백암리 반암마을의 경우는 백수읍 대신리 일대와 영광군의 내륙지역인 묘량면 일대에서 연료용 장작을 구입했다고 한다. 소금을 굽는 시기가 되면 이 지역에서 배와 인력을 이용해서 연료를 공급했다. 하지만 한정된 지역에서 계속적으로 연료를 공급 받기에는 일정정도 한계가 있었으며, 연료용 장작 확보는 소금 생산자들에게는 항상 골치 아픈 문제였다. 염산면 두우리의 경우에는 소금을 생산하기 위해서 생산자들이 마을의 헌 초가집을

---

35 度支部 臨時財源調査局, 『한국염업조사보고』, 296~298쪽(진도, 해남), 1908, 386~388쪽.

사서 해체한 후에, 그곳에서 나온 나무 등을 가지고 벌막에서 불을 때기도 하였다고 한다.

화렴을 생산하는 시기가 되면 밤에도 쉬지 않고 불을 땐다. 일정한 온도가 되어 염수가 끓게 되면 불 때는 작업을 중지한다. 철판솥에서 소금이 결정되면 당그래를 가지고 가장자리로 잡아당긴다. 그리고 삽 등을 이용해서 소금을 푼 다음 부자리에 임시로 보관한다. 일반적으로 18도의 염도를 가진 염수로 불을 때게 되면 장작이 약 350개가 소비되며, 염도가 24도에서 27도의 염수의 경우는 200개에서 250개 정도의 장작이 소비된다. 염도가 높고 질이 좋은 염수일수록 소비되는 장작은 줄어들게 된다. 이렇게 불을 때서 한 번에 생산되는 소금은 약 넉 섬에서 다섯 섬 정도 된다.

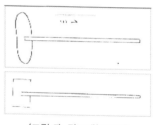

〈그림 7〉 당그래(고무래)

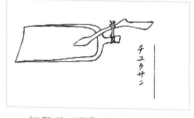

〈그림 6〉 소금을 푸는 삽류(木匙)

출전 : 度支部 臨時財源調査局, 『한국염업조사보고』
제1편-전라남도(영광, 지도, 무안군), 1908.

4. 소금생산과 지역문화

집단의 관계설정 과정에서 배태된 산물이 문화이다. 문화를 통해서 집단의 관계 및 소통양상을 살필 수 있다. 하지만 소통이라는 것을 전제로 집단에서 배태된 문화를 완전하게 정의하기에는 물의가 따른다. 지연을 기반으로 하는 집단은 소통에 의해서 문화가 형성되지만, 한 집단과 지연적 관계를 형성하지 못한 다른 집단에게 있어서 문화는 차별의 기제로 작용한다. 문화는 인간집단을 차별적으로 인식하게 만드는 지표이기도 하다.

인간이 집단을 형성함에 있어서 가장 일차적으로 고려됐던 것은 먹고 사는 문제였다. 과거 생업의 기반이었던 농업은 많은 노동력이 요구되었다. 농업이라는 경제적 기반 위에서 사람들은 집단을 형성하였고, 생산의 효율성 문제는 집단의 유지·해체와 직결되는 문제였다. 생산의 효율성과 연결된 집단형성 문제는 이후 일정한 기간을 설정하여 관계의 문제를 고민하게 하였으며, 고민에 따른 집단의 해결의지는 공동체 의례나 놀이 등을 통해서 간접적으로 발현된다.

경제적 기반 위에서 형성된 집단을 유지하기 위한 관계 재설정의 문제는 그들만의 독특한 문화를 파생시켰다. 민속신앙 및 민속놀이는 지역의 생산적 토대와 사람간의 관계 문제로서 형성된 문화적 산물이며, 인간의 생존문제 해결을 우회적으로 제시한 지표이기도 하다. 하지만 동일한 경제적 토대 위에서 형성된 유사한 형태의 문화라 할지라도 함의(含意)하고 있는 의미는 각기 다를 수밖에 없으며, 이러한 이질적 함의가 문화가 차별적 지표로 작용함을 보여주는 것이다.

영광의 소금생산지역 또한 소금이라는 경제적 산물을 기반으로 나름의 문화가 형성되었다. 소금은 인간에게 없어서는 안 될 생활필수품이며, 극한의 상황에서는 구황작물로 활용되었다. 소금을 구하기 위해서 전국 각처에서 사람들이 모여 들었고, 그 사람들로 하여금 소금생산지역은 경제적 혜택을 누렸다. 영광에서 소금이 갖는 경제적 가치는 농경민의 주식이라 할 수 있는 쌀이 갖는 경제적 가치를 상회하는 것이었다.

영광 백수면 백암리 반암마을은 1950년대 중반까지 대량의 화렴을 생산했던 지역이다. 현재 반암마을의 지형을 살펴보면 서쪽으로 바닷가와 그 경계에 둑이 설치되어 있으며, 마을 쪽으로 넓은 간척지가 형성되어 있다. 둑이 설치되기 이전에는 지금의 간척지가 모두 갯벌이었다고 한다. 간척지가 형성되기 이전에 반암마을 주변은 논농사를 행할 수 있는 환경이 아니었다. 하지만 영광의 어느 지역보다도 경제적으로 풍요로웠던 곳으로 마을 사람들은 기억한다. 제보자 하금순씨는 법성면 입암리에서 반암마을로 시집을 왔다. 시가(媤家)가 넓은 논을 가지고 있는 것도 아니었지만 벌막을 소유하고 있어서 경제적으로 풍요로웠다고 한다. 당시 소금은 금과 같아서 타지역에서 반암마을로 소금을 사러들어왔다고 한다. 쌀을 생산할 수 있는 논이 없음에도 불구하고 항상 시가에는 가마니채로 쌀이 저장되어 있었다고 한다. 단편적인 예이지만 소금이 마을에 부여한 경제적 가치는 실로 컸을 것으로 추측된다. 화렴이 소멸되는 시기까지 소금을 구웠던 주체들이 마을에 몇몇 생존해 있는데, 그들에게 소금을 구웠던 당시는 자신들이 살아왔던 시간 속에서 가장 풍요로웠던 시기로 기억되고 있었다.

소금이 갖는 경제적 가치는 단순히 생산지역에만 한정된 것이 아니라 주변부의 사람들에게도 영향을 미쳤다. 평상시에는 주변에서 농사를 짓는 사람들이 농한기에는 소금을 굽는 지역으로 몰려와 부수입을 취했다. 소와 농기구가 있는 사람들은 그것을 가지고 소금생산지역으로 들어와서 품을 팔았다. 농업은 일년을 단위로 소출이 발생하는 것으로 투여되는 노동력이 즉각적으로 금전적 이익을 창출하지는 못한다. 또한 농업만을 주업으로 하는 지역의 경우, 봄철에 곡물을 구할 수 없는 보릿고개 시기가 되면 배고픔이 일상화되었다. 하지만 영광 사람들은 그 시기에 소금생산지역에 들어와서 품을 팔았고, 그에 합당한 경제적 이득을 즉각적으로 취했다.

　전통소금 생산방식에는 많은 노동력이 필요하다. 한정된 지역에서 많은 수의 노동력을 확보하기란 일정정도 한계가 있다. 하지만 소금을 구하기 위해서 각처에서 몰려든 사람들로 인해 이러한 문제는 쉽게 해결되었다. 생산지역 주변부의 사람들은 인력과 축력을 제공하였으며, 각처에서 소금을 구하기 위해서 몰려든 사람들은 소금을 굽는 기간에 벌막에 거처를 정하고 자신의 노동력을 제공하였다. 노동력을 제공한 사람들은 품삯으로 돈 대신 소금을 받기도 했다. 품삯으로 소금을 받은 사람들은 외부로 나가서 판매하였고, 거기에서 발생한 이익을 취했다.

　영광의 주요 소금 소비처는 법성포이다. 칠산바다에 최대 조기어장이 형성되었고 그곳에서 잡은 어물은 법성포로 집산되었다. 잡은 조기는 소금으로 가공되어 굴비가 되었다. 법성포가 굴비 생산지로 명성을 떨칠 수 있었던 이유는 영광에서 생산된 소금이 있었기에 가능했다. 영광에서 생산된 소금은 법성포 외에도 전남의 내륙지역으로 공급되었다. 노동력을 제공하고 품삯으로 소금을 받아간 사람들은 단순 노무자에서 소금장수로 그 역할이 변한다. 소금을 구하기 위해 영광으로 몰려든 사람들의 출신지역을 살펴보면, 함평·담양·장성지역이 많았으며, 심지어는 전남 동부지역인 보성에서도 와서 소금을 구입했다고 한다.

　돈이 있는 곳에 사람이 모이듯이, 소금을 생산하는 시기가 되면 영광은 전국 각처에서 모인 사람들로 인산인해를 이루었다. 소금을 사기 위해 몇날 며칠을 벌막에 머물면서 자신의 노동력을 제공한 사람들은

자체적으로 숙식을 해결해야만 했다. 바다와 접해 있으면서 농사보다
소금생산을 주업으로 하는 지역의 경우는 이들의 먹거리를 제공하는데
일정정도의 한계가 있었다. 그래서 주변 지역에서 많은 사람들이 그들
에게 판매할 목적으로 먹거리를 들고 소금생산지역으로 들어왔다. 소
금생산지역에서 물물교환이 이루어졌다. 이러한 모습은 이 지역이 단
순히 소금생산지가 아닌 시장의 역할까지 하였음을 짐작하게 한다. 각
처의 사람들은 서로의 정보를 공유하였으며, 물물교환을 통해서 자신
들이 소유한 물건의 경제적 가치가 상승되고 이전되는 장소로 소금생
산지역을 활용하였던 것이다.

영광의 소금생산지역에서 소금의 중요성은 민속 제의형태로 나타난
다. 최덕원은 과거 영광에서 소금생산과 관련하여 염신제가 행해졌다
고 한다. 염신제는 벌막을 짓거나 섭판을 만들 때, 또는 첫 소금을 구울
때에 풍염을 기원하기 위해 모셔졌다. 염신제의 대상신은 용신이었다.
과거 소금을 굽는 과정에서 가장 고려가 되었던 것이 조류와 비였다.
바다와 비를 관장하는 신은 용신으로, 사람들은 신을 달램으로 해서
풍염을 기원했던 것이다.[36] 하지만 염신제의 성격과 규모를 구체적으
로 파악하기는 어렵다.

염밭은 일반적으로 공동의 소유가 아닌 개인의 소유였으며, 소금생
산에 따른 이익금 발생에 대한 분배도 농업과 달리 집단적으로 이루어
지기 보다는 소유주와 노동력 제공자 간의 일대일 방식이었다. 노동력
을 제공하는 사람들은 벌막 및 염밭을 소유한 사람들에게 일정한 품삯
을 받고 한시적으로 거주한 사람들이 대부분이었다. 풍염(豊鹽)의 여부

---

36 최덕원, 앞의 논문, 196쪽, 축문 참조.

는 일시적 계약관계에 있는 사람에게는 그리 큰 문제는 아니었을 것으로 생각된다. 이러한 관계를 유추해 본다면 풍염과 관련해서 행해진 염신제는 집단적 제의 형태보다는 개인적인 제의 형태를 띠었을 것으로 생각된다.

조사과정에서 제보자들이 제공한 소금생산과 관련한 제의에 대한 구술을 바탕으로 짐작하건대 제의 규모는 그리 크지 않았을 것이다. 현장조사 과정에서 영광의 소금생산지역 사람들은 소금생산과 관련해서 행해지는 제사를 '채렴제'라고 불렀다. 채렴제는 벌막에 처음으로 불을 땔 때, 갯벌을 향해서 간단한 음식을 차려놓고 한 해 동안 풍염기원을 목적으로 행해졌다. 이와 같은 채렴제는 화렴 생산방식이 소멸하고 천일염방식으로 전환된 후에도 계속됐다.

천일염방식으로 전환한 후에 소금생산과 관련해서 행해진 제의 명칭은 '채렴식'이었다. 주로 4월 초파일에 행해졌으며, 간단한 음식을 차려놓고 인부들이 돌아가면서 절을 하고 풍염을 기원했다고 한다. 채렴식이 행해지는 날이 되면 인부들은 일을 하지 않고 쉬었으며, 염전 소유주가 간단한 선물을 준비하여 나눠주기도 하였다. 대규모로 행해진 집단적 제의는 아니었지만 지역의 경제적 토대에서 파생된 민속신앙이라는 점에서 의의가 있다.

지역민들에게는 화렴방식 외에 소금을 취득하는 나름의 방법이 있었다. 소금은 봄에서 가을까지만 생산된다. 이 시기가 지나면 화렴을 이용해서 대량의 소금을 구하기 어렵다. 하지만 주민들은 화렴 외에 나름의 방식으로 소금을 취득하여, 김치를 담거나 소금을 섭취하였다. 겨울 조금 때 바닷물이 들지 않는 갯벌은 장시간 해풍과 햇볕에 노출된다. 시간이 지나면 갯벌에 소금기가 올라오는데, 그것을 빗자루를 이용해

쓸어 담는다. 그리고 그것을 집으로 가지고 가서 물에 넣어 두면 뻘이
나 이물질이 밑으로 가라앉게 된다. 그러면 소금물만을 따로 분리해서
담아 놓는다. 그것을 이용해 염분을 섭취하였고, 김치를 담을 때에도
이용하였다.

더불어 소금을 생산하는 사람들은 시기별로 생산되는 소금에 등급이
매겼다. 가장 상품(上品)에 해당하는 것이 4월에 생산되는 소금이었다.
이 시기가 되면 송화가루가 날려 염밭에 섞여 들어간다. 송화가루가
소금에 영향을 주어서 다른 시기에 생산된 소금보다 좋은 맛을 냈다고
한다. 지역민들은 이 소금을 '송화조금'이라 불렀다.

지역민들에게 소금은 자신들의 삶을 지탱해주고 나아가 집단의 번영
을 이루게 했던 가치적 존재였다. 사람들에게 과거 소금을 생산했던
시간은 그들이 살아왔던 어느 시기보다도 풍요로웠던 시간으로 기억된
다. 소금은 지역의 문화적 구심점으로 작용했다. 소금을 구하기 위해서
각처의 사람들이 몰려들었으며, 그들에게 있어서 소금을 생산하는 공
간과 지역민의 위상은 소금의 가치와 동일하였다. 쌀 한 톨 나오지 않
는 공간이 소금으로 인해서 타 지역과 비교해서 우월한 가치를 지니게
되었다. 하지만 천일염으로 전환하면서 그 가치는 상쇄하게 된다.

과거에 염밭을 경작하고 소유하는 일은 자유로웠다. 돈이 있으면
벌막을 지을 수 있고, 노동력 확보가 용이한 사람은 갯벌에 나가서 염
밭을 경작하면 되었다. 하지만 천일염전이 도입되면서 많은 자본을 소
유한 사람이 소금생산을 독점하게 되었으며, 이전에 갯벌에서 염밭을
경작했던 사람들은 졸지에 소금생산의 주도권을 상실하게 되었다. 바
다에 둑을 쌓고 염전의 소유권을 넘겨받아 소금생산에서 파생된 이익
을 독점하게 된 사람은 외부인들이 주를 이루게 되었다. 천일염전은

과거 화렴생산방식과 비교해서 소금에서 파생된 이익의 수혜 범위를 축소시켰다.

천일염전을 통한 대량생산은 소금의 희소성을 감소시켰으며, 이에 비례하여 생산공간이 지닌 가치가 과거에 비해 하락하게 되었다. 과거 화렴을 생산했던 사람들은 공간을 점유하면서 소금에서 파생된 이익을 직접 취득했던 사람들이다. 하지만 근대염전이라 할 수 있는 천일염전이 들어오면서 공동소유처럼 인식되었던 갯벌과 바다가 개인의 소유권이 명확해진 사적재산으로 인식되게 된다. 이 또한 마을사람들 보다는 많은 자본을 소유하고 있는 외부인에게 마을의 공간이 점유되게 된다. 천일염전 도입 후로 마을 사람들은 소금생산의 주체자가 아닌 보조자로 전락하게 된다. 이들은 화렴의 맛을 떠올리며 천일염이 따라올 수 없는 독특한 맛이 있다고 진술한다. 화렴은 유하고 짠맛이 강하지 않다고 한다. 화렴과 천일염에 대한 이와 같은 비교는 단순히 맛에 대한 대비차원을 넘어서 공간에 대한 상징적 의미를 지닌 진술이라 할 수 있다. 생산공간의 질적 변화는 과거 화렴 생산을 담당했던 사람들로 하여금 동일공간에 대한 차별화된 평가를 내오게 하는 기제로 작용하였다.

5. 맺는말

이상으로 영광지역의 전통소금 생산방식과 공간이 갖는 지역 문화적 의미를 살펴보았다. 전통적인 소금생산방식과 관련해서 이전에 많은 연구들이 진행되었음에도 불구하고 몇몇 지역을 중심으로 이루어져

연구의 다양성에 문제가 되었던 게 사실이다. 과거 영광은 국내 소금생산지로서 중요한 역할을 담당하였음에도 불구하고 기존 연구에서 주목을 받지 못했다. 행정구역상 전라남도에 소속되어 있지만 갯벌이나 바다의 환경은 전북 서해안 지역과 유사함을 보여 왔다. 그래서 기존의 소금연구에서도 영광의 소금생산방식은 전북 부안지역과 유사함으로 분류되어 상세하게 서술되지 못했다.

하지만 동일한 대상이라 할지라도 문화적·경제적 토대를 달리하고, 더불어 생산방식에 있어서 지역민이 함의하는 의미가 다를 경우 대상에서 파생된 가치적 의미는 달라질 수 있다. 이러한 관점을 토대로 본 연구에서는 영광에서 소금이 갖는 나름의 의미를 찾아보고자 하였으며, 이것을 단초로 다른 지역과 비교 검토할 수 있는 근거를 마련하고자 하였다.

현재 영광은 전국 소금생산량의 약 10%를 차지하고 있다. 전남 신안지역이 소금생산량 면에서 월등히 앞서고는 있지만, 이는 천일염전이 도입된 후부터 나타난 격차로서 과거 전통소금 생산방식까지 소급해서 비교하기에는 무리가 따른다. 신안지역은 군 전체가 섬으로 이루어져 연료가 많이 소비되는 화렴방식으로 다량의 소금을 생산해 내기에는 일정한 한계를 지녔다. 이에 반해 영광은 연료수급면이나 수요면에서 많은 양의 소금을 생산하기에 천혜의 조건을 지닌 지역이었다.

영광의 소금생산지역에서 소금은 쌀보다도 중요한 문화적 가치를 내포하고 있었다. 영광은 소금생산지역이라는 희소의 가치로 인해서 다른 지역에서 누릴 수 없는 공간적 가치를 점유하고 있었다. 과거 소금생산의 주체자든 보조자든 소금으로 인해서 그들이 생활했던 공간의 가치를 나름대로 향유하였다. 하지만 천일염전이 도입되면서, 소금생

산에서 파생된 이익이 외부인이나 소수의 사람들에게 집중되고, 소금
의 희소의 가치가 소멸되면서 그들은 공간에 대한 소외감을 느끼게
된다. 소금에서 파생된 문화적 요소 또한 쇠퇴되었다고 할 수 있다.

본 연구는 영광지역의 전통소금 생산방식을 재구하는 것을 일차적
목표로 하였으며, 나아가 거기에서 파생된 지역 문화적 요소들을 살펴
보고자 하였다. 본 연구를 통해서 전통소금 생산지역으로서 영광의 중
요성을 알 수 있었으며, 나아가 지역적으로 편향된 기존의 소금생산연
구에 대해 다양성을 제시했다. 하지만 소금생산공간에 대한 소멸과 천
일염 생산방식으로 이전에 대한 지역민의 의식, 소금에서 파생된 민속
신앙에 대한 상세한 연구는 추후 보완해야 할 듯하다.

참고문헌

〈자료〉
『조선왕조실록』
『경세유표』
『한국수산지』
『한국염업조사보고』
『택리지』

〈단행본〉
고광민, 『조선시대 소금생산방식』, 신서원, 2006.
국사편찬위원회, 『한국사』 24, 국사편찬위원회, 1994.
＿＿＿＿＿＿, 『한국사』 33, 국사편찬위원회, 1997.

〈논문〉

김일기, 『곰소만의 어업과 어촌연구』, 서울대학교 박사논문, 1988.

_____, 「전오염 제조방법에 관한 연구」, 『문화역사지리』제3호, 한국역사문화지리학회, 1991.

김준, 「시장개방과 서남해안 천일염전 생산구조의 변화」, 『농촌사회』11집 제2호, 한국농촌사회학회, 2001.

_____, 「소금과 국가 그리고 어민」, 『도서문화』제20집, 목포대학교 도서문화연구소, 2002.

김호종, 「조선후기의 염업경영실태」, 『역사교육논집』제12집, 역사교육학회, 1998.

박종오, 「'섯구덩이'를 이용한 자염 생산방식 고찰-전북 고창군 심원면 검당마을을 대상으로」, 『도서문화』제31집, 목포대학교 도서문화연구소, 2008.

_____, 「자염 생산 관련 의례 고찰-'섯구덩이'방식을 대상으로」, 『남도민속연구』제16집, 남도민속학회, 2008.

유승원, 「조선초기의 염간」, 『한국학보』제5-4호, 일지사, 1979.

유승훈, 「명지·녹산 염전의 소금 생산 특징과 변천」, 『한국민속학』제44집, 한국민속학회, 2006.

유필조, 「17,18세기 전반 염업 발전과 염분사점」, 『한국사론』제36집, 서울대학교 인문대학 국사학과, 1996.

윤온술, 『소금장수 설화 연구』, 전북대학교 교육대학원 석사논문, 2000.

이영학, 「개항기 제염업에 대한 연구-자본제적 경영을 중심으로」, 『한국문화』제12집, 서울대학교 한국문화연구소, 1991.

이종주, 「소금장수 설화의 유형과 의미-세상의 소금, 가치 창조의 악동」, 『한국문학이론과 비평』제25집, 한국문학이론과 비평학회, 2004.

최덕원, 「소금신앙」, 『월산 임동권박사 송수기념논문집』, 집문당, 1986.

최성기, 「조선시대 염전식 자염-동해안을 중심으로」, 『안동문화』제6집, 안동문화연구소, 1985.

_____, 「조선시대 자염 생산과정-동해안을 중심으로」, 『한국식생활문화학회지』제1집, 한국식생활문화학회, 1986.

한국역사정보통합시스템 홈페이지 http://www.koreanhistory.or.kr/
동방미디어 홈페이지 http://www.dbmedia.co.kr/

서정주 시의 치유성 연구

서덕민

1. 서론

21세기 이후 문학의 치유적 성격을 규명하고 이를 현장에 적용하려는 시도가 매우 활발하게 진행되고 있다. 대체의학의 발달은 문학의 영역뿐만 아니라 미술, 음악, 무용 등 예술의 거의 모든 영역에 걸쳐 치유성의 문제에 관심을 갖게 했다. 예술의 영역 외에도 우리의 생활 전반에서 이루어지고 있는 각종 문화 활동 영역에서 치유성의 문제는 매우 특별한 관심사로 자리매김했다.

사실 인간의 모든 문화-예술 활동에 치유적 성격이 가미되어 있다는 것은 상식적인 수준에서 충분히 동의할 수 있다. 문학은 원래 치유적이다. 치유성이 없는 문학은 존재하지 않는다는 측면에서 문학치료[1]

---

1 현대적 개념으로서 문학치료는 "1751년 벤자민 프랭클린이 세운 최초의 병원인 펜실베니아 병원에서 정신질환 환자들에게 치료 보조 수단으로 책읽기와 글쓰기를 사용하고 그들의 글을 출판한 것"을 기원으로 보고 있다. "문학치료라는 용어는 포이트리 테라피(poetry therapy), 비블리오 테라피(bibliotherapy), 저널 테라피(journal therapy)를

라는 용어와 문학치료의 실효성에 대해 회의적인 연구자들도 많다. 문학치료에 대한 부정적 견해들 대부분은 문학치료 현장에서 활용되는 프로그램의 수준이 낮다는 점과 아직 임상적 경험이 축적 혹은 증명되지 않았다는 점을 지적한다. 이는 문학 활동을 '치료'라는 과학적 영역과 무리하게 연계하려는 시도에 대한 우려의 목소리로 이해된다.

문학치료를 '읽기의 목적과 방법을 치유행위로 전환하는 능동적 문학 활동'정도로 이해한다면 문학치료와 관련된 논의가 그렇게 비생산적인 것만은 아니다. 들판에 널린 풀을 화분에 옮겨 심거나, 약탕기에 달여 먹거나, 삶아서 식탁에 올릴 수 있듯이 인류의 문화장에 무성하게 자라나 있는 문학작품의 활용 방식 역시 다양하게 강구되어야 할 필요성은 꾸준히 제기할 수 있다는 것이다.

이러한 견해를 뒷받침 하는 것으로 문학치료를 수용미학의 연장선에서 이해하는 경우를 들 수 있다. 변학수는 문학치료는 수용미학을 떠나서는 언급될 수 없다고 지적하고 있다. 변학수는 볼프강 이저(Wolfgang Iser)의 견해를 빌려 "문학적 텍스트가 포함하고 있는 빈자리(Leerstellen)를 채워가는 독서 행위"[2]의 특성 안에서 문학치료의 근본적 원리가 발견된다고 지적하고 있다. 문학치료는 고정불변의 실체로서 문학텍스트의 치유적 효과를 운운하는 수준에 있는 것이 아니라 독자와 작가가 끊임없이 빈자리를 채워가는 "문학의 인류학"[3]으로서 이해할 필요가 있다는

모두 포함한 말로 참여자와 치료자 사이의 치료적 상호작용을 위해 문학을 사용하는 것을 말한다."; 이봉희 「내 안의 시인을 깨우는 문학치료」, 『어문학』 10, 한국어문학회, 2010, 34~38쪽.

2 변학수, 「치료로서의 문학」, 『독일어문학』 17, 독일어문학회, 2002, 48쪽.

3 위의 책, 49쪽.

것이다.

우리나라의 문학치료는 지난 10여 년간 다양한 연구 성과를 바탕으로 그 가능성을 모색해왔다. '문학치료'를 본격적인 담론의 장으로 이끌어낸 연구자로 정운채를 들 수 있다. 정운채는 문학치료의 근본 문제를 '서사'로 정의한다. 정운채는 문학치료에서의 서사를 '자기서사'와 '작품서사'로 구분하며 '문학과 인간의 상호 작용'에 문학치료의 핵심이 있다고 밝히고 있다. 문학이 제시하는 '건전한 상식, 삶의 의미, 문제 상황에 대한 해결'과 같은 요소들을 '작품서사'라 부를 수 있다면, "인간은 작품서사를 통해 자기서사를 보충하고 강화하고 통합하는 과정을 수행하여 자기서사를 변화시킬 수 있다"[4]는 것이 정운채가 소개한 문학치료 이론의 요지이다. 정운채의 문학치료 이론 역시 인간학과 문예미학의 접점 즉 "문학의 인류학"으로서 문학치료의 주요한 방법론을 생성해 내고 있다는 측면에서 수용미학적 견해를 기반으로 하고 있는 것으로 보인다.

정운채 외에도 다양한 분과의 연구자들이 국내에 문학치료를 소개했다. 그러나 현재 한국의 문학치료는 이론적-방법론적 토대가 완벽히 구축되어 있지는 않다. 변학수는 우리의 문학치료는 "몇몇 학자들이 독서치료나 문학치료란 이름으로 여러 가지 외국 이론들을 소개하고 있지만, 그것도 현대 한국인의 문학적 성향에서 출발한 것이 아니라 대부분 상담 또는 문학 감상 정도의 차원에서 시행되고 있다"[5]고 지적한다.

---

4 김정애, 「문학치료학의 '서사' 개념의 정립 과정과 적용 양상」, 『문학치료연구』 제13집, 한국문학치료학회, 2009, 14쪽.
5 변학수, 『문학치료』, 2004, 8쪽.

우리나라에 소개된 문학치료 이론은 문학작품을 상담의 부수적 자료로 파악하고 있는 경우가 대부분이다. 따라서 문학치료에서 활용되는 텍스트 또는 문학치료 과정에서 생산되는 텍스트의 문학적 성취도는 고려의 대상이 될 필요가 없는 것으로 흔히 이해되고 있다. 이러한 현상은 문학치료 현장에서 민족어의 정수를 담고 있는 우리 문학자산이 적극적으로 활용되지 못하는 결과를 초래하고 있다. 치유 행위가 완수된다면 수준 미달의 번역 작품이나 저널의 가십 역시 문제가 될 것이 없다는 현장의 견해에 이의를 제기할 수는 없다. 그러나 우리말로 된, 우리의 문화를 풍부하게 담지하고 있는 작품이 도처에 있음에도 이를 적극적으로 활용하지 못하는 것 또한 안타까운 일이다.

본 논의는 이러한 문제의식을 기반으로 문학치료 현장에서 활용될 수 있는 우리 문학 자산의 치유성을 분석하는 것을 목적으로 하고 있다.[6] 본 논의가 주목하고 있는 텍스트는 서정주의 시들이다. 서정주는 널리 알려진 바와 같이 평생 1천 여 편의 시를 남긴 시인이며, "부족방언의 마술사"라는 찬사를 들을 만큼 민족의 정서와 언어를 능수능란하게 다룬 시인으로 알려져 있다. 서정주의 시편에 나타나 있는 치유성에 대한 분석은 문학치료의 현장에 인간학적 측면과 미학적 측면이 두루 고려된 양질의 텍스트를 제공할 수 있다는 점에서 의미가 있다.

---

6 현대시의 미학적 측면과 문학치료의 문제를 함께 다루고 있는 논저들은 다음을 들 수 있다.; 권성훈, 「현대시에 나타난 치유성 연구」, 경기대 박사학위논문, 2009.; 최혜경, 「치유적 시 텍스트의 판독을 위한 정서적 상화 요건」, 『문학치료연구』 19, 한국문학치료학회, 2011.; 서덕민, 「백석 시의 문학치료적 양상 연구」, 『인문학연구』 13-1, 원광대학교인문학연구소, 2002.

2. 반복-리듬을 통한 치유의 미학

서정주 시에서 발견되는 주요한 특징의 하나로 '반복'을 들 수 있다. 이미 여러 선행 연구들을 통해 밝혀진 바와 같이[7] 서정주의 시에서 반복은 대구나 수미상관의 수준으로 드러나기도 하고, 동일한 시어나 구문을 반복적으로 제시하는 수준으로 드러나기도 한다. 서정주 시에 나타는 이러한 반복은 음률성을 확보하고 시적 의미를 강조하는 등의 효과를 위해 활용되고 있다는 것이 일반적인 견해이다.

시에서 드러나는 반복은 인간의 무의식적 충동을 모사하고 있다는 측면에서 치유적 성격과 관계가 깊다. "프로이트에 따르면 인간은(특히 신경증 환자는) 아버지의 금지 때문에 상처를 받는데, 그것을 극복하기 위해 강박적 반복 충동을 갖는다고 한다."[8] 변학수는 어머니의 부재를 극복하는 아이가 실패를 던졌다 회수하는 'frot-da'놀이를 인용하며 "반복 장치는 문학에서 심리적 욕구의 변형으로 만들어진 것"[9]이며 "리듬은 반복에서 시작되고 반복은 경우에 따라서는 노이로제 환자의 강박적 반복 충동과도 연결"된다고 주장한다. 더 나아가 변학수는 문학치료의 과정에서 내담자가 "리듬으로 표현하는 것에는 그의 상처가 기록되어 있는 셈"[10]이며, 시의 리듬은 "무의식으로 연결된 다리이고, 여기

---

7 대표적인 논의로 다음을 들 수 있다.; 이경수, 『韓國 現代詩의 反復 技法과 言述 構造: 1930年代 後半期의 白石李庸岳·徐廷柱 詩를 中心으로』 고려대 박사학위논문, 2002, 154~194쪽.; 이경수는 서정주 초기 시에 나타나는 반복을 '어휘의 대립적 배치'와 '어구의 집중' 등을 통해 설명하고 있다. 서정주 시에 나타나는 반복 기법은 의미를 확장하고 긴장감을 유발하며, 한편으로는 주술적 의미를 획득하게 한다고 이경수는 지적하고 있다.

8 변학수, 『문학치료』, 학지사, 2004, 119쪽.

9 같은 곳.

서 영혼이 만져질 수 있다"[11]고 쓰고 있다.

널리 알려진 바와 같이 아이가 실패를 던졌다 회수하는 것은 다가올 공포와 결핍에 대한 모의 훈련, 즉 미래에 닥쳐올 어머니와의 이별에 대응하기 위한 하나의 훈련 과정이라는 것이 프로이트의 견해이다. 프로이트가 주목한 '반복 충동'은 문학의 반복과 치유의 관계를 적절히 드러내고 있다는 측면에서 본 논의에 시사하는 바가 적지 않다. 프로이트의 견해에 따르면 전쟁 신경증 환자들이 반복해서 악몽을 꾸는 것 역시 꿈을 통해 공포를 통제함으로써 현실 세계에 닥쳐올 불안에 대응하는 힘을 기르고자 하는 현상이라는 것이다.[12]

"리오넬 트릴링은 이러한 반복 강박의 꿈을 비극(문학)의 기능과 연결한다."[13] 트릴링은 "폰투스의 왕 미트리다테스가 소량의 독을 계속적·누진적으로 섭취하여 독에 대한 면역을 길러 냄으로써 독살 모의에도 끄떡하지 않았다는 전설을 빌려"[14] 삶의 고통에 대한 길들이기로서 반복 충동의 문학적 의미를 "미트리다테스적 기능"[15]으로 이해할 것을 제안하고 있다. '연민'과 '공포'를 반복적으로 접한다는 측면에서 문학의 미트리다테스적 기능은 결국 아리스토텔레스가 『시학』에서 제시하고 있는 문학의 기능적 측면 즉 '카타르시스'를 상기시키기에 충분하다.

---

10 위의 책, 115쪽.

11 같은 곳.

12 Sigmund Freud, 윤희기, 박찬부 역, 「쾌락의 원칙을 넘어서」, 『정신분석학의 근본개념』, 열린책들, 2003, 275~283쪽.

13 유종호, 『문학이란 무엇인가』, 민음사, 1997, 207쪽.

14 위의 책, 275쪽.

15 같은 곳.

언급하고 있는 바와 같이 단어와 어구의 반복은 거시적인 측면에서 문학의 치유적 기능을 설명하는 주요한 단서가 되기도 하지만 문학치료에서는 직접적이고 즉각적인 연행 효과를 보기 위한 장치로 이해하기도 한다. "반복을 통해 형성되는 리듬은 고착화된 언어와 감정을 풀어주며, 작품에 쉽고 친근하게 다가갈 수 있는 길을 열어준다."[16] 문학치료에서는 "단어와 어구의 반복이 참여자들의 라포(rapport)를 형성하는데 기여"[17]하고 있는 것으로 파악한다. 또한 시의 반복은 리듬감을 살려 독자를 집중시키는 효과도 있다. "반복적인 리듬은 태아기 때 들었던 어머니의 심장 박동을 떠오르게 하는데, 이러한 경험은 성인이 되어서도 규칙적인 리듬에 안정감을 느끼고 졸음이 오는 상황으로 이어지게 된다는 것이다."[18]

> 잔치는 끝났드라. 마지막 앉어서 국밥들을 마시고
> 빠알간 불 사루고,
> 재를 남기고.
>
> 포장을 거드면 저무는 하늘.
> 이러서서 主人에게 인사를 하자
>
> 결국은 조끔ㅅ씩 醉해 가지고
> 우리 모두다 도라가는 사람들.
>
> 목아지여

---

16 변학수, 앞의 책, 120쪽.
17 같은 곳.
18 권성훈, 앞의 책, 35쪽.

목아지여
목아지여
목아지여

멀리 서 있는 바다ㅅ물에선
亂打하여 떠러지는 나의 種소리.   - 〈行進曲〉**19**

　우선 종결어미를 '~고'로 제시하고 있는 것을 서두에서 발견할 수
있다. 다음으로 눈에 띄는 것은 '목아지여'라는 영탄조의 시어가 작품
말미에 집중적으로 배치되어 의미를 강조하고 있다는 것이다. 여러 시
행이 각운으로 처리된 서두는, 잔치가 끝난 후의 허무감을 '마지막 앉
어서 국밥들을 마시고', '불 사루고', '재를 남기고', '취해 가지고' 등의
시구를 통해 드러내고 있다. 제시된 시구들은 모두 삶의 동력이 상실되
어 가는 정황을 그려내고 있다. 전반적으로 작품의 서두는 내용과 형식
을 비슷한 자질의 쌍으로 묶어 나열해 놓으며 독자들에게 친숙한 리듬
을 선사하고 있다.
　특별한 암시도 없이 '목아지여'라는 시어가 하나의 행을 이루며 네
번 반복되고 있는 4연은 작품의 메시지가 집중되는 지점이다. 사람의
목을 속되게 이르는 말'로서 "목아지"라는 시어는 하잘 것 없이 나약한
인간 존재에 대한 두려움과 경외감을 동시에 드러내고 있는 시어이다.

---

19 본 논의에 활용된 서정주의 작품은 대부분 다음의 시집을 참조했다.; 서정주, 『서정주
시 전집』, 민음사, 1994.; 몇몇 표기상의 오류와 연과 행의 구분 및 띄어쓰기 등에 문제
가 있는 작품들은 다음을 참조해 바로잡은 경우도 있다.; 서정주, 『화사집』, 남만서고,
1941.; 서정주, 『귀촉도』, 선문사, 1948.; 서정주, 『서정주 시선』, 정음사, 1956.; 이하
작품 인용과 관련된 각주는 생략.

주요한 메시지를 응축하고 있는 시어를 택해 단순 나열함으로써, 나름의 음률성을 확보하는 동시에 저물어가는 삶에 대한 애수를 강렬하게 드러내고 있다. 주지하는 바와 같이 삶과 죽음의 경계에 목을 드리우고 살아가는 인간의 근원적 불안을 내포하고 있는 "목아지"라는 시어를 연발하는 것은 심리적 불안을 해소하기 위한 치유 행위를 재현해 놓고 있는 것으로 판단된다. 또한 인간 삶의 비루함을 끌어안으려는 화자의 태도는 〈행진곡〉이라는 제목과 맞물려 운명을 긍정하고, 삶의 모든 가치를 자신의 것으로 받아들이는, 창조적이고 건전한 삶의 태도로서의 운명애(amor fati)[20]를 상기시킨다.

　전통 서정의 가장 기본적인 형식으로서 반복의 기법이 치유성을 담보하는 것은 아니다. 살펴본 바와 같이 서정주의 경우 인간의 정서적 반향을 함축하는 시어를 반복적으로 나열―노출시킴으로써 독자가 직면한 삶의 문제를 적극적으로 재현하고 탐구할 수 있는 사고의 장을 마련해 놓고 있다는 것이 특별하다. 이러한 예는 다음 인용 작품에서도 확인된다.

　　괜, 찬, 타,……
　　괜, 찬, 타,……

---

20 "자신의 삶의 모습 전체를 긍정하는 정신을 '운명애'라고 말하고 있는데, 이때 삶의 모든 것들을 그대로 긍정한다는 것은 삶의 모든 것들이 이미 진지하게 검토되었음을, 삶의 모든 것을 자신의 안으로 받아들였음을 의미한다. 과거의 고통이나 현실의 어려움을 받아들이고 그 의미를 이해할 때 우리는 자기 자신을 바꿀 수 있는 힘을 얻을 수 있다. 의미는 구체적인 행동이나 체험뿐만 아니라 고통을 통해서도 얻어질 수 있으며, 이러한 삶의 텍스트의 진정한 이해야말로 긍정적인 자기 변화의 에너지인 것이다."; 김정현, 『철학과 마음의 치유』, 책세상, 2013, 216~217쪽.

괜, 찬, 타,……
괜, 찬, 타,……
수부룩이 내려오는 눈발 속에서는
까투리 매추래기 새끼들도 깃 들이어 오는 소리.

괜찬타,…… 괜찬타,…… 괜찬타,…… 괜찬타,……
폭으은히 내려오는 눈발 속에서는
낯이 붉은 處女 아이들도 깃들이어 오는 소리.

울고
웃고
수그리고
새파라니 일어서
運命들이 모두 안끼어 드는 소리.……

큰 놈에겐 큰 눈물 자죽, 작은 놈에겐 작은 웃음 흔적,
큰 이얘기 작은 이얘기들이 오부록이 도란그리며 안끼어 오는 소리

괜찬타,……
괜찬타,……
괜찬타,……
괜찬타,……

끊임없이 내리는 눈발 속에서는
山도 山도 靑山도 안끼어 드는 소리. ……   −〈내리는 눈발속에서는〉

　　이 작품 역시 시어의 반복, 대구, 각운 등의 요소를 활용해 음률성을
확보하고 있다. 세상을 하얗게 뒤덮는 눈의 이미지를 통해 안정감을

선사하겠다는 전략을 전제로 하고 있다는 점이 눈에 띄는 작품이다. 시종일관 반복되고 있는 "괜찮타"라는 시어는 연과 행의 구분 방식, 그리고 문장 부호의 변화를 통해 다양한 리듬을 형성하고 있다.

이 작품은 '원경'-'근경'-'원경'으로 전개되는 시상의 전개에 따라 '괜찮타'라는 시어의 배치를 달리해가며 눈이 내리는 속도를 조율하고 있는 것을 확인할 수 있다. 1연에 제시된 '까투리 매추래기 새끼'들은 자연의 대상으로서 제시되며 '괜,찬,타'의 반복이 네 개의 행에 걸쳐 이루어지는 것을 볼 수 있다. 2~4연은 세속의 세계를 보여주고 있다. 2~4연은 '낯이 붉은 처녀', '울다/웃다', '운명', '눈물', '이얘기'와 같은 시어들을 통해 확인할 수 있듯 화자와 대상과의 물리적, 정서적 거리가 한층 가까워진다. 세속의 세계에 떨어지는 눈은 물리적, 정서적 공간이 두루 고려되며 상대적으로 빠르게 떨어지는 것을 볼 수 있다. 이는 네 번 반복되는 '괜찮타'가 한 행으로 처리됨으로써 읽기의 속도가 자연스럽게 빨라지는 것을 통해 확인할 수 있다. 마지막 5연과 6연은 '靑山'이라는 시어가 드러내듯이 화자의 시선이 원경으로 전환되며, 1연과 흡사한 방식으로 '괜찮타'가 반복되고 있다.

이 작품은 리듬이 작품의 형식이자 내용이 되고 있다는 것에 주목할 수 있다. 유종호는 서정주 시의 소리 지향적 성격에 관해 언급하며, 〈풀리는 漢江가에서〉가 "기표가 그대로 기억된다는 詩歌 특유의 성질을 강도 있게"[21] 가지고 있는 작품이라고 지적한 바 있다. 이러한 지적은, 기표가 곧 의미가 되는 수준에 이른 〈내리는 눈발 속에서〉와 같은 작품 역시 "기억 촉진적이며, 진술로만은 환원될 수 없는"[22] 특별한 의

---

21 유종호, 「소리지향과 산문지향」, 『미당연구』, 민음사, 1994, 346쪽.

미의 장이 형성될 수 있다는 점을 시사한다. 전쟁의 참상을 덮어버리려 끊임없이 읊조려야 했던[23], 혹은 환청처럼 들려왔을 소리로서 '괜찮타'는 불안과 공포를 극복하고자 하는 반복적 충동의 결과로 이해할 수 있을 것이다. 서정주의 시에서 근원적 불안과 그에 대한 저항의 양상으로서 드러나는 리듬은, 시적 화자가 가지고 있는 내면의 소망을 반복적으로 재현하며, 형식과 내용이 뒤섞이는 주문(呪文)의 차원에 다다르며 치유성을 확보하고 있다.

> 보라, 옥빛, 꼭두선이,
> 보라, 옥빛, 꼭두선이,
> 누이의 수틀을 보듯
> 세상을 보자   -〈鶴〉 부분

> 아라스카로 가라!
> 아라비아로 가라!
> 아메리카로 가라!
> 아푸리카로 가라!   -〈바다〉 부분

> 정해 정해 정도령아
> 원이 왔다 門열어라.
> 붉은꽃을 문지르면
> 붉은피가 도라오고.
> 푸른꽃을 문지르면

---

22 같은 곳.
23 서정주, 「천지유정」, 『서정주 문학전집 3』, 일지사, 1972, 309쪽.

푸른숨이 도라오고.

　　　　－〈무슨꽃으로 문지르는 가슴이기에 나는 이리도 살고 싶은가〉 부분

　부분 인용된 위의 세 편의 작품은 서정주 시에서 발견되는 반복의 양상이 사뭇 다르게 나타나고 있다. 서정주의 시에서 반복은 "부분의 의미를 도드라지게 하거나 의미의 순환을 가져와 외적인 의미를 빼앗아 버리는 역할을"[24]하는 경우도 있다. 이러한 경우는 대개 "반복되는 시어나 구문의 기표는 중요하지 않게 되고, 소리 결이 형성하는 분위기가 강력하게 환기되며 주술적 효과를 자아내게 된다."[25] 세 편의 작품에서 드러나는 대부분의 시어는 진술을 위해 제시 되었다기보다는 음률성을 확보하기 위한 반복의 장치에 가깝다.

　〈학〉의 '보라', '옥빛', '꼭두서니' 등의 시어가 다른 것으로 대체 된다고 크게 달라질 것은 없다. 마찬가지로 〈바다〉의 '아라스카' 등도 의미를 보다는 '아'라는 음절을 반복하기 위한 것에 불과하다. 〈무슨 꽃으로…〉의 경우 정도령 설화를 기반으로 하고 있는 작품이라는 측면에서 의미 있는 몇몇 시어가 발견되지만 '정해 정해'나 '붉은 꽃'과 '푸른 꽃'의 반복 역시 의미의 전달의 차원 보다는 반복의 효과를 우선적으로 고려하고 있다는 인상이 짙다.

　또한 눈여겨볼 수 있는 것은 열거된 작품들에서 발견되는 명령형 어미이다. 고전 시가를 연상케 하는 명령형 어미의 반복적 구조[26]는 의미의 전달을 위한 것이 아닌 명령이나 협박을 통해 대상에 대한 공포

24　이경수, 앞의 책, 183쪽.

25　같은 곳.

26　위의 책, 186쪽.

감을 물리치거나, 내면 깊숙이 잠재된 욕망을 해소하는 원형적, 자구적 치유 행위의 재현으로 이해할 수 있다.

인용한 작품 외에도 서정주의 시에 나타나는 시어 반복과 명령형 어미의 반복은 유독 오랫동안 기억에 남아 애송되는 경우가 많다. "門 열어라 꽃아. 文 열어라 꽃아"(〈꽃밭의 獨白〉)와 같은 구절이나 "쉬여 가자 벗이여 쉬여서 가자/여기 새로 핀 크낙한 꽃 그늘에 / 벗이여 우리도 쉬여서 가자"(〈꽃〉)와 같은 구절, 혹은 수미상관으로 제시되는 "눈이 부시게 푸르른 날은 / 그리운 사람을 그리워하자"(〈푸르른 날〉)와 같은 구절, "아무病도없으면 가시내야. 슬픈일좀 슬픈일좀, 있어야겠다"(〈봄〉)와 같은 구절, "지어미는 지애비를 물끄럼히 우러러보고 / 지애미는 지어미의 이마라도 짚어라"(〈無等을 보며〉)와 같은 구절이 대표적이다.

서정주의 시편들이 보여주는 친숙한 리듬은 기본적으로 독자를 문학 치료의 현장으로 쉽게 연행할 수 있다는 장점이 있다. 이와 더불어 청유, 명령, 영탄조의 반복은 주술적 성격을 강력하게 내포하며, 인간의 무의식에 내재한 욕망을 재현하는 데 기여하고 있다. 이러한 요소들은 독자의 기억을 촉진하고, 특정 진술로 환원될 수 없는 독특한 구조를 선보이는 차원에서 치유적 성격을 드러내고 있는 것으로 이해된다.

3. 성찰-극복의 재현 구조와 치유성

문학치료를 자기서사와 작품서사로 구분하며, 이 두 개의 서사가 상호 영향을 주고받을 수 있다는 사실에 주목하고 있는 정운채의 문학 치료 이론은 본질적으로 인간이 서사[27]와 매우 밀접한 관계가 있다는 전제를 통해 형성된 이론이다. 작품서사와 자기서사로 구분되는 문학치료학의 서사 유형은 세부적으로는 네 개의 '기초서사 영역'과 네 개의 '기초서사척도'[28]로 구분되고, 이를 종합하면 '16개의 기초서사 영역'[29]으로 재편된다. 총 16개의 기초서사 영역은 내담자가 처할 수 있는 사회적 관계망(4개의 기초서사 영역)과 그 관계를 형성하는 특별한 행위나 신념을(4개의 기초서사 척도)을 유형화 하고 있다.

정운채가 제안한 문학치료는 인간이 스스로의 삶을 한 편의 서사로 인식하고, 자신의 서사가 보다 나은 방향으로 진행될 수 있도록 문학작품에서 치유적 서사를 끌어들여야 한다는 것을 전제로 하고 있다. 따라서 문학치료의 과정은 문제 상황과 대면하고 스스로를 분석하는 ①'현실 인식'의 단계 그리고 ②'변화를 모색'하는 단계 마지막으로 이를 삶에 반영하는 ③'능동적 수용'의 단계로 진행될 수 있다. 이러한 문학치료의 과정은 〈도입〉, 〈작업〉, 〈통합〉, 〈새 방향 설정〉의 순으로 문학치료의 과정을 제시하고 있는 변학수의 이론[30]과도 일맥상통한다. 이 역시 내담자가 직면해있는 문제를 진단하고, 변화를 모색하고 이를 삶에 반영하는 과정을 재현 하고 있다. 니콜라스 마자(Nicholas Mazza) 또한 문학치료의 과정을 〈지지단계〉, 〈통각단계〉, 〈행동단계〉, 〈통합단계〉

---

27 정운채, 「문학치료학의 서사이론」, 『문학치료연구』 제9집, 한국문학치료학회, 2008, 251쪽.; 정운채는 '서사'라는 개념을 네러티브(narrative)나 스토리(story)라기 보다는 보다 근원적이고 심층적인 재현 구조로서 에픽(epic)이라는 의미로 이해되는 것이 바람직하다고 지적한다.

28 나지영, 「문학치료 이론 연구의 현황과 전망」, 『문학치료연구』 제10집, 한국문학치료학회, 2009, 146~150쪽.

29 위의 책, 151쪽.

30 변학수, 앞의 책, 32쪽.

등으로 구분하고 있다. '지지'와 '통각'은 문제 상황과 대면하며 스스로를 분석하는 단계이고, '행동'은 문제를 극복하려는 시도가 이루어지는 단계이다. 마지막으로 '통합'은 문제 상황 전반을 능동적으로 수용하고 해결해 가는 단계이다.[31]

이렇듯 문학치료에서 요구하는 내적 변화의 과정은, 삶의 문제를 건전한 상식의 수준에서 교정해 가는 보편적이면서도 본능적인 인간의 활동으로 이해된다. 물론 이러한 보편적이고 본질적인 치유의 과정을 재현해 놓고 있는 텍스트가 현장에 반영되었을 때 치유의 효과는 극대화 될 수 있을 것이다.

애비는 종이었다.
밤이기퍼도 오지않었다.
파뿌리같이 늙은할머니와 대추꽃이 한주 서 있을뿐이었다.
어매는 달을두고 풋살구가 꼭하나만 먹고싶다하였으나…… 흙으로 바람벽한 호롱불밑에 손톱이 깜한 에미의아들.
甲午年이라든가 바다에 나가서는 도라오지않는다하는 外할아버지의 숯많은 머리털과
그 크다란눈이 나는 닮었다한다.

스물세햇동안 나를 키운건 八割이 바람이다.
세상은 가도가도 부끄럽기만하드라
어떤이는 내눈에서 罪人을 읽고가고
어떤이는 내입에서 天痴를 읽고가고
나는 아무것도 뉘우치진 않을란다.

---

31 Nicholas Mazza, 김현희 역, 『시치료 이론과 실제』, 학시사, 2005, 45쪽.

> 찬란히 티워오는 어느아침에도
> 이마우에 언친 詩의 이슬에는
> 몇방울의 피가 언제나 서껴있어
> 볓이거나 그늘이거나 혓바닥 느러트린
> 병든 수캐만양 헐덕어리며 나는 왔다.　　　　　-〈自畵像〉

　서정주의 대표작 〈자화상〉은 문학치료에서 시사하고 있는 자기서사의 교정 과정을 비교적 투명하게 재현하고 있는 작품이다. "애비는 종이었다"로 시작되는 1연에서 2연의 말미에 이르기까지 나열되는 시구는 자기 탐구의 결과를 반영하고 있다. 1연에 제시된 가계의 내력은 결코 자랑스러운 것이 못된다. 화자는 불우한 자신의 상황을 '종의 아들'이라는 언술을 통해 드러내고 있다. 2연에 나열된 '부끄러움', '바람', '죄인', '천치' 등의 시어들은 화자의 비극적 삶에 대한 인식을 보여주고 있다.

　〈자화상〉을 비롯해 서정주 초기 시에 나타난 시적 자아의 형성에 대한 논의는 다양하게 진행되어 왔다. 특히 김준오는 "20년대 일부 낭만시나 30년대 영랑시의 시적 자아처럼 아무런 갈등도 변화도 없는 완전무결한 이상세계로 도피하여 자아의 순수성을 확보하려는 자세를 보이지 않는다"[32]는 것이 서정주 시의 특징이라고 언급한다. 이러한 자아는 "도전이라도 하듯 종과 죄인, 천치를 자기 인격의 실체로 선언하며, 그 속에서 적극적으로 자기 형성을 시도하고 있다."[33]

　자기 인식에서 비롯된 변화의 의지는 "나는 아무것도 뉘우치진 않을란다."라는 시구에서 비롯되며, "이마우에 언친 詩의 이슬"로 이어지고

---

32 김준오, 「원시주의와 자학」, 박철희 편, 『서정주』, 서강대학교출판부, 1998, 130쪽.
33 같은 곳.

있다. 치욕스럽게 살아온 생애에 대한 고백 이후 변화를 모색하는 단계로서 제시된 시구는 자신이 처한 문제 상황과 대면하고 이를 극복하겠다는, "자신의 진리에 이르고자 하는 강한 결의"[34]로 이해된다. 일련의 과정은 현실 인식, 변화에 대한 모색, 능동적 수용의 단계를 투명하게 노출하고 있다는 측면에서 서정주가 보여주는 치유성의 한 단면을 확인할 수 있게 한다.

①
아조 할수없이 되면 고향을 생각한다.
이제는 다시 돌아올수없는 옛날의 모습들. 안개와같이 스러진 것들의 形象을 불러 이르킨다.
귀ㅅ가에 와서 아스라히 속삭이고는, 스처가는 소리들. 머언 幽明에서처럼 그소리는 들려오는것이나, 한마디도 그뜻을 알수는없다.

다만 느끼는건 너이들의 숨ㅅ소리. 少女여, 어디에들 安在하는지. 너이들의 呼吸의 훈짐으로써 다시금 도라오는 靑春을 느낄따름인것이다.

少女여 뭐라고 내게 말하였든것인가?
오히려 처음과같은 하눌우에선 한마리의 종다리가 가느다란 피ㅅ줄을 그리며 구름에 무처 흐를뿐, 오늘도 군이 다친 내 前程의 石門앞에서 마음대로는 處理할수없는 내 生命의 歡喜를 理解할따름인 것이다.

②
섭섭이와 서운니와 푸접이와 순녜라하는 네名의少女의듸를 따러서, 午後의山그리메가 밟히우는 보리밭새이 언덕길우에 나는 서서 있었다. 붉

---

34 김우창, 『궁핍한 시대의 시인』, 민음사, 1977, 62쪽.

고 푸르고, 흰, 傳說속의 네개의바다와같이 네少女는 네빛갈의 저고리를
입고 있었다.

하늘우에선 아득한 고동소리. ……순녜가 아르켜준 上帝님의 고동소
리. ……네名의 少女는 제마닥 한개ㅅ식의 바구니를 들고, 허리를 굽흐리
고, 차라리 무슨 나물을 찾는것이 아니라 절을하고 있는것이었다. (중략)

③
그러나 내가 가시에 찔려 앞어헐때는, 네名의少女는 내곁에와 서는 것
이였다. 내가 찔레ㅅ가시나 새금팔에 베혀 앞어헐때는, 어머니와같은 손
까락으로 나를 나시우러 오는것이었다.

손까락 끝에 나의 어린 피ㅅ방울을 적시우며, 한名의少女가 걱정을하
면 세名의少女도 걱정을허며, 그 노오란 꽃송이로 문지르고는, 하연 꽃송
이로 문지르고는, 빠알간 꽃송이로 문지르고는 하든 나의 傷처기는 어찌
면 그리도 잘 낫는것이였든가.

정해 정해 정도령아
원이 왔다 門열어라.
붉은꽃을 문지르면
붉은피가 도라오고.
푸른꽃을 문지르면
푸른숨이 도라오고.

④
少女여. 비가 개인날은 하늘이 왜 이리도 푸른가. 어데서 쉬는 숨ㅅ소리
기에 이리도 똑똑히 들리이는가.
무슨 꽃으로 문지르는 가슴이기에 나는 이리도 살고싶은가. (후략)

－〈무슨꽃으로 문지르는 가슴이기에 나는 이리도 살고 싶은가〉[35]

다소 장황한 작품임에도 인용을 무릅쓴 것은, 이 시가 서정주 시편들 중에서 치유적 성격이 가장 두드러지게 나타나는 작품이라고 판단했기 때문이다. 서정주의 시 의식은 "1930년대 그가 참가한 『시인부락』에 대한 자술에서 드러난다. 〈생명의 탐구로서 자연도 언어 기교도 아니고 아닌 사람 속이었다〉는 진술은 당시 신세대 시인으로서 그의 시적 지향을 드러내고 있다. 서정주는 인간과 분리된 재래적 자연이나 언어 기교로 구축된 감각적 자연은 인간을 배제한 것"[36]이라고 판단했다. 인간의 내면에 대한 꾸준한 탐구의 결과물로서 〈무슨꽃으로…〉와 같은 작품은 본 논의에 시사하는 바가 매우 크다.

인용 시는 시적 화자가 처한 암울한 정황이 제시되고, 동·서양을 아우르는 신화적 모티브를 활용한 구원의 의지가 장중한 서사의 형태로 펼쳐지고 있는 작품이다. ①은 시적 화자가 자신이 처한 문제를 기술하는 형태로 제시되어 있다. "오늘도 굳이 다친 내 前程의 石門앞에서 마음대로는 處理할수없는 내 生命의 歡喜를 理解할따름"이라는 진술은 한치 앞도 가늠할 수 없는 삶의 무게감을 직접적으로 토로하고 있는 부분이다. 또한 "아조 할수없이 되면 고향을 생각한다", "돌아올 수없는 옛날의 모습들", "안개와같이 스러진 것들의 形象", "머언 幽明에서처럼 그소리는 들려오는것"과 같은 진술들은, 위기에 직면한 화자가 환청과 환각의 세계로 빠져드는 정황으로 읽힌다.

②는 불행한 현실을 타개해 나가기 위한 과정으로서 화자가 치유의

---

35 인용 시의 번호는 필자.

36 노철, 「언어의 징밀싱과 신화적 공간」, 『새로쓰는 한국 시인론』, 상허학회, 2003, 201쪽.

공간을 요청하고 있는 것을 확인할 수 있다. 흥미로운 것은 제시된 환청과 환각의 치유 공간이 고향을 근간으로 하는 전근대적 세계를 배경으로 삼고 있다는 것이다. 화자는 "섭섭이와 서운니와 푸접이와 순네"와 같은, 전형성을 띠고 있는 이름을 통해 근대적 삶의 세계에서 벗어난 치유의 공간을 요청한다. 더불어 "하늘우에선 아득한 고동소리. ……순네가 아르켜준 上帝님의 고동소리."와 같은 시구를 통해 보다 초월적이고 완전한 치유의 방편을 모색하는 화자의 태도를 읽을 수 있다. 하늘에서 하느님의 기척이 느껴진다는 진술은 위기의 국면에서 벗어나려는 화자의 의지를 드러내는 대목이라 할 수 있을 것이다.

③은 치유의 행위가 적극적으로 드러나고 있는 대목이다. 특히 "정해 정해 정도령아 / 원이 왔다 門열어라. / 붉은꽃을 문지르면 / 붉은피가 도라오고…"와 같은 시어의 반복은 앞 장에서 살펴본 바와 같이 적극적이고 강력한 치유 행위로 이해할 수 있다. ③에 제시된 주문(呪文)과 같은 반복 구문은 작품의 전반부에 제시된 환청과 관련된 모티브(특히 상제님의 고동소리)가 응축되어 드러난 것으로서 치유와 회생에 대한 화자의 강력한 의지가 투영된 결과로 해석된다.

④는 비가 갠 날의 하늘과 "똑똑히" 들려오는 숨소리가 시적 공간을 환기하고 있다. 작품의 제목인 "무슨 꽃으로 문지르는 가슴이기에 나는 이리도 살고싶은가"라는 시구가 시사하는 바와 같이 악몽과도 같은 고통의 순간을 뚫고 나온 화자가 삶의 의지를 피력하고 있는 대목이 눈에 띈다. ①~④로 이행되는 시적 화자의 내적 고백과 치유의 여정은 '현실 인식'과 '변화에 대한 모색' 그리고 '능동적 수용'의 단계로 이행된다는 측면에서 〈자화상〉과 비슷한 궤적을 그리고 있다는 것에 주목할 수 있다. 전술한 바와 같이 인용 작품에 드러난 일련의 과정은 건강한

삶을 추구하는 시적 주체의 재현 전략이 작동하고 있다는 측면에서 서정주 시의 치유성을 확인할 수 있게 한다.

인간의 심리를 유기적 과정으로 파악하고 있는 게슈탈트 심리학에서는 인간의 자구적 치유 행위가 가능하다는 측면을 강조하기 위해 인간의 '동적평형상태(Homöostasis)' 기능에 주목한다.[37] 환경의 변화에도 불구하고 인간은 심리적 평형을 유지하기 위해 노력한다는 점은 문학치료 이론의 치유 과정과 일맥상통한다. 언급한 작품 외에도 〈풀리는 한江 가에서〉, 〈無等을 보며〉와 같은 작품들 역시 고통을 인식하고 이를 긍정적인 방향으로 변화 시키려는 의지를 피력하는 서사를 보여주고 있다는 점에서 특기할만하다. 고통의 인식과 변화에 대한 의지로 대별되는 서정주 시의 치유성은 인간 삶의 문제를 누구보다 심도 있게 포착하려 했던 서정주의 시적 성취 안에서 발견된다.

4. 결론

본 연구는 문학치료학에서 논의되고 있는 이론들을 기반으로 서정주 시의 치유성을 분석하고 있다. 서정주 시의 치유성은 '반복과 리듬' 그리고 '성찰-극복의 서사'라는 테마를 통해 명확히 드러나고 있다. 우선 반복-리듬이라는 테마를 통해 살펴본 작품은 〈行進曲〉과 〈내리는 눈발 속에는〉 등이다. 이들 작품에서 발견되는, 의미 전달의 차원을 넘어선 반복과 열거는 간혹 명령, 청유, 협박 등의 어조를 통해 대상에 대한

---

37 Frederick S.Perls, 우재현 역, 『게슈탈트 치료-이론과 실제』, 정암서원, 1994, 24쪽.

공포감을 물리치거나 내면 깊숙이 잠재된 욕망을 해소하는 원형적, 자구적 치유 행위를 재현하는 형태를 보여주고 있는 것을 확인할 수 있다. 서정주 시의 반복은 무의식에 내재한 욕망의 재현 양상으로서, 기억을 촉진하고, 특정 진술로 환원될 수 없는 독특한 구조를 선보이는 차원에서 치유적 성격을 드러내고 있는 것으로 이해된다.

서정주 시의 치유성은 의미론적 차원으로도 이해할 수 있다. 이는 '성찰과 극복의 재현 구조'라는 테마를 통해 분석했다. 서정주의 대표작으로 알려진 〈自畵像〉과 〈무슨꽃으로 문지르는 가슴이기에 나는 이리도 살고 싶은가〉 등은 불확실한 현실 세계 안에서 문제 상황을 인지하고 이를 슬기롭게 해결해 나가는 사회적 주체의 모습을 재현하고 있다는 측면에서 치유성이 발견된다. 이들 작품에서 주목할 수 있는 것은 삶을 긍정하고 변화를 모색해가는 화자의 '현실인식', '변화를 위한 모색', '능동적 수용' 단계라는 보편적 치유 활동이다.

서정주 시의 치유성을 수사론적 측면과 의미론적 측면을 통해 살펴보고 있다는 점에서 본 연구의 의의를 찾을 수 있을 것으로 판단된다. 또한 그간의 문학치료현장에서 논의되는 텍스트 대부분이 작품의 미학적 측면이 고려되지 않았다는 점에서 본 연구의 의미를 찾을 수 있을 것이다. '반복-리듬'의 문제 외에 비유, 상징 등 서정주 시 특유의 양식 안에서 발견되는 치유성의 문제는 본 논의에서 언급하지 못했다. 이는 추후 연구 과제로 남겨 둔다.

이 글은 지난 2015년 현대문학이론학회에서 발간한 『현대문학이론연구』 16집에 게재된 것이다.

참고문헌

〈자료〉
서정주, 『화사집』, 남만서고, 1941.
_____, 『귀촉도』, 선문사, 1948.
_____, 『서정주 시선』, 정음사, 1956.
_____, 『서정주 시 전집』, 민음사, 1994.

〈논문 및 단행본〉
권성훈, 「현대시에 나타난 치유성 연구」, 경기대 박사학위논문, 2009.
김우창, 『궁핍한 시대의 시인』, 민음사, 1977.
김정현, 『철학과 마음의 치유』, 책세상, 2013.
김정애, 「문학치료학의 '서사' 개념의 정립 과정과 적용 양상」, 『문학치료연구』 13,
　　　한국문학치료학회, 2009.
김준오, 「원시주의와 자학」, 박철희 편, 『서정주』, 서강대학교출판부, 1998.
나지영, 「문학치료 이론 연구의 현황과 전망」, 『문학치료연구』 10, 한국문학치료학회,
　　　2009.
노 철, 「언어의 정밀성과 신화적 공간」, 『새로쓰는 한국 시인론』, 상허학회, 2003.
변학수, 「치료로서의 문학」, 『독일어문학』 17, 독일어문학회, 2002.
변학수, 『문학치료』, 학지사, 2004.
서덕민, 「백석 시의 문학치료적 양상 연구」, 『인문학연구』 13-1, 원광대학교인문학연
　　　구소, 2002.
서정주, 「천지유정」, 『서정주 문학전집 3』, 일지사, 1972.
유종호, 『문학이란 무엇인가』, 민음사, 1997.
_____, 「소리지향과 산문지향」, 『미당연구』, 민음사, 1994.
이경수, 『韓國 現代詩의 反復 技法과 言述 構造: 1930年代 後半期의 白石·李庸岳
　　　·徐廷柱 詩를 中心으로』, 고려대 박사학위논문, 2002.
이봉희, 「내 안의 시인을 깨우는 문학치료」, 『어문학』 10, 한국어문학회, 2010.
정운채, 「문학치료학의 서사이론」, 『문학치료연구』 9, 한국문학치료학회, 2008.
최혜경, 「치유적 시 텍스트의 판독을 위한 정서적 상화 요건」, 『문학치료연구』 19,
　　　한국문학치료학회, 2011.
Mazza, Nicholas, 김현희 역, 『시치료 이론과 실제』, 학지사, 2005.
Frederick S.Perls, 우재현 역, 『게슈탈트 치료-이론과 실제』, 정암서원, 1994.
Sigmund Freud, 윤희기, 박찬부 역, 「쾌락의 원칙을 넘어서」, 『정신분석학의 근본개
　　　념』, 열린책들, 2003.

전남 도서지역과
해안지역의 부사형어미 '-아/어'의 교체

김경표

1. 머리말

본고는 전남 도서지역과 해안지역에서 부사형어미 '-아/어'가 어떻게 실현되고 있는지를 공시적으로 기술한다. 즉, 전남의 도서지역인 신안의 임자면과 안좌면, 진도의 군내면, 완도의 노화읍과 고금면과 해안지역인 무안의 해제면, 목포시, 해남의 문내면과 송지면, 강진의 마량면에서 부사형어미 '-아/어'가 어간말 음절 구조와 어간의 음절수에 따라 어떻게 교체되는지를 밝히는 데 목적이 있다.

전남 도서지역과 해안지역의 부사형어미를 함께 다룬 논의는 없으나 전체 방언별로 비교하면서 서남방언의 부사형어미를 논의하거나 지역어를 다루면서 부사형어미를 제시한 논의가 있다. 이를 통해 각 지역의 부사형어미 '-아/어'의 실현 양상을 개략적으로 알 수 있을 것이다. 먼저 전체 방언별로 비교하면서 서남방언의 부사형어미를 논의한 것은 오종갑(2007)이 있다. 오종갑(2007:192~193)에서 『한국방언자료집』에 나온 전국 방언을 대상으로 모음조화를 지수화 했는데 전남의 모음조화 지수는 85%이고 충남방언(76%)이 모음조화가 가장 잘 지켜지지 않고 경남방언(92%)에서는 잘 지켜지고 있다고 한다. 도서지역과 관련된 논의는 김광헌(2003), 김철(2009) 등이 있다. 김광헌(2003: 35~39)에서는 신안군의 지도 지역어를 공시적으로 기술하면서 용언의 어간말음절의 모음이 '아'일 때 부사형어미 '-어'를, 어간말음절의 모음이 '어'일 때는 어미 '-아'를 취하며, 어간말음절의 모음이 '우'일 때, 1음절은 '-어'가, 2음절은 '-아'가 온다고 했다. 그리고 어간말음절이 '으'일 때는 앞 모음이 양성모음이면 '-아', 음성모음이면 '-어'가 오며, 어간말음절의 모음이 '이'일 때는 '-어'가 온다고 했다. 김철(2009: 25~26)에서는 어간말음절의 모음이 양성모음일 때 부사형어미가 '-어'로 실현된다고 한다. 해안지역과 관련된 논의는 정채삼(1995), 김경표(2008) 등이 있다. 정채삼(1995: 44~47, 54~65)에서는 강진방언의 음운현상을 밝히면서 용언의 자음군 단순화와 불규칙 활용의 자료에서 부사형어미의 양상을 확인할 수 있다. 김경표(2008: 49~50)에서는 어간말음절의 모음이 '오'일 때는 '-아', '이, 애, 위, 어'일 때는 '-어'가 결합하고 어간말음절의 모음이 '아, 우'일 때는 '-아, -어'가 모두 결합하며 어간의 첫음절이 '오'이고 말음절이 '으'일 때 '-아'가 결합한다고 했다.

전남의 서쪽지역은 전남방언의 전형적인 모습을 간직하고 있을 것으로 생각한다. 그러나 도서지역의 경우 각 가정마다 TV가 보급되고 차도선 운행으로 내륙과 교류가 활발해지면서 내륙과의 언어적 차이가 없어지고 있다. 하지만 현지 조사를 하다 보면 아직도 국어의 옛 모습을 간직하고 있는 어형들을 발견할 수 있다. 본고는 부사형어미 '-아/어'가 어떻게 실현되는지 확인하기 위해 활용형들을 어간말 음절 구조와 어간의 음절수에 따라 구분하고 각 유형에 따라 부사형어미의 실현

양상을 살필 것이다.

본고의 주자료는 필자가 직접 수집한 자료로서, 2011년 8월 22일부
터 24일과 2012년 2월에서 3월 사이에 도서지역인 신안의 임자면과
안좌면, 진도의 군내면, 완도의 노화읍·고금면과 해안지역인 무안의
해제면, 목포시, 해남의 문내면과 송지면, 강진의 마량면에서 얻은 것
이며 보조자료는 『한국방언자료집 Ⅵ 전라남도 편』을 이용하였다. 제
보자 선정에 있어서는 이 지역에 3대 이상 거주한 토박이 화자로서
노년층을 대상으로 하였다.[1]

2. 부사형어미 '-아/어'의 교체 양상

전남 도서지역과 해안지역에서 부사형어미 '-아/어'가 어떻게 실현
되는지 확인하기 위해 몇몇 자료를 먼저 살펴보자.

  (1) ㄱ. 가서, 서서, 가다서/가더서, 바까서, 기어서

---

[1] 조사 지점과 제보자는 다음 표와 같다.

조사 지점	제보자	직업
전남 신안군 임자면 진리	김용민(72)	무직
전남 신안군 안좌면 읍동리	김계심(86)	무직
전남 무안군 해제면 덕산리	양소임(88)	무직
전남 목포시 산정동	문화자(75)	무직
전남 진도군 군내면 만금리	김종식(72)	농업
전남 해남군 문내면 동외리	김영순(65)	무직
전남 해남군 송지면 갈두리	김정섭(66)	농어업
전남 완도군 노화읍 충도리	허모정(83)	농어업
전남 강진군 마량면 마량리	서금례(79)	무직
전남 완도군 고금면 농상리	김근덕(79)	무직

ㄴ. 나서서, 가머서/가마서, 고와서, 가차서,
　　외로와서/외로워서, 누워서, 추와서/추워서

(1ㄱ)은 어간말음절이 모음으로 끝나는 경우로 '가서, 서서, 기어서'
는 1음절 어간으로 어간말음절의 모음이 '아, 어, 이'일 때 부사형어미
'-어'가 결합하고 있다. '가다서/가더서, 바까서'는 2음절 어간으로 '아
우'형인데 부사형어미 '-아/어'의 실현양상이 다르다. (1ㄴ)은 어간말
음절이 자음으로 끝나는 경우로 '나서서, 가머서/가마서'는 1음절 어간
으로 어간말음절의 모음이 '아'인데 부사형어미 '-아/어'의 실형양상이
다르다. 그리고 '고와서, 가차서, 외로와서/와로워서, 누워서, 추와서,
추워서'는 1음절·2음절 ㅂ-불규칙 어간으로 어간말음절의 모음이 '오,
아, 우'일 때 부사형어미 '-아'와 '-어'가 모두 결합하기도 하고 부사형
어미 '-아'만 결합하기도 한다. 그러므로 전남 도서지역과 해안지역의
부사형어미 '-아/어'의 실현양상을 확인하기 위해서는 어간말 음절 구
조와 어간의 음절수, 그리고 어간의 규칙과 불규칙 여부를 살필 필요가
있다.[2] 그래서 어간말음절이 모음으로 끝나는 경우와 자음으로 끝나는
경우로 나누고 각각 어간말음절의 모음이 양성모음인 경우, 어간말음
절의 모음이 음성모음인 경우, 그리고 어간말음절의 모음이 '이'인 경
우로 나누어 살핀다.

2　부사형어미 '-아/어'는 어간말 모음에 영향을 받아 실현되고 2음절 이상의 어간에서는
　어간의 첫음절과 둘째음절이 모두 부사형어미 '-아/어' 실현에 관여하므로 어간의 모음
　을 세분하여 살필 필요가 있다. 그러므로 본고에서는 어간말음절의 모음 '아, 애, 오'를
　양성모음으로, 어간말음절의 모음 '어, 우, 위, 으'를 음성모음으로, 그리고 어간말음절
　의 모음 '이'로 각각 세분히어 검토한다.

1) 어간말음절이 모음으로 끝나는 경우

(1) 어간말음절의 모음이 양성모음인 경우

어간말음절의 모음이 양성모음이면서 1음절인 경우는 다음과 같다.[3]

   (2) ㄱ. 가서, 사서 /깨:서 /까서, 쎄서[4]〈도서〉

    ㄱ'. 가서, 사서 /깨:서 /까서/꽈:서, 쎄서〈해안〉

    ㄴ. 가서, 사서 /깨:서 /꽈와서/꽈:서, 쏴서〈도서〉

    ㄴ'. 가서, 사서 /깨:서 /꽈:서, 쏴서〈해안〉

    ㄷ. 가서, 사서 /깨어서 /꼬와서, 쏘아서〈도서〉

    ㄷ'. 가서, 사서 /깨:서 /꽈:서, 쎄서/쏴서〈해안〉

    ㄹ. 가서, 사서 /깨:서 /꽈:서, 쏴서〈도서〉

    ㄹ'. 가서, 사서 /깨:서 /까서, 쏴서〈해안〉

    ㅁ. 가서, 사서 /깨:서 /까서, 쏴서〈도서〉

    ㅁ'. 가서, 사서 /깨:서 /꽈:서, 쏴서〈해안〉

   (2)에서 제시한 자료 중 '가서, 사서'는 어간말음절의 모음이 '아'인 경우로 각각의 어간 기저형은 '가-(去), 사-(買)'이다(가고, 사고[5]). '가서'

---

3 (2)에서 'ㄱ'은 신안군 임자면, 'ㄱ''은 무안군 해제면, 'ㄴ'은 신안군 안좌면, 'ㄴ''은 목포시, 'ㄷ'은 진도군 군내면, 'ㄷ''은 해남군 문내면, 'ㄹ'은 완도군 노화읍, 'ㄹ''은 해남군 송지면, 'ㅁ'은 완도군 고금면, 'ㅁ''은 강진군 마량면의 자료를 나타낸다. 그리고 제시한 자료의 오른쪽에 해안지역은 〈해안〉으로, 도서지역은 〈도서〉로 제시한다. 이렇게 자료를 제시하면 전라도의 서쪽 지역에서 나타나는 부사형어미 '-아/어'의 교체 양상과 남쪽 지역에서의 나타나는 부사형어미 '-아/어'의 교체 양상의 차이점이나 공통점을 쉽게 파악할 수 있다.

4 임자면과 해제면에서는 어간말음절의 모음이 음성모음으로 나타나 분류 조건과 맞지 않지만 다른 지역에서는 양성모음으로 실현되어서 같이 제시하였다.

5 어간의 기저형을 설정할 때 어간말음절이 모음으로 끝나는 단어는 자음으로 시작하는

의 예만 제시하면 '/가+아서⁶/→/가아서/→/가서/→[가서]'로 나타낼 수 있으며 '가-(去)' 어간의 모음 '아'와 어미 '-아'가 동일하므로 어간의 '아'가 생략된 후 '가서'로 실현되었다고 기술할 수 있다.⁷ '깨ː서, 깨어서'는 어간말음절의 모음이 '애'인 경우로 어간 기저형은 '깨-(破)'이다 (깨고). '깨ː서'는 '/깨+아서/ → /깨어서/ → /깨ː서/ → [깨ː서]'로 '깨-(破)' 어간에 기저의 부서형어미가 '-어서'로 교체된 후 어미초 두음 '어'가 어간말음절의 모음 '애'에 완전순행동화 되어서 실현된 것이다.⁸ '까서, 꽈ː서, 꼬와서', '쏴서'는 어간말음절의 모음이 '오'인 경우로 각 각의 어간 기저형은 '꼬-/꼬우-/까-⁹(絢), 쏘-(螫)'이다(꼬고/꼬우고/까

어미와 결합한 활용형을 기저형으로 설정하고 어간말음절이 자음으로 끝나는 단어는 모음으로 시작하는 어미와 결합한 활용형을 기저형으로 설정한다. 본고에서는 먼저 어간의 기저형을 제시하고 자음어미와 결합한 활용형을 그 옆에 간단하게 제시한다.

6 본고에서는 부사형어미의 기저형을 '-아서'로 설정하였는데 이는 '-어서'로 설정하더라도 기술의 차이만 있을 뿐 표면형에는 차이가 없으므로 기저형을 '-아서'로 설정하고 기술한다.

7 동일모음 탈락에서 어미초 모음이 탈락했다는 견해와 어간말 모음이 탈락했다고 보는 견해가 있다. 임석규(2002: 115~126)에서 동음탈락과 관련된 논의를 정리하고 있는데 어미초 모음이 탈락했다는 논의로는 한영균(1988: 15), 고광모(1991: 46), 배주채(1994: 99), 신승원(1999: 12)을 들고 있고 어간말 모음이 탈락했다는 논의로는 김완진(1972: 290), 최명옥(1976: 65~66), 정인상(1982: 62), 이동화(1990: 84), 곽충구(1994: 171~172, 398~399)를 들고 있다. 임석규(2002: 121~126)에서는 현대 성조방언의 자료, 중세국어의 자료, 제주방언의 자료를 통해 어간모음이 탈락한 것임을 밝혔다. 본고는 동일모음 탈락에서 어간말 모음이 탈락한 것으로 본다.

8 부사형어미의 어미초 두음이 어간말 음절에 완전순행동화 될 때 부사형어미의 어미초 두음이 '아', '어' 중 어느 것으로 실현되는지 알 수 없으나 활용형 '깨어서'가 나타나므로 부사형어미 '-어서'가 실현된 것으로 보았다.

9 어간 '꼬-(絢)'가 진도 군내면에서는 자음으로 시작하는 어미 '고'와 결합할 때 '꼬우고'가 나타나서 어간 기저형을 '꼬우-'로 설정하였다. '꼬와서'는 '/꼬우+아서/→/꼬우아서/→/꼬와서/→[꼬와서]'로 어간말음절의 모음 '우'가 부사형어미 '-아서'와 결합하여 활음화된 것이다. 완도 고금면에서는 '고'와 결합할 때 '까고'가 나타나므로 어간 기저형

고, 쓰고). '까서'는 '/꼬+아서/→/꼬아서/→/꽈ː서/→/까서/→[까서]'로
나타낼 수 있는데 '꽈ː서'의 경우에는 어간말음절의 모음 '오'가 부사형
어미 '-아서'와 결합하여 활음화된 것이다. 그리고 '까서'는 활음화 이
후에 활음 'w'가 탈락한 것이다. '쏴서'는 '/쏘+아서/→/쏘아서/→/쏴
서/→[쏴서]'로 나타낼 수 있다. 어간말음절의 모음 '오'가 부사형 어
미 '-아서'와 결합하여 활음화된 것이다.

어간말음절의 모음이 '아, 오'이면서 1음절인 경우에 도서지역과 해
안지역 모두 '-아X'를 취한다. 어간말음절의 모음이 '애'이면서 1음절
인 경우에 '-어X'를 취한다고 볼 수 있다.

어간말음절의 모음이 양성모음이면서 2음절 이상인 경우는 다음과
같다.

   (3) ㄱ. 모지라서, 놀래서, 만나서〈도서〉

      ㄱ′. 모지래서, 놀래서, 만나서〈해안〉

      ㄴ. 모지래서, 놀래서, 만나서〈도서〉

      ㄴ′. 모지래서, 놀래서, 만나서〈해안〉

      ㄷ. 모지래서, 놀라서, 만나서〈도서〉

      ㄷ′. 모지래서, 놀라서, 만나서〈해안〉

      ㄹ. 모지래서, 놀래서, 만나서〈도서〉

      ㄹ′. 모지래서, 놀래서, 만나서〈해안〉

      ㅁ. 모지래서, 놀라서, 만나서〈도서〉

을 '까-'로 설정하였다. '까서'는 '/까+아서/→/까아서/→/까서/→[까서]'로 어간말음절
의 모음 '아'와 부사형어미 '-아서'의 두음이 동일하므로 어간말음절의 모음 '아'가 생략
된 것이다. 어간 '꼬-(綯)'가 '꼬우-'나 '까-'로 재구조화 되었지만 모두 부사형어미
'-아X'를 취하고 있다.

ㅁ′. 모지래서, 놀래서, 만나서〈해안〉

(3)에 제시한 자료가 많지 않아서 전체를 대표할 수는 없지만 대략적인 모습을 살필 수 있다. '모지라서, 모지래서', '놀라서, 놀래서', '만나서'의 어간 기저형은 각각 '모지라-/모지래-(乏), 놀라-/놀래-(驚), 만나-(遇)'이다(모지라고/모지래고, 놀라고/놀래고, 만나고). '모지라서, 모지래서'의 예만 제시하면 '모지라서'는 '/모지라+아서/→/모지라아서/→/모지라서/ →[모지라서]'로, '모지래서'는 '/모지래+아서/→/모지래애서/→/모지래서/ →[모지래서]'로 나타낼 수 있다. '모지라서'는 어간말음절의 모음 '아'와 부사형어미 '-아서'의 두음이 동일하므로 어간말음절의 모음 '아'가 탈락한 후 실현된 것이다. '모지래서'는 부사형어미 '-아'가 어간말음절의 모음 '애'에 완전순행동화 되어서 나타난 것이다. '만나서'는 '/만나+아서/ → /만나아서/ → /만나서/ →[만나서]'로 기저의 부사형어미가 그대로 실현된 후 어간말음절의 모음 '아'가 탈락한 것이다.

어간말음절의 모음이 '아, 애'이면서 2음절 이상인 경우에 잠정적으로 도서지역과 해안지역에서 부사형어미 '-아X'를 취한다.

(2) 어간말음절의 모음이 음성모음인 경우

어간말음절의 모음이 음성모음이면서 1음절인 경우는 다음과 같다.

  (4) ㄱ. 서서 /줘서, 춰서, 퍼서 /커서, 써서〈도서〉
    ㄱ′. 서서 /줘서, 춰서, 퍼서 /커서, 써서〈해안〉
    ㄴ. 서서 /쉬서, 쳐서, 퍼서 /커시, 써서〈도서〉

ㄴ′. 서서 /주어서/줘서, 처서, 퍼서 /커서, 써서〈해안〉

ㄷ. 서서 /주어서, 추어서, 퍼서 /커서, 써서〈도서〉

ㄷ′. 서서 /줘서, 처서, 퍼서 /커서, 써서〈해안〉

ㄹ. 서서 /줘서, 춰서, 퍼서 /커서, 써서〈도서〉

ㄹ′. 서서 /줘서, 춰서, 퍼서 /커서, 써서〈해안〉

ㅁ. 서서 /줘서, 춰서, 퍼서 /커서, 써서〈도서〉

ㅁ′. 서서 /줘서, 춰서, 퍼서 /커서, 써서〈해안〉

(4)에서 '서서'는 어간말음절의 모음이 '어'인 경우로 어간 기저형은 '서-(立)'이다(서고). '서서'는 '/서+아서/→/서어서/→/서서/→[서서]'로 나타낼 수 있고 기저의 부사형어미가 '-어서'로 교체된 후에 동일 모음이 연속되므로 어간의 모음이 탈락한 것이다. '줘서, 주어서', '춰서, 처서, 추어서'는 어간말음절의 모음이 '우'인 경우로 어간 기저형은 각각 '주-(給), 추-(舞)'이다(주고, 추고). '처서'는 '/추+아서/→/추어서/→/춰서/→/처서/→[처서]'로 나타낼 수 있다. '추어서'는 기저의 부사형어미가 '-어서'로 교체되어 실현된 것이고 '춰서'는 어간말음절의 모음 '우'가 부사형어미 '-어서'와 결합하여 활음화된 것이다. 그리고 '처서'는 활음화 이후에 활음 'w'가 탈락한 것이다. '퍼서'의 어간 기저형은 '푸-(자음 어미, 매개모음 어미 앞)~퍼-(모음 어미 앞)(汲)'[10]이다.

---

10 이진호(2008: 208~213)에서 '봐:서'가 발화 유형에 따라 '바:서'로 실현되지만 '퍼서'의 경우에는 발화 유형에 상관없이 항상 'w'가 나타나지 않아서 양순음 뒤의 'w-탈락'은 규칙성이 떨어지므로 복수 기저형을 설정하여 기술하고 있다. 특히 모음 어미 앞에서 '퍼-'를 기저형으로 설정하고 있는데 경남과 경북 일부 방언에서 '푸-'가 '퍼-'로 재구조화되고 있어 전혀 근거가 없는 기저형이 아니라고 한다. 본고도 이 견해와 같은 입장을 취한다.

그리고 '/퍼+아서/ → /퍼어서/ → /퍼서/ → [퍼서]'로 나타낼 수 있다. '퍼서'는 모음 어미 앞이므로 기저형을 '퍼-(汲)'로 잡고 어간말음절의 모음이 '어'이므로 기저의 부사형어미가 '-어서'로 교체된 후에 동일 모음이 탈락한 것이다. '커서, 써서'는 어간말음절의 모음이 '으'인 경우로 어간 기저형은 각각 '크-(大), 쓰-(苦)'이다(크고, 쓰고). '커서'는 '/크+아서/ → /크어서/ → /커서/ → [커서]'로 기저의 부사형어미가 '-어서'로 교체된 후에 어간의 모음 '으'가 탈락한 것이다.

어간말음절의 모음이 '어, 우, 으'이면서 1음절인 경우에 도서지역과 해안지역 모두 부사형어미 '-어X'를 취한다.

어간말음절의 모음이 음성모음이면서 2음절 이상인 경우는 다음과 같다.

> (5) ㄱ. 가둬서, 배와서 /뿌서서 /몰라서, 바뻐서 /눌러서, 흘러서〈도서〉
> ㄱ´. 가다서, 배와서 /뿌서서 /몰라서, 바뻐서 /눌러서, 흘러서〈해안〉
> ㄴ. 가더서, 배와서 /뿌서서 /몰라서, 바뻐서 /눌러서, 흘러서〈도서〉
> ㄴ´. 가더서, 배와서 /뿌서서 /몰라서, 바뻐서 /눌러서, 흘러서〈해안〉
> ㄷ. 가더서, 배워서 /부서서 /몰라서, 바빠서 /눌러서, 흘러서〈도서〉
> ㄷ´. 가다서, 배:서[11]/뿌서서 /몰라서, 바뻐서[12]/눌러서, 흘러서〈해안〉
> ㄹ. 가둬서, 배:서 /뿌서서 /몰라서, 바뻐서 /눌러서, 흘러서〈도서〉
> ㄹ´. 가다서, 배와서 /뿌서서 /몰라서, 바뻐서 /눌러서, 흘러서〈해안〉

---

11 김경표(2008: 46)에서는 '배와서'가 나타나고 있다.

12 김경표(2008: 54)에서 '고파서, 아퍼서'가 나타나므로 해남의 내륙지역도 '오으'형은 부사형어미 '-아', '아으'형은 부사형어미 '-어'가 실현됨을 알 수 있다. '르'불규칙 용언 '올라서, 발라서, 흘러서, 불러서'는 1음절 모음에 따라 양성모음이면 부사형어미 '-아' 가, 음성모음이면 부사형어미 '-어'가 결합하는 것을 알 수 있다.

ㅁ. 가더서, 배워서 /뿌서서 /몰라서, 바뻐서 /눌러서, 흘러서〈도서〉

ㅁ´. 가둬서, 배워서/뿌사서 /몰라서, 바뻐서/눌러서, 흘러서[13]〈해안〉

(5)에서 '가둬서, 가다서, 가더서', '배워서, 배와서, 배:서'는 '아우' 형과 '애우'형이다.[14] 어간 기저형은 각각 '가두-(囚), 바꾸-(換), 배우 -(學)'이다(가두고, 배우고). '가둬서, 가더서'는 '/가두+아서/ → /가두어 서/ → /가둬서/ → /가더서/ → [가더서]'로 '가둬서'는 기저의 부사형 어미가 '-어서'로 교체된 후에 어간말음절의 모음 '우'가 활음화된 것이 고 '가더서'는 활음화 이후에 활음 'w'가 탈락한 것이다. '가다서'는 '/가 두+아서/ → /가두아서/ → /가돠서/ → /가다서/ → [가다서]'로 기저 의 부사형어미가 그대로 실현된 후에 어간말음절의 모음 '우'가 활음화 되고 활음 'w'가 탈락한 것이다. (4)에서 도서지역은 모두 부사형어미 '-어X'를 취하고 해안지역은 '-어X'를 취한 지역이 있으나 '-아X'를 취한 지역이 더 많다. '배:서'는 '/배우+아서/ → /배우아서/ → /배와서/ → /배아서/ → /배애서/ → /배:서/ → [배서]'로 기저의 부사형어미 가 그대로 실현되고 어간말음절의 모음 '우'가 활음화된 후에 활음 'w' 가 탈락한다. 그리고 어간말음절의 모음 '애'에 완전순행동화 되어서 실현된 것이다. 해남군 문내면과 완도군 노화읍에서만 완전순행동화 현상이 일어나고 있다. '배우-(學)' 어간은 부사형어미 '-아X'와 '-어X'

---

13 정채삼(1995: 61~62)에서도 '흘러서, 굴러서, 갈라서, 올라서' 등의 자료를 제시하고 있는데 '르'불규칙 용언들이 1음절 모음에 따라 부사형어미가 결정됨을 알 수 있다.

14 이진호(2011: 423)에서는 '가다서, 바까서'는 역사적으로 어간이 '가도-, 바꼬-'이던 시기의 활용형이 그대로 이어져 부사형어미 '-아X'와 결합한 것이고 '가더서, 바꺼서' 는 어간의 둘째 음절 모음이 변화한 데에 맞게 새로이 모음조화가 작용하여 부사형어미 '-어X'가 결합한 것이라고 해석하고 있다.

가 공존하고 있다. '뿌서서, 뿌사서, 부서서'는 '우우'형으로 어간 기저형은 '뿌수-/부수-(碎)'이다(뿌수고/부수고). '뿌서서'는 '/뿌수+아서/ → /뿌수어서/ → /뿌숴서/ → /뿌서서/ → [뿌서서]'로 기저의 부사형어미가 '-어서'로 교체된 후에 어간말음절의 모음 '우'가 활음화된다. 그리고 활음 'w'가 탈락한 후 실현된 것이다. '뿌수-/부수-(碎)' 어간은 강진을 제외하고 모두 부사형어미 '-어X'를 취하고 있다. '몰라서', '바뻐서, 바빠서'는 '오으'형과 '아으'형으로 어간 기저형은 각각 '모르-(매개모음 어미, 자음어미 앞)~몰르-(모음어미 앞)(不知), 바쁘-(忙)'이다(모르고, 바쁘고). '몰라서'는 '/몰르+아서/ → /몰르아서/ → /몰라서/ → [몰라서]'로 기저의 부사형어미가 그대로 실현된 후에 어간의 '으'가 탈락하고 '몰라서'가 실현된 것이다. '바뻐서'는 '/바쁘+아서/ → /바쁘어서/ → /바뻐서/ → [바뻐서]'로 기저의 부사형어미가 '-어서'로 교체된 후에 어간의 '으'가 탈락한 후 '바뻐서'가 실현된 것이다. '오으'형은 모두 부사형어미 '-아X'를 취하고 '바쁘-(忙)'어간은 진도군 군내면을 제외하면 모두 부사형어미 '-어X'를 취하고 있다. '눌러서', '흘러서'는 '우으'형과 '으으'형으로 어간 기저형은 각각 '누르-(매개모음 어미, 자음어미 앞)~눌르-(모음어미 앞)(按), '흐르-(매개모음 어미, 자음어미 앞)~흘르-(모음어미 앞)/흘르-(流)[15]'이다(누르고, 흐르고/흘르고). '눌러서'는 '/눌르+아서/ → / 눌르어서/ → /눌러서/ → [눌러서]'로, 기저의 부사형어미가 '-어서'로 교체된 후에 어간의 '으'가 탈락한 후 '눌러서'가 실현된 것이

---

15 신안, 무안, 강진에서는 자음으로 시작하는 어미와 결합할 때 '흐르고' 활용형이 나타나므로 복수 기저형을 설정하였고 진도, 해남, 완도 지역에서는 '흘르고' 활용형이 나타나므로 단일 기저형 '흘르-(流)'를 설정하였다. 그러면 이 지역에서는 더 이상 '르' 불규칙 용언이 아니고 규칙 용언이 되는 것이다.

다. '흘러서'도 같은 모습을 보인다.[16] '우으'형과 '으으'형은 모든 지역에서 부사형어미 '-어X'를 취하고 있다.

어간말음절의 모음이 '우'인 경우에 1음절 모음이 '아'일 때는 단어에 따라 차이가 있지만 대체적으로 부사형어미 '-아X'를 더 많이 취하고 1음절 모음이 '애'일 때는 부사형어미 '-아X'와 '-어X'가 공존하고 있으며 모음의 완전순행동화 현상도 일어나고 있다. 그리고 1음절 모음이 '우'일 때는 대부분 부사형어미 '-어X'를 취한다. 어간말음절의 모음이 '으'인 경우에 1음절 모음이 '오'일 때는 부사형어미 '-아X'를 취하고 1음절 모음이 '아, 우, 으'일 때는 부사형어미 '-어X'를 취한다.[17]

(3) 어간말음절의 모음이 '이'인 경우

어간말음절의 모음이 '이'면서 1음절인 경우는 다음과 같다.

(6) ㄱ. 기어서, 끼어서, 이어서, 저서, 피어서〈도서〉
   ㄱ'. 기어서, 끼어서, 이어서, 지어서/저서, 피어서〈해안〉
   ㄴ. 기어서, 끼어서, 해여서, 저서, 피어서〈도서〉
   ㄴ'. 기어서, 끼:서, 이어서, 저서, 피어서〈해안〉

---

16 이 활용형들은 '르'불규칙 용언인데 모두 부사형어미 '-어X'를 취하고 있다. 그러나 '몰라서'의 경우에는 부사형어미 '-아X'를 취하고 있어서 '르'불규칙 용언은 1음절 모음에 따라 부사형어미가 결정됨을 알 수 있다.

17 김옥화(2004: 506-509)에서 무주지역어에서는 2음절 어간의 경우 어간 말음절 모음이 '우, 으'인 경우에는 1음절 모음이 '아, 애, 오'일 때 기저의 '-아X'가 그대로 유지되지만 '이, 어, 우, 에'일 때는 '-어X'로 교체되나 '-아X'와 '-어X'가 공존하고 있다고 한다. 전남 지역에서는 2음절 어간의 경우에 1음절 모음이 양성모음일 때 부사형어미가 음성화되고 있다.

ㄷ. 기어서, 끼어서, 이어서, 저서, 피어서〈도서〉

ㄷ′. 기어서, 끼어서, 이어서, 저서, 피어서〈해안〉

ㄹ. 기:서, 끼:서, 이어서, 저서, 피:서〈도서〉

ㄹ′. 기:서, 끼:서, 이어서, 저서, 피:서〈해안〉

ㅁ. 기:서, 끼:서, 이어서/해여서, 저서, 피:서〈도서〉

ㅁ′. 기:서, 끼:서, 이어서, 저서, 피:서〈해안〉

(6)에서 '기어서, 기:서', '끼어서, 끼:서', '이어서', '지어서, 저서', '피어서, 피:서'는 어간말음절의 모음이 '이'인 경우로 어간 기저형은 각각 '기-(葡), 끼-(介), 이-(茨), 지-(負), 피-(開花)'이다(기고, 끼고, 이고, 지고, 피고). '기:서'는 '/기+아서/ → /기어서/ → /기:서/ → [기:서]'로 기저의 부사형어미가 '-어서'로 교체된 후에 부사형어미 '-어서'가 어간말음절의 모음 '이'에 완전순행동화 되어서 실현된 것이다. '기어서'는 기저의 부사형어미가 '-어서'로 교체된 후에 실현된 것이다. '끼어서, 이어서, 피어서'도 같은 모습을 보인다. '저서'는 '/지+아서/ → /지어서/ → /져서/ → /저서/ → [저서]'로 기저의 부사형어미가 '-어서'로 교체되고 어간말음절의 모음 '이'가 활음화된 후에 경구개음 뒤에서 활음이 탈락하여 실현된 것이다.

어간말음절의 모음이 '이'면서 1음절인 경우에 모두 부사형어미 '-어X'를 취한다. 그리고 완도 지역을 포함한 남쪽 지역에서는 주로 모음의 완전순행동화 규칙이 실현되고 있다.

어간말음절의 모음이 '이'면서 2음절 이상인 경우는 다음과 같다.

(7) ㄱ. 갈처서, 고처서, 땡겨서 /그려서, 데려서, 비벼서〈도서〉

ㄱ′. 갈처서, 고처서, 땡겨서 /기려서, 데려서, 비벼서〈해안〉

ㄴ. 갤처서, 고차서, 댕겨서 /기려서, 데려서, 비벼서〈도서〉

ㄴ'. 갈처서, 고처서, 땡겨서 /기려서, 데려서, 비벼서〈해안〉

ㄷ. 가르처서, 고처서, 댕겨서 /그려서, 데려서, 비베서〈도서〉

ㄷ'. 갤처서, 고처서, 땡겨서 /기려서, 데려서, 비베서〈해안〉

ㄹ. 갤처서, 고처서, 땡겨서 /기려서, 데려서, 비베서〈도서〉

ㄹ'. 갤처서, 고처서, 땡겨서 /기려서, 데려서, 비베서〈해안〉

ㅁ. 갤처서, 고처서, 땡겨서 /기려서, 데려서, 비벼서〈도서〉

ㅁ'. 갤처서, 고처서, 댕겨서 /기레서, 데려서, 비베서〈해안〉

(7)에서 '갈처서, 갤처서', '고처서', '땡겨서, 댕겨서'는 어간말음절의 모음이 '이'이고 앞음절 모음이 '아, 애, 오'인 경우로, 어간 기저형은 각각 '갈치-/갤치-(敎), 고치-(改), 땡기-/댕기-(挽)'이다(갈치고/갤치고, 고치고, 땡기고/댕기고). '갈처서'는 '/갈치+아서/ → /갈치어서/ → /갈쳐서/ → /갈처서/ → [갈처서]'로 기저의 부사형어미가 '-어서'로 교체된 후 어간말음절의 모음 '이'가 활음화되고 경구개음 뒤에서 활음이 탈락하여 실현된 것이다. '그려서, 기려서, 기레서', '데려서', '비벼서, 비베서'는 어간말음절의 모음이 '이'이고 앞음절 모음이 '으, 에, 이'인 경우로, 어간의 기저형은 각각 '그리-/기리-(描), 데리-(蔚), 비비-(搓)'이다(그리고/기리고, 데리고, 비비고). '기레서'는 '/기리+아서/ → /기리어서/ → /기려서/ → /기레서/ → [기레서]'로, 기저의 부사형어미가 '-어서'로 교체된 후 어간말음절의 모음 '이'가 활음화된다. 그리고 여-축약으로 실현된 것이다.[18]

---

18 이진호(2008: 266~273)에서는 여-축약이 공시적 규칙으로서의 자격을 갖추지 못했다고 보고 '이+어 → 에:' 규칙을 설정하였다. 그러면 '기레서'를 '/기리+아서/ → /기리어

어간말음절의 모음이 '이'면서 2음절 이상인 경우에 앞음절 모음에 상관없이 모두 부사형어미 '-어X'를 취한다.

2) 어간말음절이 자음으로 끝나는 경우

(1) 어간말음절의 모음이 양성모음인 경우

어간말음절의 모음이 양성모음이면서 1음절 규칙 용언인 경우는 다음과 같다.

(8) ㄱ. 나서서, 마나서, 말가서, 살머서, 안저서/앙거서 /뽀바서⟨도서⟩

ㄱ′. 나서서, 마너서, 말거서, 살마서, 앙거서 /뽀바서⟨해안⟩

ㄴ. 나서서, 마나서, 말가서, 쌀마서, 앙저서 /뽀바서⟨도서⟩

ㄴ′. 나서서, 마내서, 말거서, 살머서, 앙거서 /뽀바서⟨해안⟩

ㄷ. 나서서, 마나서, 말가서, 살마서, 안자서 /뽀바서⟨도서⟩

ㄷ′. 나서서[19], 마내서, 말가서, 쌀머서, 앙거서 /뽀바서⟨해안⟩

ㄹ. 나서서, 마내서, 말거서, 살머서, 앙저서 /뽀바서⟨도서⟩

ㄹ′. 나서서, 마내서, 말거서, 쌀머서, 앙거서 /뽀바서⟨해안⟩

서/→/기레:서/→[기레서]'로 나타낼 수 있다. 기저의 부사형어미가 '-어서'로 교체된 후 '이+어→에:'축약 규칙이 적용되어 실현되었다고 기술할 수 있다. 임석규(2007: 187~188)에서는 'Xi+əY'의 통합에서 보이는 활용형들을 9가지 부류로 나누고 방언권별로 활용형의 실현 양상을 살피고 있는데, 전남방언의 경우 대체적으로 진도, 해남을 중심으로 한 서남부지역어에서는 활음화 이후 축약의 과정이 확인되지 않고 주로 동쪽 지역에서는 축약 과정을 거친 표면형이 많이 보고되고 있다고 밝히고 있다. 이러한 차이가 나타나는 것은 화자들의 언어의식, 즉 화자가 해당 어휘의 경계요소 혹은 의미적인 요소까지 인식하고 있기 때문이라고 한다. '비비다'의 경우에는 진도와 해남 지역에서도 축약 과정을 기친 '비베서'가 나타나고 있다.

19 김경표(2008: 48)에서는 모음조화를 지키는 '나사서'가 나타난다.

ㅁ. 나서서, 마나서, 말거서, 살머서, 앙거서/안저서 /뽀바서〈도서〉

ㅁ′. 나서서, 마나서, 말거서, 살머서, 앙거서/안저서[20]/뽀바서〈해안〉

(8)에서 '나서서', '마나서, 마너서, 마내서', '말가서, 말거서, 살머서, 살마서', '앙거서, 안저서, 앙저서'는 어간이 자음으로 끝나고 어간 말음절의 모음이 '아'인 경우로 어간 기저형은 각각 '낫-(癒), 많-/마나/마내(〈만ㅎ〉-(多), 맑-(淸), 삶-(煮), 앉-/앙ㅈ-/앙ㄱ-[21](坐)'이다(낙꼬, 만코/마나고, 말꼬, 삼꼬, 안꼬/앙꼬). '나서서'는 '/낫+아서/ → /낫어서/ → /나서서/→[나서서]'로 기저의 부사형어미가 '-어서'로 교체된 후 실현된 것이다. 대부분 부사형어미 '-어X'를 취하고 있다. '마너서'는 '/많+아서/ → /많어서/ → /마너서/ →[마너서]'로 기저의 부사형어미가 '-어서'로 교체된 후 모음 어미 앞에서 'ㅎ'이 탈락하여 실현된 것이다. '마나서'는 기저의 부사형어미가 그대로 실현된 후 모음 어미 앞에서 'ㅎ'이 탈락하여 실현된다. 그러나 '마내서'는 '하다'와 동일한 활용 모습을 보인다. '/마내+아서/ → /마내어서/ → /마내서/ →[마내서]'로 교체된 부사형어미'-어서'가 어간말음절의 모음 '애'에 완전순행동화 되어서 나타난 것이다. 도서지역에서는 대부분 부사형어미 '-아X'를 취하고 있다. '말거서'는 '/맑+아서/ → /맑어서/ → /말거서/ →[말거서]'로 기저의 부사형어미가 '-어서'로 교체된 후 실현된 것이다. '말가서'는 기저의 부사형어미가 그대로 실현된 후 나타난 것이다. 진도와 해남

---

20 정채섭(1995: 44~47)에서는 '말가서, 쌀마서, 안자서' 등과 같은 자료를 제시하고 있는 데 모음조화가 잘 지켜지고 있으나 본고의 자료에서는 부사형어미 '-어'가 설합하고 있어서 어간의 모음이 '아'일 때 부사형어미가 음성모음화 되고 있음을 알 수 있다.
21 '앙ㄱ-'의 재구에 대한 논의는 이승재(1983: 218~219)를 참조하기 바람.

을 경계로 아래쪽은 모두 부사형어미 '-어X'를 취하고 위쪽으로는 도서 지역은 부사형어미 '-아X'를, 해안지역은 '-어X'를 취하고 있다. '살머서, 살마서'도 동일한 모습을 보이는데 진도와 해남을 경계로 아래쪽은 모두 부사형어미 '-어X'를 취하고 위쪽으로는 부사형어미 '-아X'와 '-어X'가 공존하고 있다. '뽀바서'는 어간이 자음으로 끝나고 어간말음절의 모음이 '오'인 경우로 어간 기저형은 '뽑-(拔)'이다(뽑꼬). '뽀바서'는 '/뽑+아서/ → /뽀바서/ → [뽀바서]'로 기저의 부사형어미가 그대로 실현된 후 나타난 것이다. 모든 지역에서 부사형어미 '-아X'를 취하고 있다.

어간말음절의 모음이 '아'면서 1음절일 때는 진도와 해남을 경계로 아래쪽은 부사형어미 '-어X'를 취하는 경우가 대부분이지만 위쪽은 어간말음절이 자음군일 때 부사형어미 '-아X'와 '-어X'가 공존하고 있다. 어간말음절의 모음이 '오'이면서 1음절일 때는 모든 지역에서 부사형어미 '-아X'를 취하고 있다.

어간말음절의 모음이 양성모음이면서 1음절 ㅂ-불규칙 용언인 경우는 다음과 같다.[22]

    (9) ㄱ. 고와서, 도와서, 매와서〈도서〉
       ㄱ′. 고와서, 도와서, 매와서〈해안〉

---

22 표준어에서 '짓-'과 같은 ㅅ-불규칙 용언은 전남 방언에서는 '지서서'로 실현되므로 더 이상 ㅅ-불규칙 용언이 아니다. 그리고 ㅎ-불규칙 용언의 경우에 부사형어미와 결합한 활용형은 부사형어미가 '-아', '-어' 중 어느 것으로 실현되었는지 알 수 없다. 그러므로 불규칙 용언 중에서 부사형어미의 실현양상을 알 수 있는 ㅂ-불규칙 용언을 제시한다.

ㄴ. 고와서, 도와서, 매와서〈도서〉

ㄴ′. 고와서, 도와서, 매와서〈해안〉

ㄷ. 고와서, 도와서, 매워서〈도서〉

ㄷ′. 고와서, 도와서, 매와서〈해안〉

ㄹ. 고와서, 도와서, 매와서〈도서〉

ㄹ′. 고와서, 도와서, 매와서〈해안〉

ㅁ. 고와서, 도와서, 매와서〈도서〉

ㅁ′. 고와서, 도와서, 매워서²³〈해안〉

(9)에서 '고와서', '도와서', '매와서, 매워서'는 어간이 자음으로 끝
나고 어간말음절의 모음이 '오, 애'인 경우로 어간 기저형은 각각 '곱-
(자음 어미 앞)~고우-(매개모음 어미, 모음어미 앞)(麗), 돕-(자음 어미 앞)~도
우-(매개모음 어미, 모음어미 앞)(助), 맵-/매웁-²⁴(자음 어미 앞)~매우-(매
개모음 어미, 모음어미 앞)(辛)'이다(곱꼬, 돕꼬, 맵꼬/매웁꼬). '고와서'는 '/고
우+아서/ → /고와서/ → [고와서]'로 어간 기저형 '고우-'가 부사형어
미 '-아서'와 결합한 후에 활음화되어 실현된 것이다. '도와서, 매와서'
도 동일한 모습을 보인다. '매워서'는 '/매우+아서/ → /매우어서/ → /
매워서/ → [매워서]'로 어간 기저형 '매우-'가 교체된 부사형어미 '-어
서'와 결합하여 활음화된 후에 실현된 것이다. 대부분의 지역에서 부사
형어미 '-아X'를 취한다.

---

23 정채삼(1995: 56)에서는 '매와서'를 제시하고 있는데 본고의 '매워서'는 아마도 표준어
   나 TV의 영향을 받은 것 같다.

24 정인호(1997: 154~156)에서 부안지역어와 화순지역어의 ㅂ-불규칙 용언 중 단음절
   형용사가 자음어미와 결합할 때 어간이 단음절을 유지하는 활용형과 2음절화한 활용형
   이 함께 나타나며(예. 덥찌/더웁찌, 곱찌/고웁찌) 이들은 모두 부사형어미 '-아X'를
   선택한다고 한다. '맵다'의 경우에 2음절화한 '매웁다'가 발견된다.

어간말음절의 모음이 '오, 애'이면서 1음절 ㅂ-불규칙 용언은 대부분의 지역에서 부사형어미 '-아X'를 취하고 있다.

어간말음절의 모음이 양성모음이면서 2음절 이상 ㅂ-불규칙 용언인 경우는 다음과 같다.

(10) ㄱ. 가차서, 아까와서, 매라서, 외로워서〈도서〉
ㄱ'. 가차서, 아까와서, 매라서, 외로와서〈해안〉
ㄴ. 가차서, 아까서, 매라서, 외로와서〈도서〉
ㄴ'. 가차서/가까서, 아까서, 매라서, 외로와서〈해안〉
ㄷ. 가까와서, 아까서, 매라서, 애라서〈도서〉
ㄷ'. 가차서/가까서, 아까서, 매라서, 외로와서〈해안〉
ㄹ. 가차서, 아까워서, 매라서, 외로와서〈도서〉
ㄹ'. 가차서, 아까서, 매라서, 외로워서〈해안〉
ㅁ. 가까와서, 아까서, 매라서, 외로워서〈도서〉
ㅁ'. 가차서, 아까서, 매라서, 외로워서〈해안〉

(10)에서 '가차서, 가까워서', '아까와서, 아까워서, 아까서', '매라서', '외로워서, 외로와서, 애라서'는 어간이 자음으로 끝나고 어간말음절의 모음이 '아, 오'인 경우로 어간 기저형은 각각 '가찹-/가깝-(자음어미 앞)~가차-/가까우-(매개모음 어미, 모음어미 앞)(近), 아깝-(자음어미 앞)~아까-/아까우-(매개모음 어미, 모음어미 앞)(惜), 외롭-/애롭-(자음어미 앞)~외로우-/애라-(매개모음, 모음어미 앞)(孤), 매랍-(자음어미 앞)~매라-(매개모음 어미, 모음어미 앞)(尿)'이다(가찹찌/가깝찌, 아깝찌, 매랍찌, 외롭찌/애롭찌). '아까워서'는 '/아까우+아서/→/아까우어서/→/아까위서/→[아끼워서]'로 어간 '아까우-'가 교체된 부사형어미가 '-어

서'와 결합하여 활음화된 후에 실현된 것이다. '아까와서'는 기저의 부사형어미가 그대로 실현된 후 활음화되어 실현된 것이다. '아까서'는 '/아까+아서/→/아까아서/→/아까서/→[아까서]'로 어간 '아까-'가 기저의 부사형어미와 결합한 후에 어간의 모음이 탈락된 후 실현된 것이다. '가차서, 매라서'도 같은 모습을 보인다. '외로워서'는 '/외로우+아서/→/외로우어서/→/외로워서/→[외로워서]'로 어간 '외로우-'가 교체된 부사형어미 '-어서'와 결합하여 활음화된 후에 실현된 것이다. '외로와서'는 어간 '외로우-'가 기저의 부사형어미와 결합하여 활음화된 것이다.

어간말음절의 모음이 '아, 오'이면서 2음절 이상 ㅂ-불규칙 용언은 대부분의 지역에서 부사형어미 '-아X'를 취하는데 '외롭다'의 경우에는 서쪽지역에서는 부사형어미 '-아X'를, 남쪽지역에서는 '-어X'가 사용되고 있다.

(2) 어간말음절의 모음이 음성모음인 경우

어간말음절의 모음이 음성모음이면서 1음절 규칙 용언인 경우는 다음과 같다.

  (11) ㄱ. 버서서, 널버서 /굴머서, 뚜러서 /늘거서〈도서〉
     ㄱ'. 버서서, 너루와서25 /굴머서, 뚜러서 /늘거서〈해안〉

---

25 '넓다'가 무안군 해제면과 신안군 안좌면에서는 '너룹다'로 재구조화 되었으며 불규칙 활용을 하고 있다. 어간 기저형은 '너룹-(자음어미 앞)~너루우-(매개모음 어미, 모음 어미 앞)(廣)'이다. '너루와서'는 '/너루우+아서/→/너루와서/→[너루와서]'로 '너루우 -'가 기저의 부사형어미와 결합하여 활음화된 후에 실현된 것이다. 부사형어미는 '-아

ㄴ. 버서서, 너루와서 /굴머서, 뚜러서 /늘거서〈도서〉

ㄴ´. 버서서, 널버서 /굴머서, 뚜러서 /늘거서〈해안〉

ㄷ. 버서서, 널버서 /굴머서, 뚜러서 /늘거서〈도서〉

ㄷ´. 버서서, 널버서 /굴머서, 뚤버서/뚜러서 /늘거서〈해안〉

ㄹ. 버서서, 널버서 /굴머서, 뚜러서 /늘거서〈도서〉

ㄹ´. 버서서, 널버서 /굴머서, 뚤버서 /늘거서〈해안〉

ㅁ. 버서서, 널버서 /굴머서, 뚜러서 /늘거서〈도서〉

ㅁ´. 버서서, 널바서 /굴머서, 뚤버서 /늘거서〈해안〉

(11)에서 '버서서', '널버서, 널바서'는 어간이 자음으로 끝나고 어간 말음절의 모음이 '어'인 경우로 어간 기저형은 각각 '벗-(脫), 넓-(廣)'이다(벅꼬, 널꼬). '버서서'는 '/벗+아서/→/벗어서/→/버서서/→[버서서]'로 기저의 부사형어미가 '-어서'로 교체된 후에 실현된 것이다. '널버서'는 '/넓+아서/→/넓어서/→/널버서/→[널버서]'로 기저의 부사형어미가 '-어서'로 교체된 후에 실현된 것이다. '널바서'는 기저의 부사형어미가 그대로 실현된 후 나타난 것이다. 어간말음절이 자음으로 끝나고 '어'인 경우 대부분 지역에서 부사형어미 '-어X'를 취하고 있다. '굴머서', '뚜러서, 뚤버서'는 어간이 자음으로 끝나고 어간말음절의 모음이 '우'인 경우로 어간 기저형은 각각 '굶-/굴무-[26](餓), 뚫-/뚤-(穿)'이다(궁꼬/굴무고, 뚤코/뚤꼬). '굴머서'는 '/굶+아서/→/굶어서/

X'를 취하고 있다.

26 진도의 경우 '굴무고'가 나타나므로 '굴머서'는 '/굴무+아서/→/굴무어서/→/굴뭐서/→/굴머서/→[굴머서]'로 기저의 부사형어미가 '-어서'로 교체되고 활음화된 후에 활음 'w'가 탈락해서 실현된 것으로 기술할 수 있다. 기저형이 '굴무-'로 재구조화 되었지만 부사형 어미는 '-어X'를 취한다.

→/굴머서/→[굴머서]'로 기저의 부사형어미가 '-어서'로 교체된 후
실현된 것이다. '뚜러서'는 '/뚫+아서/→/뚫어서/→/뚤어서/→/뚜
러서/→[뚜러서]'로 기저의 부사형어미가 '-어서'로 교체되고 'ㅎ'이
탈락한 후 실현된 것이다. '뚤버서'는 '/뚫+아서/→/뚫어서/→/뚤버
서/→[뚤버서]'로 기저의 부사형어미가 '-어서'로 교체된 후 실현된
것이다. 모든 지역에서 부사형어미 '-어X'를 취한다. '늘거서'는 어간
이 자음으로 끝나고 어간말음절의 모음이 '으'인 경우로 어간 기저형은
'늙-(老)'이다(늘꼬). '늘거서'는 '/늙+아서/→/늙어서/→/늘거서/→
[늘거서]'로 기저의 부사형어미가 '-어서'로 교체된 후 실현된 것이다.
모든 지역에서 부사형어미 '-어X'를 취하고 있다.

어간말음절의 모음이 '어, 우, 으'이면서 1음절 규칙 용언인 경우는
대부분 지역에서 부사형어미 '-어X'를 취하고 있다.

어간말 음절의 모음이 음성모음이면서 1음절 ㄷ, ㅂ-불규칙 용언인
경우는 다음과 같다.

(12) ㄱ. 드러서, 무러서 /추와서, 구워서, 누워서, 쉬어서〈도서〉
ㄱ'. 드러서, 무러서 /추와서, 구워서, 누워서, 쉬어서〈해안〉
ㄴ. 드러서, 무러서 /추와서, 꾸워서, 누워서, 소래서〈도서〉
ㄴ'. 드러서, 무러서 /추와서, 구워서, 누워서, 쉬어서〈해안〉
ㄷ. 드러서, 무러서 /추워서, 구워서, 누워서, 쉬어서〈도서〉
ㄷ'. 드러서, 무러서 /추와서, 꿔:서, 누워서, 소래서〈해안〉
ㄹ. 드러서, 무러서 /춰:서, 꿔:서, 눠:서, 쉬어서〈도서〉
ㄹ'. 드러서, 무러서 /추와서, 꿔:서, 누워서, 쉬어서〈해안〉
ㅁ. 드러서, 무러서 /추워서, 고:서, 눠:서, 소라서〈도서〉
ㅁ'. 드러서, 무러서 /추와서, 꿔:서, 눠:서, 쉬:서〈해안〉

(12)에서 '드러서', '무러서'는 어간이 자음으로 끝나고 어간말음절의 모음이 '으, 우'인 경우로 어간 기저형은 '듣-(자음어미 앞)~드르-(매개 모음 어미, 모음어미 앞)(聞), 묻-(자음어미 앞)~무르-(매개모음 어미, 모음어미 앞)(問)'이다(듣찌, 묻찌). '드러서'는 '/듣+아서/ → /들어서/ → /드러 서/ → [드러서]'로 기저의 부사형어미가 '-어서'로 교체된 후 실현된 것이다. '무러서'도 동일한 모습을 보인다. ㄷ-불규칙 용언의 경우 모든 지역에서 부사형어미 '-어X'를 취한다. '추와서, 추워서, 춰:서', '구워서, 꿔:서, 고:서27', '누워서, 눠:서', '쉬어서, 소래서, 소라서, 쉬:서'는 어간이 자음으로 끝나고 어간말음절의 모음이 '우, 위'인 경우로 어간 기저형은 '춥-(자음어미 앞)~추:-/추우-(매개모음 어미, 모음어미 앞)(寒), 굽-(자음어미 앞)~구:-/구우-28(매개모음 어미, 모음어미 앞)(炙), 눕-(자음어미 앞)~누:-/누우(매개모음 어미, 모음어미 앞)(臥), 쉽-/소랍-(자음어미 앞)~쉬-/소라-/소래-(매개모음 어미, 모음어미 앞)(易)'이다(굽찌, 눕찌, 쉽찌/소랍찌). '추워서'는 '/추우+아서/ → /추우어서/ → /추워서/ → [추워서]'로 어간 '추우-'가 교체된 부사형어미 '-어서'와 결합한 후에 활음화되어 실현된 것이다. '추와서'는 기저의 부사형어미와 결합한 후에 활음화되어 실현된 것이다. '춰:서'는 '/추:+아서/ → /추어서/ → /춰:서/ → [춰:서]'로 어간 '추:-'가 교체된 부사형어미 '-어서'와 결합

---

27 '고:서'는 이진호(2008: 269)에서 설정한 '우+어 → 오:'규칙을 이용하면 '/구:+아서/ → /구어서/ → /고:서/ → [고:서]'로 기술할 수 있다. 부사형어미는 '-어X'를 취한다.

28 정인호(1997: 155)에서 형용사 '춥다'의 경우 모음어미 앞에서의 기저형을 '추우-'로 설정하고 동사 '굽다'의 경우 모음어미 앞에서의 기저형을 '구우-'보다는 '구:-'로 설정하는 것이 타당하다고 보고 있다. 그러나 본고에서는 '구워서, 꿔:서'가 모두 나타나므로 모음어미 앞에서의 기저형을 '구:-'와 '구우-' 모두 설정하였다.

한 후에 활음화되어 실현된 것이다. ㅂ-불규칙 용언의 경우 대부분 지역에서 부사형어미 '-어X'를 취하고 있다. '춥다'의 경우, 진도와 완도 도서 지역에서 부사형어미 '-아X'를 취하고 나머지 지역에서는 모두 부사형어미 '-어X'를 취하고 있다.

어간말음절의 모음이 '우, 위, 으'면서 1음절 ㄷ, ㅂ-불규칙 용언의 경우 모든 지역에서 부사형어미 '-어X'를 취하는데 ㅂ-불규칙 용언 중 '춥다'는 진도와 완도 도서 지역을 제외한 다른 지역에서는 부사형어미 '-아X'를 취한다.

어간말음절의 모음이 음성모음이면서 2음절 이상 ㅂ-불규칙 용언인 경우는 다음과 같다.

  (13) ㄱ. 가버서, 더러서, 서러서, 두꺼서〈도서〉
     ㄱ′. 개벼서/개부와서, 더러서, 서러워서, 뚜꺼워서〈해안〉
     ㄴ. 가바서, 더러서, 서러서, 두터서〈도서〉
     ㄴ′. 가벼서, 디러서/더라서, 서러서〈해안〉
     ㄷ. 가벼워서, 더러서, 서러서, 두꺼서〈도서〉
     ㄷ′. 가버서/가바서, 더러서, 서러서, 뚜꺼서〈해안〉
     ㄹ. 가버서, 더러서, 서러서, 두꺼서〈도서〉
     ㄹ′. 가버서, 더러서, 서러서, 뚜꺼서〈해안〉
     ㅁ. 가버서, 더러서, 서러서, 두꺼서〈도서〉
     ㅁ′. 가버서, 더러서, 서러서, 두꺼서〈해안〉

  (13)에서 '가버서, 개벼서, 가바서, 가벼서, 가벼워서, 개부와서', '더러서, 디러서', '서러서, 서러워서', '두꺼서, 두터서, 뚜꺼워서'는 어간이 자음으로 끝나고 어간말음절의 모음이 '어'인 경우로 어간 기저형은

각각 '가법-/개볍-/가밥-/가볍-/개붑-(자음어미 앞)~가버-/개벼-/가바-/가벼-/가벼우-/개부우-(매개모음 어미, 모음어미 앞)(輕), 더럽-/디럽-(자음어미 앞)~더러-/디러-(매개모음 어미, 모음어미 앞)(汚), 서럽-(모음어미 앞)~서러-/서러우-(매개모음 어미, 모음어미 앞)(悲), 두껍-/두텁-(자음어미 앞)~두꺼-/두터-/두꺼우-(매개모음 어미, 모음어미 앞)(厚)'이다(가법찌/개볍찌/가밥찌/가볍찌/개붑찌, 더럽찌, 서럽찌, 두껍찌/두텁찌). '가버서'는 '/가버+아서/→/가버어서/→/가버서/→[가버서]'로 어간 '가버-'가 교체된 부사형어미 '-어서'와 결합한 후 어간의 모음 '어'가 탈락하여 실현된 것이다. '가벼워서'는 '/가벼우+아서/→/가벼우어서/→/가벼워서/→[가벼워서]'로 어간 '가벼우-'가 교체된 부사형어미 '-어서'와 결합한 후 활음화되어 실현된 것이다. '개부와서'는 '/개부우+아서/→/개부와서/→[개부와서]'로 어간 '개부우-'가 기저의 부사형어미와 결합한 후 활음화되어 실현된 것이다. 다른 ㅂ-불규칙 용언도 같은 모습을 보인다.

어간말음절의 모음이 음성모음이면서 2음절 이상인 ㅂ-불규칙 용언은 대부분의 지역에서 부사형어미 '-어X'를 취하고 있다.

(3) 어간말음절의 모음이 '이'인 경우

어간말음절의 모음이 '이'면서 1음절 용언인 경우는 다음과 같다.

(14) ㄱ. 비서서, 이써서, 지서서, 씨러서 /시러서, 일거서〈도서〉
ㄱ'. 비서서, 이써서, 지서서, 씨러서 /시러서, 일거서〈해안〉
ㄴ. 비서서, 이써서, 지서서, 씨러서 /시러서, 일거서〈도서〉
ㄴ'. 비서서, 이써서, 지서서, 씨러서 /시러서, 일거서〈해안〉

ㄷ. 비서서, 이써서, 지서서, 쓰러서 /시러서, 일거서〈도서〉

ㄷ′. 비서서, 이써서, 지서서, 씨러서 /시러서, 일거서〈해안〉

ㄹ. 비서서, 이써서, 지서서, 씨러서 /시러서, 일거서〈도서〉

ㄹ′. 비서서, 이써서, 지서서, 씨러서 /시러서, 일거서〈해안〉

ㅁ. 비서서, 이써서, 지서서, 쓰러서 /시러서, 일거서〈도서〉

ㅁ′. 비서서, 이써서, 지서서, 씨러서 /시러서, 일거서〈해안〉

(14)에서 '비서서', '이써서', '지서서', '씨러서'는 어간이 자음으로 끝나고 어간말음절의 모음이 '이'인 경우로 어간 기저형은 각각 '빗-(扻), 있-(有), 짓-(吠), 씰-/쓸-(掃)'이다(빅꼬, 익꼬, 직꼬, 씰고/쓸고). '비서서'는 '/빗+아서/→/빗어서/→/비서서/→[비서서]'로 기저의 부사형어미가 '-어서'로 교체된 후 실현된 것이다. 모든 지역에서 부사형어미 '-어X'를 취하고 있다. '시러서', '일거서', '이러서'의 어간 기저형은 각각 '싫-/싫-(載), 읽-/일그-(讀)'이다(실코/실꼬, 일꼬/일그고). '시러서'는 '/싫+아서/→/싫어서/→/실어서/→/시러서/→[시러서]'로 기저의 부사형어미가 '-어서'로 교체된 후 'ㅎ'이 탈락하여 실현된 것이다.[29] 모든 지역에서 부사형어미 '-어X'를 취하고 있다.

어간말음절의 모음이 '이'이면서 1음절 용언인 경우 모든 지역에서 부사형어미 '-어X'를 취하고 있다.

---

29 '싫-/싫-(載)'의 어간 말음 'ㄶ'이나 'ㄿ'은 자음어미와 결합할 때 차이가 있으나 모음어미와 결합할 때 차이가 없으므로 한 가지만 제시한다.

3. 결론

이상에서 전남 도서지역과 해안지역의 부사형어미 '-아/어'의 교체 양상을 크게 어간말음절이 모음으로 끝나는 경우와 어간말음절이 자음으로 끝나는 경우로 나누어 살펴보았다.

전남 도서지역이나 해안지역에서 어간말음절이 모음으로 끝나는 경우에 양성모음이나 '이'모음의 1음절과 2음절 이상의 어간이나 음성모음의 1음절 어간은 모음조화가 잘 지켜지고 있다. 그러나 음성모음의 2음절 이상의 어간에서는 '오으'형이나 '우으'형은 모음조화가 잘 지켜지나 '바쁘-'어간은 부사형어미가 음성모음화되고 있다. '르'불규칙 용언의 경우에는 1음절 모음에 따라 부사형어미가 결정된다. 어간말음절이 자음으로 끝나는 경우에 양성모음일 때는 1음절 '아'형은 부사형어미가 음성모음화된 경우가 많으나 1음절 '오'형과 ㅂ-불규칙은 모음조화가 잘 지켜지고 있다. 2음절 이상 불규칙 용언에서도 모음조화가 지켜지고 있으나 '외롭-'어간은 신안 임자와 전남 남쪽지역에서 부사형어미가 '어'로 실현되고 있다. 음성모음의 경우 1음절 어간에서는 '어, 우, 으'형이나 ㄷ·ㅂ-불규칙에서 모음조화가 잘 지켜지고 있으나 '춥-'어간의 경우에는 진도와 완도지역에서 부사형어미가 '-어'로 실현되고 있다. 2음절 이상 ㅂ-불규칙 용언에서 모음조화가 대부분 잘 지켜지고 있고 '이'모음의 1음절 어간도 모음조화가 잘 지켜지고 있다. 본고는 전남의 도서지역과 해안지역에 한해서 부사형어미 '-아/어'의 교체 양성을 살펴보았는데 대체로 모음조화가 잘 지켜지고 있으나 어간말음절이 모음으로 끝나는 경우에 음성모옴의 2음절 이상 어간에서 1음절이 '아'일 때 음성모음화가 일어나고 어간말음절이 자음을 끝나는 경우에 1음절 양성모음 중 '아'일 때 음성모음화가 일어나고 있음을 확인할 수 있었다. 조사 지역을 전남의 내륙지역과 도서지역 전체로 한다면 전남방언 전체의 부사형어미의 방언지도를 완성할 수 있으며 이 방언지도를 분석하여 언어자료의 변화사도 재구할 수 있을 것이다.

이 글은 지난 2012년 한국방언학회에서 발간한
『방언학』 16집에 게재된 것이다.

참고문헌

고광모, 「국어의 보상적 장모음화 연구」, 서울대 박사학위논문, 1991.

곽충구, 『함북 육진방언의 음운론』, 태학사, 1994.

곽충구, 「모음조화와 모음체계」, 『새국어생활』 19-4, 국립국어원, 1999, 151~159
　　　쪽.

김경표, 「해남지역어의 음운론적 연구」, 전남대 석사학위논문, 2008.

김광헌, 「신안 지도지역어의 음운론적 연구」, 목포대 석사학위논문, 2003.

김옥화, 「무주지역어 '어간+아X'의 음운과정」, 『국어교육』 113, 한국어교육학회,
　　　2004, 499~524쪽.

김완진, 「형태론적 현안의 음운론적 극복을 위하여: 이른바 장모음의 경우」, 『동아
　　　문화』 11, 1972, 271~299쪽.

김　철, 「전남 완도군 신지도 지역어의 음운론적 연구」, 한국교원대 석사학위논문,
　　　2009.

배주채, 「고흥방언의 음운론적 연구」, 서울대학교 박사학위논문, 1994.

신승원, 「모음음운현상 설명에 대한 연구(Ⅰ): 동모음 '아' 탈락을 중심으로」, 『영
　　　남어문학』 27, 1999, 7~26쪽.

오종갑, 「부사형어미 '아X'의 음운론적 변화와 영남방언의 위상」, 『어문학』 95,

한국어문학회, 2007, 133~202쪽.

이기갑, 『전남 진도 지역의 언어와 생활』, 태학사, 2009.

이동화, 「경북방언 성조의 자립분절음운론적 연구」, 영남대 박사학위논문, 1990.

이상신, 「전남 영암지역어의 공시음운론」, 서울대 박사학위논문, 2008.

이승재, 「재구와 방언분화: 語中 '-ㅅㄱ-'類 단어를 중심으로」, 『국어학』 12, 국어학회, 1983, 213~234쪽.

이진호, 『통시적 음운 변화의 공시적 기술』, 삼경문화사, 2008.

이진호, 『한국어의 표준 발음과 현실 발음』, 아카넷, 2011.

임석규, 「음운탈락과 관련된 몇 문제」, 『국어학』 40, 국어학회, 2002, 113~300쪽.

임석규, 「다음절 어간에서의 방언권별 부사형어미 실현 양상」, 『한국언어문학』 62, 한국언어문학회, 2007, 123~143쪽.

임석규, 「'Xi+əY'의 방언권별 형태음운과정」, 『우리말 글』 40, 우리말글학회, 2007, 175~199쪽.

정인상, 「통영지역어의 용언 활용에 대한 음운론적 고찰」, 『방언』 6, 1982, 57~79쪽.

정인호, 「ㅂ-불규칙 용언 어간의 변화에 대하여: 서남 방언을 중심으로」, 『애산학보』 20, 애산학회, 1997, 145~178쪽.

정채삼, 「전남강진방언의 음운론적 연구」, 전북대 석사학위논문, 1995.

최명옥, 「서남경남방언의 부사화 접사 '아'의 음운현상」, 『국어학』 14, 1976쪽, 61~82쪽.

최명옥, 「경상북도의 방언지리학-부사형어미 '-아X'의 모음조화를 중심으로-」, 『진단학보』 73, 진단학회, 1992, 139~163쪽, 최명옥(1988)에 재수록.

최명옥, 「경상북도의 방언지리학-부사형어미 '-아X'의 모음조화를 중심으로-」, 『한국어 방언연구의 실제』, 태학사, 1988, 337~372쪽.

최전승, 「용언 활용의 비생성적 성격과 부사형어미: '-아/어'의 교체 현상」, 『국어문학』 133, 국어문학회, 1998, 115~162쪽.

최태영, 「모음조화」, 『국어연구 어디까지 왔나』, 동아출판사, 1990, 68~76쪽.

한영균, 「비음절화규칙의 통시적 변화와 그 의미」, 『울산어문논집』 4, 1988, 1~26쪽.

한국정신문화연구원, 『한국방언자료집 VI 전라남도편』, 한국정신문화연구원, 1991.

필진 소개(원고 수록 순)

김기석 중국 상해외국어대학교 한국어과 교수
김장선 중국 천진사범대학교 한국어학과 교수
이광재 중국 해양대학교 외국어학원 한국어과 교수
조 남 중국 해양대학교 한국언어문학전공 석사과정
엄숙희 전남대학교 국어국문학과 BK21+ 사업단 박사후연구원
조경순 전남대학교 국어국문학과 BK21+ 사업단 학술교수
유 하 중국 산동과학기술대학교 한국어과 교수
니콜라 프라스키니 호주 서호주대학교 사회과학대학 조교수
김풍기 강원대학교 국어교육과 교수
권 우 중국 연변대학교 외국어학원 일본어학과 교수
강보유 중국 복단대학교 한국어과 교수
박세인 전남대학교 국어국문학과 BK21+ 사업단 학술교수
한정훈 전남대학교 국어국문학과 BK21+ 사업단 박사후연구원
서덕민 전남대학교 국어국문학과 BK21+ 사업단 박사후연구원
김경표 전남대학교 국어국문학과 BK21+ 사업단 박사후연구원

지역어와 문화가치 학술총서 ③

지역어의 정체성과 문화가치

2015년 12월 29일 초판 1쇄 펴냄

지은이 전남대학교 BK21+ 지역어 기반 문화가치 창출 인재 양성 사업단
펴낸이 김흥국
펴낸곳 도서출판 보고사

책임편집 황효은
표지디자인 오동준

등록 1990년 12월 13일 제6-0429호
주소 경기도 파주시 회동길 337-15 보고사 2층
전화 031-955-9797(대표), 02-922-5120~1(편집), 02-922-2246(영업)
팩스 02-922-6990
메일 kanapub3@naver.com / bogosabooks@naver.com
http://www.bogosabooks.co.kr

ISBN 979-11-5516-512-6 93810
ⓒ 전남대학교 BK21+ 지역어 기반 문화가치 창출 인재 양성 사업단, 2015